T0023190

LA FE
y el
MUNDO DEL MERCADO

CONVIÉRTASE EN LA PERSONA DE
INFLUENCIA QUE DIOS DISEÑÓ

Bill Winston

OVIEDO, FL

Índice

Prefacio

*L*A FE Y EL *mundo del mercado: conviértase en la persona de influencia que Dios diseñó* es una continuación de mi libro *Faith & the Marketplace* (La fe y el mundo del mercado). Contiene una revelación nueva y poderosa que Dios anhela compartir con su pueblo sobre cómo convertirse en un éxito innegable y en una persona de valor e influencia en el mundo del mercado, ¡a la manera de Dios!

¿Qué significa "a la manera de Dios"? Significa hacer negocios y cualquier esfuerzo en el entorno del mercado por encima del intelecto humano y la capacidad humana ¡accediendo y haciendo uso de la sabiduría y la capacidad sobrenaturales del Dios Todopoderoso!

Jesús hizo la mayoría de sus milagros en el mundo del mercado y no en la sinagoga. Los hizo donde el mundo podía ser testigo de ellos. Los milagros o lo sobrenatural son lo que separa a la Iglesia del mundo. Demuestran la presencia y el poder de Dios. Necesitamos el poder de Dios para ver las transformaciones económicas de nuestras empresas, comunidades y ciudades no en décadas, sino en el presente.

Creo firmemente que demasiados líderes de Dios en el mundo del mercado todavía están diseñando y ejecutando sus planes y sus negocios sin la sabiduría y el poder de Dios y, como resultado, siguen compitiendo con el mundo en lugar de tomar su lugar de liderazgo y dominio en sus áreas de influencia.

Por cierto, este libro no es como ningún otro libro sobre negocios que probablemente usted haya leído, pero si es un creyente nacido de nuevo, creo que será uno de los libros más importantes sobre negocios que leerá jamás. Es un compendio de los negocios del Reino que contiene perspectivas y sabiduría recibidas durante muchas horas con Dios en estudio privado, así como por muchos años de caminar con Dios mientras seguía obedientemente lo que Él me llamó a hacer en la Tierra.

Una perla de sabiduría importante es que Dios siempre comienza con el fin en mente (Isaías 46:10) y nosotros hemos de actuar como Él actúa. Hace muchos años atrás, Él me dijo: "Compra ese centro comercial". Bueno, yo no sabía cómo iba a poder hacerlo en ese entonces, pero recibí la Palabra del Espíritu Santo y comencé a actuar en fe basándome en ella. El primer paso es declarar el resultado final; entonces Dios comienza a llenar los espacios en blanco. Actualmente no solo poseemos uno, sino dos centros comerciales.

Como empresario del Reino en cualquier esfera del mundo del mercado, debe recibir la revelación de que todo incremento en el Reino de Dios se acelera. No tiene que esperar diez años para llegar al millón de dólares de beneficios. ¿Por qué? Porque, en primer lugar, usted está usando los recursos de Dios, no los propios. En segundo lugar, el incremento no se gana, sino que se crea. En tercer lugar, usted no aprende sus estrategias para el éxito empresarial, sino que las discierne (revelación de Dios).

Cuando puede recibir en oración la sabiduría de treinta años de experiencia empresarial, ¡eso es aceleración!

Job 32:6–10 en la versión *The Message* dice (traducción libre): "*Yo seguía pensando: 'La experiencia te lo dirá. Mientras más vivas, más sabio serás'. Pero ahora veo que estaba equivocado, pues* **es el Espíritu de Dios en una persona, el soplo del Todopoderoso, quien hace que la sabiduría humana sea posible**. *Los expertos no acaparan la sabiduría; envejecer no garantiza el buen juicio*", (énfasis del autor). Es el "*Espíritu de Dios en una persona*" quien le hace ser más sabio que su competencia.

Otra ventaja que tiene el creyente en el mundo del mercado es la gracia de Dios. Mediante su gracia, el pueblo de Dios puede usar recursos invisibles (el Espíritu Santo, los ángeles, el favor) a los que no pueden acceder quienes están fuera del Reino de Dios. La gracia a menudo se define como el favor inmerecido de Dios. La definición que me gusta es: "La disposición de Dios a usar su poder y habilidad a nuestro favor aunque no lo merecemos". El favor divino trae consigo aumento sobrenatural, reconocimiento, prominencia, trato preferencial, concesión de peticiones, cambio de política y de reglas a nuestro favor ¡y batallas ganadas que ni siquiera tenemos que pelear! En resumen, el favor de Dios hará que lleguen a usted oportunidades y recursos, incluso recursos del sistema del mundo, si es necesario, para ayudarle a ganar en el mundo del mercado.

Si está familiarizado con mi enseñanza anterior sobre la fe y el mundo del mercado, sabrá que la recibí por una revelación que Dios me dio cuando estaba en el seminario allá por el año 1986. Tras un tiempo de buscar al Señor para entender mejor mi propósito y mi llamado en esta vida, oí: "Quita las correas". El Señor me estaba llevando a un mayor entendimiento de su verdad, que me permitió ver un ministerio como cualquier empresa donde Jesús es el Señor. La gente entonces reconocería un ministerio como una empresa de manufactura, o una empresa de publicidad, o la Empresa de Distribución ABC.

Me reveló que habrá mujeres y hombres piadosos con gran integridad dirigiendo esas empresas. Serán ministros ungidos de Dios en el mundo del mercado. Dirigirán esos negocios usando los principios de la fe junto a sus habilidades empresariales básicas. Dios también me llevó a Isaías 48:17: *"Así ha dicho Jehová, Redentor tuyo, el Santo de Israel: Yo soy Jehová Dios tuyo, que te enseña provechosamente, que te encamina por el camino que debes seguir"*. Al leer estas palabras, las vi como nunca antes las había visto. La palabra *provechosamente* resaltaba como la luz en las tinieblas.

De esta revelación surgió la Joseph Business School (JBS), fundada en 1998 y que es ahora una escuela nacionalmente acreditada que da formación a los estudiantes sobre principios prácticos y bíblicos para convertirse en emprendedores y líderes de negocios exitosos. La riqueza generada por las empresas de los graduados ayudará a establecer el Reino de Dios en cada lugar y a erradicar la pobreza dondequiera que se encuentre.

Por décadas he estado enseñando y predicando, demostrando y documentando esa palabra que me fue dada aquel día mientras estaba en el seminario, la cual se convirtió en la base para la primera edición de *La fe y el mundo del mercado*. Mi primer libro se enfocaba en nuestro propósito como sacerdotes o como reyes. Esta segunda edición incluye una nueva revelación sobre cómo Dios ha planeado, empoderado y provisto para que usted logre su propósito.

A medida que el sistema económico mundial sigue fracasando, quienes están entrenados en cómo hacer "negocios según el Libro" prevalecerán. De hecho, la institución de la Iglesia se convertirá en la más exitosa y rica del mundo, dejando de vivir de las sobras y batallando para seguir el presupuesto de la iglesia. Habrá abundancia en la casa del Padre. El pueblo de Dios ya no trabajará por el dinero, sino que el dinero trabajará para ellos. La promesa de Dios es que el verdadero creyente será la cabeza y no la cola, el que presta y no el que toma prestado.

Esta es la profecía bíblica declarada por Ezequiel que se debe cumplir:

> **Se cultivará la tierra desolada, y ya no estará desierta a la vista de cuantos pasan por ella. Entonces se dirá: 'Esta tierra, que antes yacía desolada, es ahora un jardín de Edén; las ciudades que antes estaban en ruinas, desoladas y destruidas, están ahora habitadas y fortificadas'... Yo, el Señor, lo he dicho, y lo cumpliré.**
>
> Ezequiel 36:34–36, NVI

Cuando Adán y Eva pecaron y fueron expulsados del Jardín del Edén, comenzaron a producir otra cultura, una cultura construida fuera de la presencia del único Dios verdadero. Fue una cultura que se originó en la mente de su arquitecto (satanás) y no de nuestro Creador. Poco después se hicieron leyes para sostener esta cultura y legalizar su influencia destructiva.

Sin Dios, la sociedad está estancada en principios inferiores que obtienen resultados inferiores. Sin la sabiduría de Dios para tomar decisiones divinamente dirigidas, el mundo sigue un rumbo de autodestrucción. El libro de Proverbios dice: *"Hay camino que al hombre le parece derecho; pero su fin es camino de muerte"* (Proverbios 14:12). En seis de los siete pilares que dan forma a nuestra sociedad (gobierno, empresas, educación, medios de comunicación, la familia, las artes y el entretenimiento) ha existido una evidente ausencia de fe en Dios. El séptimo pilar es la religión.

¿Qué sucedió? La fe se fue del mundo del mercado. En la actualidad, en casi todas las naciones la delincuencia, la corrupción y el ciberterrorismo han aumentado, y la pobreza global no deja de crecer. Estos problemas me recuerdan la historia del mítico personaje de Hércules en su lucha contra el gigante Hidra, un monstruo con forma de dragón con muchas cabezas. En cuanto Hércules cortaba una cabeza, otras dos más crecían en su lugar. No podemos resolver los problemas que tenemos en el presente sin la sabiduría de Dios.

Por eso, los "ministros" sobre los que Dios me habló en esa palabra profética transformadora en 1986 deben recibir su "llamado" y tomar su lugar legítimo como personas que moldean el destino en el mundo del mercado. Como Jesús destacó en el Evangelio de Marcos 10:27: *"Para los hombres es imposible, mas para Dios, no; porque todas las cosas son posibles para Dios"*.

En esta edición revisada y ampliada de *La fe y el mundo del mercado: conviértase en la persona de influencia que Dios diseñó*, no solo hablo de la restauración del modelo del Antiguo

Testamento de "reyes y sacerdotes", que es el clero y los laicos del presente trabajando juntos para el bien del Reino de Dios, sino también de la poderosa revelación de la "fructificación" que se encuentra en Génesis 1:28. Usted querrá leer mis nuevos capítulos sobre la fructificación una y otra vez.

Hoy más que nunca necesitamos esta revelación de que cada rey necesita un sacerdote. Cada Abraham necesitó un Melquisedec, cada rey David necesitó un profeta Natán, cada faraón necesitó un José. Incluso en la historia de nuestras Fuerzas Armadas de los Estados Unidos, cada general Patton necesitó la oración de su capellán del ejército. ¿Por qué? Los problemas que enfrentamos hoy son más que físicos. Necesitamos el regreso de este equipo invencible de reyes y sacerdotes creado por Dios.

Mientras lee *La fe y el mundo del mercado: conviértase en la persona de influencia que Dios diseñó*, oro para que *"sean iluminados los ojos de su entendimiento para que sepa cuál es la esperanza de su llamado para usted, cuáles son las riquezas de la gloria de su herencia en usted y cuál es la sobreabundante grandeza de su poder que actúa en usted cuando cree"* (Efesios 1:18–19, traducción de Winston).

Dios nos dio dominio sobre toda la creación. No debemos sentarnos ociosos, sino participar en la transformación de la Tierra para que sea lo que Dios quiso que fuera desde el principio, moviendo toda su creación hasta su glorioso final: *"Porque nosotros somos colaboradores de Dios"* (1 Corintios 3:9).

Usted y yo hemos nacido para un tiempo como este.

Bill Winston

Introducción

U NA DE MIS PRIMERAS revelaciones sobre el Reino de Dios se produjo durante un viaje misionero en Haití hace muchos años atrás. El equipo ministerial veía pobreza por todas partes hasta que llegamos a una opulenta mansión de color blanco que estaba en medio de la ciudad, rodeada de un pasto verde precioso y una verja muy alta de hierro forjado con puertas.

Estaba claro que las personas que vivían dentro de las puertas no vivían como la mayoría de los haitianos que veíamos. ¡No! Los que estaban dentro parecían estar viviendo en abundancia y comodidad muy por encima del nivel de vida de la mayoría de las personas de la isla.

Algo sorprendido, recuerdo que pregunté: "¿Qué es eso?". El conductor respondió: "Ah, esa es la embajada de los Estados Unidos. Ahí vive el embajador de los Estados Unidos".

Los embajadores son diplomáticos de un país que dirigen los asuntos de su gobierno en otro país. Viven en ese país extranjero en una embajada. El terreno y el edificio de una embajada se consideran propiedad del país natal del embajador y están protegidos por su ejército. No se permite la entrada a la embajada sin un permiso.

Mientras trabajan en un país extranjero, los embajadores tienen lo que se llama "inmunidad diplomática". La *inmunidad diplomática* se define como "el privilegio de exención de ciertas leyes e impuestos concedidos a los diplomáticos por el país en el que trabajan". Eso significa que, mientras están en ese país, los diplomáticos son *inmunes* a acusaciones criminales y pleitos civiles.

Así que la mansión blanca que vi en Haití era propiedad y responsabilidad del gobierno de los Estados Unidos. El gobierno estadounidense, no el gobierno de Haití, la cuidaba, protegía y proveía las necesidades del embajador y del personal de la embajada que vive en ella. Pero esta es la clave: el personal no vivía allí según la economía local de Haití, sino según la riqueza y la economía de los Estados Unidos. Quizá se podría decir que el embajador estadounidense era *inmune* a la pobreza y la carencia de Haití.

Ese día comencé a recibir una revelación de cómo opera el Reino de Dios y el modo en que Dios quiere que cada creyente nacido de nuevo viva como ciudadano del Reino en la Tierra. *"Mas nuestra ciudadanía está en los cielos"* (Filipenses 3:20) y *"mi Dios, pues, suplirá todo lo que os falta conforme a sus riquezas en gloria en Cristo Jesús"* (Filipenses 4:19). Como representantes del gobierno del cielo, ya no tenemos que vivir al nivel del hombre caído, ¡sino al nivel de Dios Padre! Después de todo, somos lo que nos dice el apóstol Pablo: *"Embajadores en nombre de Cristo"* (2 Corintios 5:20).

Quizá se esté preguntando: "¿Qué tiene que ver ser un embajador en nombre de Cristo con la fe y el mundo del mercado?". La respuesta es: "Todo". Estamos en esta tierra para hacer la voluntad del Rey y de su Reino y para hacer cumplir su voluntad usando las leyes y los principios superiores del gobierno del cielo. Estamos aquí para revertir los efectos de la maldición que llegó tras la caída de Adán (por ej., pobreza, violencia, odio, hambre y enfermedad) y para reconstruir cada comunidad, ciudad y nación con el fin de que florezcan como el Jardín del Edén. Este libro se escribió para decirle cómo hacerlo.

Como embajadores del Reino, tenemos acceso a los "secretos de ese gobierno". Estos secretos son ideas originales que Dios nos ha dado y esos que estan afuera de la embajada, no tienen acceso a ellos. Ya sea usted sacerdote o rey, Dios quiere que domine en su tarea mediante la creatividad, la resolución de problemas, la innovación y la creación de riqueza. Y la *fructificación* es cómo usted lo lleva a cabo, las hace públicas y las produce en la tierra.

Durante la lectura de *La fe y el mundo del mercado: conviértase en la persona de influencia que Dios diseñó*, deseo que usted añada a su propio entendimiento el mandato de Dios de "fructificad" y aprenda a aplicar este mandato para obtener un desempeño o resultados "diez veces mejores" en cualquiera que sea su ámbito de trabajo. La fructificación puede manifestarse en la vida de cada creyente una vez que encuentra su lugar de gracia (propósito) y utiliza el mandato de Dios en Génesis 1:28 de ser fructífero, multiplicarse, llenar la tierra y sojuzgarla.

Por tanto, sea que esté llamado al púlpito o a estar en los bancos, tiene un llamamiento. Usted no es alguien común y corriente. Usted nació con mucho más potencial y para una obra mejor que donde está ahora mismo. Como los Elías o Ester que decidieron los destinos de naciones, el cumplimiento de su tarea del Reino es extremadamente importante. Como clérigo o en el consejo municipal, como educador o evangelista, como persona que genera recursos económicos o como ama de casa, o como misionero, usted está ungido para ser fructífero y dar un servicio excepcional. Y mediante esta asociación divina de reyes y sacerdotes y, por supuesto, el Dios Todopoderoso, puede cambiar eficazmente el destino de millones de personas, si no miles de millones, en ciudades y países de todo el mundo.

Por último, a medida que lea esta edición revisada y ampliada, oro para que usted no solo confirme su lugar y propósito únicos en el Reino, sino que también traiga el cielo a la Tierra dondequiera que sea enviado a través de la fe y la fructificación.

Que Dios lo bendiga en su viaje… ¡disfrute!

Parte 1
El fundamento

Fructificación:
la manera de Dios de
cambiar el mundo

Dios reveló el propósito de la humanidad en el primer capítulo del libro de Génesis.

> **Entonces dijo Dios: Hagamos al hombre a nuestra imagen, conforme a nuestra semejanza; y señoree en los peces del mar, en las aves de los cielos, en las bestias, en toda la tierra, y en todo animal que se arrastra sobre la tierra.**
>
> Génesis 1:26

Dios creó a Adán y Eva a su imagen y semejanza y les dio dominio sobre todo lo que había creado. Él planeó que ellos trajeran el cielo a la tierra y que recrearan el Jardín del Edén por todo el planeta. Este era el propósito original de la humanidad, y no ha cambiado.

Como el cielo, el Edén era un lugar de una belleza exquisita, opulencia y abundancia. No había enfermedad, ni carencia o muerte. Dios había provisto todo lo que Adán y Eva pudieran desear, incluyendo paz, amor y comunión perfecta con el Padre.

Cuando Dios reveló nuestro propósito en Génesis 1:26, después nos dijo cómo cumplir ese propósito en el versículo 28:

> **Y los bendijo Dios, y les dijo: Fructificad y
> multiplicaos; llenad la tierra, y sojuzgadla, y señoread
> en los peces del mar, en las aves de los cielos, y en
> todas las bestias que se mueven sobre la tierra.**

En este versículo, *bendecir* significa empoderar para el éxito o empoderar para la prosperidad. Cuando Dios bendijo a Adán y Eva, les confirió el poder que Él usó para crear el universo, lo cual se llama *la bendición*. Cuando Dios los bendijo, les dio cuatro leyes o principios de la creación para dominar y gobernar el planeta: *fructificar, multiplicar, llenar la tierra y sojuzgarla*. Igual que nuestro propósito, estas cuatro leyes para el dominio tampoco han cambiado. Ya sea usted emprendedor, director de un instituto u oficial público, su éxito es directamente proporcional a cuán bien entienda y aplique estos cuatro principios.

Estas cuatro leyes del dominio son la razón por la que escribí esta edición revisada y ampliada de *La fe y el mundo del mercado*. Cuando Génesis 1:28 se convierte en una revelación, iluminando su mente y transformando su pensamiento, usted se convierte, en palabras de Booker T. Washington, en una persona con "habilidades indispensables y valor innegable"[1] en el entorno laboral. El grado de su educación, su país de origen o el color de su piel, ya no marcarán una diferencia. La fructificación no solo nivelará el terreno de juego, sino que también le hará dominar el terreno.

Cuando usted domine estos principios, producirá "fruto" que bendecirá a la humanidad, glorificará a Dios y cambiará el mundo a su alrededor para mejor. ¿Por qué? Porque usted aportará las *soluciones del cielo*: productos, servicios, ideas, tecnologías e innovaciones concebidas y creadas desde otro ámbito (el eterno) que nunca antes se habían visto.

Salmos 72:18 dice: *"Bendito Jehová Dios, el Dios de Israel, el único que hace maravillas"*. La palabra *maravillas* se describe en algunos comentarios bíblicos como "grandes obras que nadie puede equiparar; obras que dejan atrás a todas los demás". Maravillas son lo que ocurren cuando colaboramos con Dios para producir en la tierra las ideas y los planes del cielo. ¡Ningún competidor será capaz de igualar lo que usted haga o cómo lo haga! Dejará a otros muy atrás al dominar su industria y liderar en su esfera de influencia. Como Daniel, que era diez veces mejor que todos sus compañeros, ahora usted está posicionado para convertirse en alguien que transforma y que hace historia.

En resumen, la fructificación le hará ser imparable a la hora de cumplir su tarea en el Reino y avanzar la causa justa de Dios dondequiera que Él lo envíe.

El primer mandamiento de Dios

"Fructificad" fue la primera palabra que Adán oyó decir a Dios en el Jardín del Edén. Aquellas palabras no fueron una sugerencia, sino un mandamiento, y tenían el poder de cumplirse. ¿Por qué? Porque en el principio, las palabras eran más para crear que para comunicar. "*Y dijo Dios*: Sea la luz; y fue la luz" (Génesis 1:3, énfasis del autor). "Después *dijo Dios*: Produzca la tierra hierba verde, hierba que dé semilla; árbol de fruto que dé fruto según su género… sobre la tierra. Y fue así" (versículo 11, énfasis del autor).

Fructificar significa "producir, crear, hacer público, o hacer nacer".[1] ¿Qué quería Dios que Adán *hiciera nacer*? Todo lo que Él había planeado para la Tierra y la humanidad antes de que el mundo fuera creado. Cuando Dios le dijo a Adán "fructificad", esperaba que Adán creara en la Tierra lo que Él ya había creado en el cielo y había guardado en el almacén del cielo. Y Dios tiene las mismas expectativas con nosotros hoy. Dios está esperando a que los hombres y las mujeres de fe que están llenos del Espíritu de Dios hagan nacer en este mundo tridimensional de tiempo, espacio y materia sus planes y soluciones que están presentes en este momento en la esfera celestial.

Las soluciones del cielo se disciernen espiritualmente

Entonces, ¿cómo sabemos lo que Dios planea y desea que hagamos nacer? Bueno, en primer lugar, hemos de saber que Dios no revela sus pensamientos a nuestro intelecto, sino a nuestro espíritu. Creo que ideas y oportunidades de un millón de dólares pasan por delante de los hijos de Dios cada día. Nuevas ideas, invenciones e industrias están esperando en el cielo a que alguien las manifieste en la Tierra por medio de la fe. Pero muchos en el Cuerpo de Cristo siguen experimentando carencia y pobreza porque no han sabido discernir cómo planea Dios hacerlos prosperar a ellos y al mundo a través de ellos.

El hecho de "fructificar" exige pasar tiempo con Dios para poder entender espiritualmente lo que Dios desea mostrarnos. No lo pase por alto. Cuando los discípulos le pidieron a Jesús que les enseñara a orar, Él dijo: *"Ustedes deben orar así: 'Padre nuestro que estás en el cielo, santificado sea tu nombre, venga tu reino, hágase tu voluntad en la tierra como en el cielo'"* (Mateo 6:9–10, NVI). Solo a través de la oración y la meditación en la Palabra de Dios podemos conocer los planes que Dios tiene y que quiere hacer nacer a través de su Iglesia.

El apóstol Pablo escribió: *"Antes bien, como está escrito: Cosas que ojo no vio, ni oído oyó, ni han subido en corazón de hombre, son las que Dios ha preparado para los que le aman. Pero Dios nos las reveló a nosotros por el Espíritu"* (1 Corintios 2:9–10).

Y sigue escribiendo: *"Pero el hombre natural no percibe las cosas que son del Espíritu de Dios, porque para él son locura, y no las puede entender, porque se han de discernir espiritualmente"* (versículo 14).

Dios tiene grandes cosas para su pueblo y tiene un gran deseo de mostrarnos cuáles son. Él nos dice: *"Clama a mí, y yo te responderé, y te enseñaré cosas grandes y ocultas que tú no conoces"* (Jeremías 33:3). La versión de The Message dice: *"Clama a mí y yo te responderé. Te diré cosas maravillosas que nunca podrías descubrir por ti mismo"* (traducción libre).

Observemos: Dios promete que, cuando oremos a Él, nos dirá *"cosas maravillosas"* (Salmos 72:18), ¡cosas que nunca podríamos saber por nuestra cuenta! Así es como el Dr. George Washington Carver pudo inventar más de 300 productos derivados del cacahuate (por ej., leche, plásticos, pinturas, tintes, cosméticos, aceites medicinales, jabón) y 118 productos derivados de la batata (por ej., pegamento para sellos, goma sintética, melaza). Incluso descubrió un nuevo tipo de gasolina. El Dr. Carver inventó cosas que nunca antes se habían visto en la

Tierra y sus descubrimientos provocaron que la Universidad Tuskegee llegara a ser conocida en todo el mundo.[2]

Por eso la fe y el mundo del mercado nunca han estado separados. Dios nos diseñó para ser cocreadores con Él, Jesús constantemente enseñó esto a sus discípulos: *"¿No crees que yo soy en el Padre y el Padre en mí? Las palabras que yo os hablo, no las hablo por mi propia cuenta, sino que el Padre que mora en mí, él hace las obras"* (Juan 14:10).

Permanecer en la vid

En Juan, capítulo 15, Jesús dice a sus discípulos que Él es la *"vid verdadera"* y que Dios es el *"labrador"*, lo cual significa viñador o jardinero (versículo 1). Todo *"pámpano"* da fruto porque se mantiene vitalmente conectado a la Vid: Jesús.

> **Permaneced en mí, y yo en vosotros. Como el pámpano no puede llevar fruto por sí mismo, si no permanece en la vid, así tampoco vosotros, si no permanecéis en mí. Yo soy la vid, vosotros los pámpanos; el que permanece en mí, y yo en él, éste lleva mucho fruto; porque separados de mí nada podéis hacer.**
>
> Juan 15:4–5

El pámpano representa a cada creyente nacido de nuevo. Para que nuestra vida dé mucho fruto para el Reino de Dios, debemos *permanecer* en Jesucristo. La palabra griega para *permanecer* significa "quedarse, alojarse o continuar".[3] Significa residir permanentemente. Sabemos que, si una rama se separa o se corta de un árbol, no dura mucho tiempo. Pronto se encoje, se seca y muere.

Permanecer también implica *conexión* y *dependencia*. Cuando nos convertimos en nuevas criaturas en Cristo a través del nuevo nacimiento, la vida misma y la naturaleza de Dios vinieron a vivir en nuestro interior. Nuestro espíritu se *re-conectó* con el Padre, así como el espíritu de Adán en el jardín antes de la caída. Cuando usted profesó a Cristo como su Salvador y Señor, se convirtió en un creyente. La Biblia dice que su vieja naturaleza fue crucificada con Cristo y usted se convirtió en una "nueva criatura" en Él. Sin embargo, ¿cuántos de nosotros seguimos viviendo en gran parte igual que lo hacíamos antes de nuestra salvación? Tenemos esta capacidad increíble de sintonizar con la vid del propósito, la provisión y la promesa de Dios, y no lo hacemos. No solo hemos recibido el mandamiento de "fructificar", ¡sino también la capacidad de hacerlo!

Como la rama de un árbol, si nosotros como creyentes no permanecemos conectados a la Vid Verdadera, que es Jesús, nuestra vida espiritual pronto se volverá seca y sin vida. Al igual que Sansón, seremos débiles e incapaces de derrotar al enemigo y avanzar el Reino de Dios y la causa de la justicia.

Un comentarista bíblico escribió: "El pámpano apartado de la vid no tiene una fuente original de vida… El pámpano por sí mismo es un órgano sin vida, y solo cumple su función cuando está conectado a la vid. Así, en la vida espiritual los hombres, separados de Cristo, no tienen una fuente de vida original o productividad".[4]

Cada pámpano depende de la Vid. A medida que crecemos en nuestro caminar cristiano, Dios quiere que dependamos más y más de Él. El apóstol Pablo escribió: *"La gracia del Señor*

Jesucristo, el amor de Dios, y la comunión del Espíritu Santo sean con todos vosotros. Amén" (2 Corintios 13:14).

La palabra griega para *comunión* significa asociación o compañerismo. Mediante la comunión con el Espíritu Santo, Pablo exhortaba a la iglesia corintia a permitir que el Espíritu Santo tomara una mayor responsabilidad en sus vidas. Entonces, al igual que ahora, el Espíritu Santo desea que nosotros nos apoyemos cada vez más en Él y lo sigamos.

Recuerdo cuando Dios me dijo que mudara a mi familia desde Minnesota a Chicago de nuevo para comenzar un nuevo ministerio. Caminando totalmente en fe, abrimos una pequeña iglesia en un local comercial de un edificio en uno de los barrios más complicados de la parte oeste de Chicago. Tras el robo de nuestro automóvil, tuvimos que tomar el transporte público para ir a la iglesia. Muy a menudo, Veronica tenía que viajar en la famosa "L" de Chicago (el sistema de tránsito rápido elevado de la ciudad) sola con David, que por ese entonces era solo un niño. Veronica llevaba su guitarra en una mano, ¡mientras agarraba la mano de David con la otra!

Este es el propósito de compartir esta historia. Durante ese tiempo, Veronica y yo nunca tuvimos ninguna sensación de temor o carencia. Nos enfocábamos solamente en Dios, permaneciendo en la Vid en perfecta paz. (¡Ni siquiera teníamos seguro médico porque nunca pensábamos en enfermarnos!). Creo que Dios ungió nuestras mentes para que no pudiéramos tener ningún pensamiento de temor.

Como escribió el profeta: *"Tú guardarás en completa paz a aquel cuyo pensamiento en ti persevera; porque en ti ha confiado"*

(Isaías 26:3). Como Veronica y yo caminábamos en obediencia a las instrucciones de Dios, Él nos guardó, protegió y preservó en espíritu, alma y cuerpo. Ahora, muchos años después, tenemos un ministerio que alcanza a millones de personas en todo el mundo. ¡Gloria a Dios!

De nuevo, Jesús nos dio el secreto de ser fructíferos en el capítulo 15 de Juan. Si permanecemos en Él, Dios nos usará para cambiar el mundo que nos rodea haciendo nacer las soluciones del cielo. Esta era la razón para la que nacimos.

> **No me elegisteis vosotros a mí, sino que yo os elegí a vosotros, y os he puesto para que vayáis y llevéis fruto, y vuestro fruto permanezca; para que todo lo que pidiereis al Padre en mi nombre, él os lo dé.**
>
> Juan 15:16

Fructificación: la manera de Dios de cambiar el mundo

Reflexión

¿De qué manera la fructificación puede hacer que usted domine su terreno? ¿Cómo puede asegurarse de que eso ocurra?

CAPÍTULO 2

Multiplicaos, reabasteced la Tierra y sojuzgadla: más leyes de la creación

Junto con "fructificad" en Génesis 1:28, Dios dio tres mandamientos más. Estas tres siguientes leyes que Dios le dio a Adán son: multiplicaos, llenad la tierra y sojuzgadla. Las tres son igualmente importantes y van de la mano con la primera: "fructificad".

Multiplicaos: la segunda ley de la creación

"Multiplicaos" es el segundo mandamiento de Dios al hombre, su segunda ley de la creación, dado en Génesis 1:28: *"Fructificad y multiplicaos; llenad la tierra, y sojuzgadla…"*. La palabra hebrea para multiplicar es *rabah*, que significa "ser o llegar a ser mucho, muchos o grande".[1] Implica la idea de aumentar o destacar.

Esta segunda edición de *La fe y el mundo del mercado* es un buen ejemplo de cómo Dios multiplica. Tras escribir el primer libro, Dios me dio esta revelación de la fructificación. A medida que Dios me revelaba más sobre Génesis 1:28 y los versículos que lo apoyaban a lo largo de toda la Biblia, supe que tenía que escribir una segunda edición con esta nueva revelación. Dios aumentó mi revelación, haciendo que destacara o se multiplicara a otro nivel para bendecir más al pueblo que leería esta versión ampliada.

La importancia de la multiplicación en la creación se ve fácilmente en el mundo empresarial. Cuando un producto está listo para su comercialización, la empresa tiene que almacenar un inventario suficiente para surtir el mercado. El negocio o el producto debe ser expansible para suplir las demandas de un mercado más grande. Por ejemplo, una cosa es hacer la receta del pastel casero de su abuela para servirlo a las veinte personas de la empresa en la fiesta de Navidad y otra cosa muy distinta es hornear pasteles suficientes para veinte mil personas y distribuirlos por los supermercados Walmart.

Además, como cada emprendedor sabe, si una empresa no vende su inventario, pronto entrará en quiebra. Por eso los canales de distribución para mercadear y vender los productos y servicios de una empresa son clave para el éxito empresarial a largo plazo. Este punto nos lleva a la tercera ley de la creación: llenar la tierra.

Reabasteced: la tercera ley de la creación

Llenar significa "suministrar con abundancia; renovar y reabastecer perpetuamente". Así, en las leyes de la creación que encontramos en Génesis 1:28, primero tenemos que fructificar, es decir, producir algo que el mundo nunca antes ha visto. Después, lo multiplicamos y distribuimos por toda la tierra: localmente, nacionalmente y globalmente. En cuanto se usa o se consume, lo renovamos y reabastecemos produciendo más hasta que está repuesto según su anterior plenitud. Un supermercado es una buena ilustración de este principio. Cuando los estantes comienzan a vaciarse, el trabajo de la persona encargada del inventario de la tienda es reabastecerlos para que los consumidores puedan seguir comprando productos y aportando así más ventas e ingresos a la tienda.

Sojuzgad: la cuarta ley de la creación

Cuando se dominan las tres primeras leyes de la creación, la cuarta ley es una consecuencia natural. En la jerga empresarial, *sojuzgar la tierra* significa básicamente controlar el mercado, que es exactamente como Amazon, Apple, Microsoft y otros gigantes de la industria similares llegan a ser tan poderosos en el mundo del mercado global.

Veamos la historia de Steve Jobs y la creación del iPhone.[2] Después de casi dos años de desarrollo, en enero de 2007 Steve Jobs anunció el lanzamiento del primer iPhone. Aunque la primera generación de iPhone no tenía muchos de los elementos que ahora esperamos, el nuevo teléfono inteligente trastornó la industria y finalmente condujo a la desaparición de varios líderes de la industria. (¿Recuerda la Blackberry y la Palm Treo?). También fue la primera entrada de Apple en una nueva categoría. En ese entonces, el iPod era el único aparato portátil de la empresa.

Estos eran algunos de los elementos del primer iPhone en 2007:

- Una gran pantalla que era táctil (la competencia tenía teclados físicos y pantallas mucho más pequeñas)
- No tenía apps de terceros

- La memoria máxima era de 16 GB
- Las funciones musicales del iPod
- El único proveedor era AT&T

El año antes de que se anunciara el iPhone, se vendieron 22 millones de teléfonos inteligentes en todo el mundo. El iPhone original se envió a los clientes en junio de 2007 y su precio oscilaba entre 499 y 599 dólares dependiendo de la capacidad de almacenamiento. La mayoría de las reseñas del producto eran positivas, incluso algún crítico describió el nuevo teléfono como una computadora portátil linda y novedosa.

Apple vendió 1,9 millones de iPhones en 2007; en su primer año completo (en junio de 2008), se habían vendido seis millones de iPhones. Por supuesto, las ventas actuales superan por mucho esas primeras cifras. En 2017, Apple había vendido 216,76 millones de iPhones.

Una persona escribió: "Apple tardó algunos años en ganarse una posición de dominio en el mercado; según mejoraba el dispositivo añadía más elementos, y llegó a ser más asequible y a estar disponible en más operadoras… El primer iPhone… colocó a Apple en su rumbo actual… y es la línea de producto que más vende y que es más importante para el balance y la salud económica de la empresa".

Esta es la razón por la que comparto este ejemplo. Las leyes de la creación funcionarán para cualquiera porque Dios diseñó al hombre para ejercer dominio sobre la tierra, incluyendo el mundo del mercado. En 2007, Steve Jobs lanzó un teléfono inteligente con características que el mundo nunca antes había visto o experimentado, dejando a todos los demás competidores tan por detrás de ellos, que algunos ni siquiera existen ya en la actualidad. Ahora, más que una década después, esta invención sigue multiplicándose y mejorando con el iPhone XS, iPhone 10, iPhone 11 y cualquiera que sea la siguiente generación.

La ausencia de autoproducción

Cuando una persona, comunidad o país no es productor y se convierte solo en consumidor, no está en el asiento del conductor de su propio destino. ¿Por qué? Porque debe depender de que otros se ocupen de él.

Una de las medidas de la economía de una nación es el PIB, o producto interior bruto. Mide el valor de todos los bienes terminados y servicios producidos y que poseen los ciudadanos de un país durante cierto periodo de tiempo. Cuando un país tiene un PIB bajo, indica una baja productividad entre sus residentes.

> *La pobreza es la ausencia de producción propia.*

Esta es una declaración fuerte pero también veraz: las personas no son pobres por no tener dinero suficiente o porque no estén ganando lo suficiente en su empleo. Las personas son pobres por lo que deciden crear. La pobreza es la ausencia de producción propia.

Por ejemplo, cuando Detroit, Michigan, se convirtió en el mayor caso de bancarrota municipal de toda la historia de los Estados Unidos, un hombre escribió: "Detroit se arruinó mucho antes de ir a la quiebra; se quedó sin ideas".[3] Detroit fue en un tiempo un centro de creatividad e invención en los Estados Unidos, cuna de los "tres grandes" fabricantes de automóviles

(Ford, Fiat/Chrysler y General Motors), y "Hitsville U.S.A.", las antiguas oficinas centrales de la Motown Records. ¿Qué ocurrió? Sus ciudadanos dejaron de aplicar las leyes de la creación: "*Fructificad, multiplicaos, llenad la Tierra y sojuzgadla*".

El problema son los árboles

Muchos cristianos no operan con fructificación por lo que yo llamo los "árboles". Los árboles son mentalidades y sistemas de creencia negativos que impiden que las personas sean todo lo que Dios diseñó que fueran. Árboles podrían ser una autoimagen distorsionada, una mentalidad de pobreza o un profundo sentimiento de culpa y condenación.

Dios sabía que todos llegaríamos al Reino con patrones de pensamiento erróneos. Por eso Jesús dijo: "*Toda planta que no plantó mi Padre celestial, será desarraigada*" (Mateo 15:13).

¿Recuerda lo que ocurrió cuando los israelitas salieron de Egipto y Moisés subió al monte para reunirse con Dios, dejándolos solos por cuarenta días y cuarenta noches? Se hicieron un becerro de oro para adorarlo. ¿De dónde obtuvieron esa imagen? La obtuvieron de Egipto, donde habían sido esclavos. Aunque Dios los había sacado físicamente de Egipto, Egipto aún estaba en su interior.

Satanás trabaja horas extra para hacer que las personas sigan creyendo en su sistema mundial caído para vivir y suplir sus necesidades. Él sabe que, a menos que estas imágenes y sistemas de creencia impíos cambien, puede controlarlos y manipularlos incluso después de haber nacido de nuevo. Por ejemplo, muchos cristianos no pueden prosperar económicamente porque tienen una imagen interior de que están quebrados y nunca tienen suficiente. Esa imagen crea un muro o límite mental que les impide avanzar en la vida. Por eso Pablo escribió: *"No os conforméis a este siglo, sino transformaos por medio de la renovación de vuestro entendimiento, para que comprobéis cuál sea la buena voluntad de Dios, agradable y perfecta"* (Romanos 12:2).

Esta es una declaración profunda que espero que cada hijo de Dios recuerde siempre: su herencia viene en proporción directa con su nueva identidad. A las personas que tienen una mala autoimagen, complejo de inferioridad o mentalidad de víctima a menudo les cuesta recibir

> *Su herencia viene en proporción directa con su nueva identidad.*

de Dios, no porque Dios no quiera que lo tengan, sino porque tales imágenes detienen el fluir de la unción de Dios, que es el poder que necesitan para cambiar su situación.

Por tanto, satanás planta intencionalmente malas imágenes en el corazón de las personas, que después echan raíces y dan frutos malos. Mateo capítulo 12 lo confirma: *"O haced el árbol bueno, y su fruto bueno, o haced el árbol malo, y su fruto malo; porque por el fruto se conoce el árbol"* (versículo 33). Si soy un árbol y doy una manzana, entonces soy un manzano. Mi raíz es la de un manzano porque va a la par con el fruto. El fruto se ve, mientras que la raíz es invisible. El "fruto" podrían ser las palabras que usted dice o sus reacciones a circunstancias negativas. Sea cual sea la raíz que haya dentro (temor o fe), finalmente se verá.

La vida de Abraham

Para concluir este capítulo, la vida de Abraham es un ejemplo excelente de alguien que trabajó las leyes de la creación halladas en Génesis 1:28 para llevar a cabo el plan de Dios en la Tierra.

En Génesis, capítulo 12, Dios le dice a Abraham (cuyo nombre era aún Abram):

> **Vete de tu tierra y de tu parentela, y de la casa de tu padre, a la tierra que te mostraré. Y haré de ti una nación grande, y te bendeciré, y engrandeceré tu nombre, y serás bendición. Bendeciré a los que te bendijeren, y a los que te maldijeren maldeciré; y serán benditas en ti todas las familias de la tierra.**
>
> Versículos 1–3

A los setenta y cinco años de edad, Abraham obedece a Dios y se va de su ciudad natal, Arán, con su esposa, su sobrino, sus sirvientes y todas sus posesiones. En el capítulo 15 de Génesis, Dios visita a Abraham de nuevo en una visión, diciendo:

> **No temas, Abram; yo *soy* tu escudo, *y* tu galardón será sobremanera grande. Y respondió Abram: Señor Jehová, ¿qué me darás, siendo así que ando sin hijo, y el mayordomo de mi casa *es* ese damasceno Eliezer? Dijo también Abram: Mira que no me has dado prole… Luego *vino* a él palabra de Jehová, diciendo: No te heredará éste, sino un hijo tuyo será el que te heredará. Y lo llevó fuera, y le dijo: Mira ahora los cielos, y cuenta las estrellas, si las puedes contar. Y le dijo: ASÍ SERÁ TU DESCENDENCIA.**
>
> Génesis 15:1–5 (énfasis del autor)

Aunque Abraham y Sara no pudieron tener hijos por muchos años, en el ámbito de lo eterno Abraham ya era padre de una multitud a través del hijo de la promesa: Isaac. Romanos 4:17 dice: *"Como está escrito: Te he puesto por padre de muchas gentes"*. ¿Dónde estaba escrito? En otra dimensión, en la eterna realidad atemporal de Dios donde todo lo que va a suceder ya ha sido creado. Como lo expresó un hombre: "Todas las cosas se crean dos veces".

Cuando Dios hizo un pacto con Abram, le dio una parte del propio nombre de Dios como una señal, un sello, un recordatorio de la promesa de pacto a Abram. Dios tenía un nombre impronunciable, YHWH que pronunciamos como "Yahvé". Así que Dios le dio la "H" de su nombre a Abram y se convirtió en AbraHam. Ahora, cada vez que Abraham decía su nombre, estaba proclamando la existencia de su destino y de su hijo Isaac. *"El creyó en esperanza contra esperanza, para llegar a ser padre de muchas gentes, conforme a lo que se le había dicho: así será su descendencia"* (Romanos 4:18, énfasis del autor).

Mediante la fe, declarada mediante palabras, Abraham produjo "fruto" (Isaac) que era imposible mediante medios naturales. La Biblia dice que el cuerpo de Abraham estaba como "muerto" y Sara no había podido tener hijos antes.

Y no se debilitó [Abraham] en la fe al considerar su cuerpo, que estaba ya como muerto (siendo de casi cien años, o la esterilidad de la matriz de Sara. Tampoco dudó, por incredulidad, de la promesa de Dios, sino que se fortaleció en fe, dando gloria a Dios,

**plenamente convencido de que era también poderoso
para hacer todo lo que había prometido.**

Romanos 4:19–21

Mediante la fe, Abraham invalidó el tiempo y la materia física y produjo lo que Dios había prometido. Y la descendencia de Abraham continúa y se multiplica hasta este día.

Por eso la *fe* y la *fructificación* son dos de las leyes más poderosas del Reino de Dios. La *fe* sintoniza con el poder ilimitado de Dios para anular la ley natural a fin de *producir* la voluntad de Dios *"como en el cielo así también en la tierra"*. Ser fructífero es operar en lo *sobrenatural,* que es la forma en que cada hijo de Dios fue creado para operar.

No importa cuál es su llamado o su tarea, ya sea rey o sacerdote, recuerde esto: no hay problema en la tierra para el que no se haya creado una solución en el cielo. ¡Es parte de su herencia!

Multiplicaos, reabasteced la Tierra y sojuzgadla: más leyes de la creación

Reflexión

¿Cómo coinciden estas leyes adicionales de Dios de multiplicaos, reabasteced la Tierra y sojuzgadla con el mandamiento de Dios de fructificar? ¿Qué acciones o pensamientos pueden hacer que no cumpla usted con estos mandamientos de Dios?

Reyes y sacerdotes: el Reino

P ARA ENTENDER PLENAMENTE LA asociación divina de reyes y sacerdotes, primero debemos entender el orden del Reino de Dios. Cuando comenzó el ministerio de la predicación de Jesús, su mensaje era sobre el Reino. Por tanto, ¿qué es el Reino de Dios? ¿Y por qué es la noticia más importante dada jamás a la raza humana?

El Reino de Dios es un mensaje no solo sobre salvación e "ir al cielo cuando muera". El Reino de Dios tiene un objetivo mayor que ese. Es un evangelio que incluye salvación, pero también tiene que ver con traer el cielo a la tierra. Se trata de un nuevo gobierno o Reino soberano donde Dios es quien reina; un Reino independiente que se establece primero en la tierra en los corazones de las personas.

Opera mediante principios superiores desde una posición superior y es un nuevo orden de vivir por fe. Cuando vivimos por fe, no necesitamos mirar a otros gobiernos ni ninguna otra cosa en este mundo para que se ocupen de nosotros. Ni tan siquiera tenemos que intentar suplir nuestras propias necesidades.

"Buscad primeramente el reino de Dios... y todas estas cosas os serán añadidas" (Mateo 6:33). Eso debemos hacer.

En este Reino, el Rey está obligado a cuidar y proteger a todos sus ciudadanos, y su bienestar es un reflejo del Rey mismo. La palabra que mejor lo describe es *territorio autónomo*, que es "un sistema económico de un reino que garantiza a cada ciudadano igual acceso a la seguridad económica",[1] algo que no se debe confundir con el comunismo o el socialismo. Cuando una persona nace de nuevo, se convierte en ciudadana de este reino y participante de los beneficios y privilegios del reino.

Todos los derechos de la ciudadanía están a disposición del ciudadano: poder, sabiduría, honor, riquezas, fuerza, gloria y bendición.

La meta número uno de cada ciudadano en este reino es someterse al Rey, buscando solo mantener un buen estatus ante Él. El mensaje del "Reino" de Jesús tenía que ver con que la humanidad redescubra este gobierno independiente y que se establezca en la Tierra a través de sus representantes o "embajadores". El mensaje era acerca de recuperar nuestro lugar de dominio y posición de liderazgo en la Tierra como originalmente Dios había previsto.

Por desgracia, hemos predicado sobre ir al cielo en lugar de gobernar aquí en la Tierra. Hemos predicado la "Iglesia" en lugar del Reino. Por eso un cristiano le dirá: "Mi iglesia es mejor que la suya", o "mi pastor está más ungido que el suyo". No es posible poseer nuestra herencia o influenciar a las naciones con esta mentalidad. La revelación del Reino, y someterse totalmente al Rey, da como resultado el poder (Juan 14:21) necesario para "someter reinos".

Cuando entendamos el orden del Reino, entenderemos mejor las partes específicas del Reino como el ministerio de los ángeles (que son el ejército del Reino de Dios) y los oficios ungidos de reyes y sacerdotes. Jesús enseña: *"Y será predicado este evangelio del reino en todo el mundo, para testimonio a todas las naciones; y entonces vendrá el fin"* (Mateo 24:14).

¿Por qué no hemos oído más sobre el Reino demostrado, predicado y establecido en el mundo? Creo que se debe a la tradición: *"Ya no ha de honrar a su padre o a su madre. Así habéis invalidado el mandamiento de Dios por vuestra tradición"* (Mateo 15:6), y porque muchos pastores no aceptan la mayor revelación del Espíritu Santo escogiendo en su lugar quedarse con su dogma denominacional. Este es principalmente el producto del liderazgo de la Iglesia y sus formas tradicionales de pensar.

Como muchas iglesias o denominaciones no han recibido enseñanza sobre el Reino, muchos de los hijos de Dios no han llevado su *"luz del mundo"* más allá de las cuatro paredes del edificio de la iglesia. Líderes talentosos y dotados en el mundo del mercado han tenido pocas o limitadas oportunidades para sus dones en la iglesia local y, por consiguiente, los reyes no han mostrado un fuerte sentimiento de obligación de apoyar la misión y los programas del Reino.

Sin embargo, Dios está entrenando líderes (sacerdotes) que aceptarán plenamente su autoridad en el Reino y empoderarán y educarán adecuadamente a los reyes para una influencia en el mundo del mercado, a fin de gobernar y reinar con eficacia en esta Tierra a través del Rey, nuestro Señor Jesucristo.

Sin el evangelio del Reino, nos quedamos con una verdad insuficiente para avanzar el gobierno del cielo o para vencer al enemigo de la humanidad. Hace cincuenta años atrás, una de las mayores religiones del mundo dominaba solo en ciertas partes del mundo; sin embargo, ahora está controlando un porcentaje sustancial de las economías globales. "Reyes" en esa religión consideran que es su tarea u obligación apoyar la expansión de su religión a todas las naciones.

Invierten el respaldo económico en las naciones para difundir su fe y sus creencias. No están organizados en muchas denominaciones como lo está la fe cristiana, sino que actúan como "una nación". Jesús nos enseña: *"Una casa dividida no puede permanecer"* (Marcos 3:25). Su religión nunca ha separado su fe de sus vidas cotidianas: sus empresas, sus políticos, sus códigos de vestimenta, su comida, sus hábitos de consumo y, claro está, tienen dinero suficiente. Su trabajo y su adoración van de la mano.

Gracias a Dios que Jesús es nuestro Salvador y Redentor; aun así, para recibir todos los beneficios debemos asegurarnos de que sea nuestro Rey y nuestro Señor. Señor denota propiedad. El evangelio del Reino enseña que Jesús debería ser el Señor de nuestra vida y la Biblia debería ser la guía o la constitución para cada ciudadano del Reino.

De nuevo, sin el evangelio del Reino y un entendimiento adecuado de la palabra "Iglesia", nos quedaremos con una verdad insuficiente para cumplir nuestro mandamiento celestial de evangelizar las naciones y traer el gobierno de Dios con el fin de tener relevancia en la Tierra dondequiera que seamos enviados. La Iglesia es solo una parte del Reino de Dios. Este planeta, los cielos y los ángeles son todos ellos una parte del Reino de Dios. Por tanto, como reyes y sacerdotes somos parte del Reino de Dios, y entender este Reino es algo necesario para "operar plenamente" en estos dos oficios y para cumplir el llamado o mandamiento sobre nuestra vida para esta generación.

Reyes y sacerdotes: un paradigma del Reino

Esta revelación de reyes y sacerdotes es un principio fundamental en el Reino de Dios. Dios quiere que su Reino sea establecido en cada nación para influenciar cada esfera y ámbito de la sociedad... el mundo del mercado. Muchas personas que actualmente controlan los "lugares altos", a los que llamamos esferas de influencia, están bajo influjos espirituales que no son conscientes de que les están afectando. Creen que están tomando sus propias decisiones, pero satanás da acceso a los lugares altos a quienes él quiere (Mateo 4:8–9) y escoge reyes y sacerdotes cuyo pensamiento e ideología son más susceptibles de ser manipulados y manejados. Esto sucede con banqueros, jueces, políticos, magnates de los medios, educadores o alguna otra figura de autoridad. El enemigo los selecciona y los coloca en el frente para controlar los montes de la sociedad.

El Reino de Dios, el cual predicó Jesús, da entrada a un nuevo estilo de vida con fe. Esto significa que Dios y su Reino deberían ser nuestra única Fuente y Suministro. Una de las estrategias de satanás para destruir el poder y la influencia de la Iglesia es hacer que los cristianos confíen en todo menos en Dios. Su meta es aniquilar la Palabra de Dios y llevar a la gente de fe a la incredulidad. Jeremías 17:5–6 dice: *"Maldito el varón que confía en el hombre, y pone carne por su brazo, y su corazón se aparta de Jehová. Será como la retama en el desierto, y no verá cuando viene el bien".*

Satanás, trabajando a través de su sistema, intenta seducir sutilmente a la Iglesia para que sea más de los hombres que del Reino, para hacer que los creyentes pierdan su fe en Dios. La Figura 1 nos da las características del Reino de Dios y el Reino de las Tinieblas. El segundo es un sistema basado en el temor donde la gente confía en sus propios esfuerzos y en otras personas, en lugar de confiar en Dios. En el Reino de Dios, como mencioné antes, hay un nuevo orden de vivir con fe, donde confiamos en Dios como nuestra Fuente y Suministro para todo. Cuando una persona vive con fe, él o ella es capaz de ver y hacer cosas que están más allá de su capacidad natural. La fe eleva a una persona a la esfera de creer lo increíble y hacer lo imposible.

Figura 1: Características de los dos reinos

Reino de Dios	Reino de las tinieblas
• Gobernado por Dios	• Gobernado por satanás
• Entendimiento y revelacion de la palabra de Dios (viene del espiritu)	• Conocimiento de sentido (a través de los sentidos, la razón humana)
• Se mueve mediante la fe	• Se mueve mediante el terror (Se basa en el miedo)
• Su fuente es Dios	• Su fuente es es el esfuerzo propio y la confianza en otras personas

• Dios nos añade mediante la gracia y La Bendición	• La gente intenta suplir sus propias necesidades o producir para sí mismos sin considerar a Dios
• Los ciudadanos nacen de nuevo a través de Jesucristo	• La humanidad no puede salvar ni salvarse: aún está separada de Dios
• Produce descanso y paz	• Produce fatiga, estrés y preocupación
• Opera mediante las leyes espirituales del cielo	• Opera mediante las leyes naturales del sistema de la Tierra maldita
• Leyes clave: - Ley del Espíritu de vida en Cristo Jesús - Sembrar y cosechar (Plantación y recolección)	• Leyes clave: - Ley del pecado y de la muerte - Comprar y vender

Cada uno de nosotros debe tener el paradigma, la creencia o el mapa mental correcto para operar con éxito en el Reino de Dios. La primera corrección en el pensamiento de la mayoría de las personas, como lo era en el mío, es que el Reino de Dios no es una democracia, tampoco una denominación, sino

El Reino no es esclavitud, sino protección.

una teocracia gobernada por un rey: el Rey de reyes y Señor de señores. Este es un gobierno soberano. No hay votaciones ni protestas; sin embargo, sigue habiendo libertad (Gordon 1990). Solo en el Reino se puede encontrar libertad sin votar. El Reino no es esclavitud, sino protección.

Para experimentar la plenitud de ser reyes y sacerdotes debemos entender cómo opera la autoridad del Reino. Una buena lección de esta autoridad se encuentra en la historia del centurión en Mateo 8:5–10. Un centurión se acercó a Jesús para pedirle que sanara a su criado:

> **Y Jesús le dijo: Yo iré y le sanaré. Respondió el centurión y dijo: Señor, no soy digno de que entres bajo mi techo; solamente di la palabra, y mi criado sanará. Porque también yo soy hombre bajo autoridad, y tengo bajo mis órdenes soldados.**
>
> Versículos 7–9

El centurión tenía autoridad porque estaba bajo autoridad. Si queremos autoridad en el Reino, debemos estar sometidos a la autoridad. De nuevo, el Reino de Dios no es una democracia, vivir en el Reino no es una religión; es la vida de Dios. No votamos para determinar cuál será la agenda del Reino. En el Reino, uno acepta el reinado de Dios en su vida y entra en la esfera de *Su Bendición* aquí en la Tierra.

Vivir en el Reino no es una religión.

La esencia de someterse a la autoridad del Reino es si una persona está verdaderamente o no rendida al señorío de Jesucristo. Una persona puede nacer de nuevo, pero ¿es Jesús su Señor? Si Jesús es su Señor, entonces queda bajo su autoridad para hacer las cosas que Él dice. Lucas 6:46 (NTV) ilustra esta idea cuando

Jesús pregunta: *"¿Por qué me llamáis, Señor, Señor, y no hacéis lo que yo digo?".*

Como expiloto de combate de la Fuerza Aérea, mi entrenamiento militar fue extremadamente valioso para ayudarme a entender este principio y cómo vivir en el Reino de Dios. En los Estados Unidos hay un ejército, aunque tiene diferentes ramas: Armada, Fuerza Naval, Fuerza Aérea, Marines y Guardia Costera. Nuestro oficial al mando daba las órdenes y se esperaba que nosotros las cumpliéramos. Los soldados no votaban para decidir dónde eran asignados o cuál sería su unidad. Los soldados se cuidaban unos a otros como una banda de hermanos, trabajaban como un equipo, sabiendo que sus vidas podían depender de ello. El Señor, como nuestro Comandante espiritual, tiene tropas desplegadas entre el clero o el ministro sacerdotal y el mundo del mercado (reyes) para trabajar como soldados, "agentes de cambio", unidos para recuperar nuestro lugar de dominio y reestablecer su Reino.

La escritura habla sobre atar al hombre fuerte (Marcos 3:27) y saquear su casa. Bueno, si queremos hacer eso, debemos entrar en su casa. Muchas veces, quienes están en el mundo de la Iglesia no creen que deberían aspirar a ser artistas o médicos, deportistas o políticos. Dicen: "¡No, no! Ese mundo es malvado, hay que alejarse de él". Pero Jesús dijo: *"No te pido que los quites del mundo, sino que los protejas del maligno"* (Juan 17:15). La influencia en nuestra cultura no debe solo venir de la plataforma de la Iglesia al predicar el evangelio, sino que debemos formar y entrenar a buenos artistas y políticos en la Iglesia para entrar en Hollywood, en la industria musical o en el Senado, asi siendo preparados para poder influenciar en esa industria o profesión. Descubriremos que la táctica de Dios es plantar deliberadamente a los justos entre los injustos. En la oscuridad es donde más brilla la luz.

En la oscuridad es donde más brilla la luz.

Cuando nosotros, los hijos de Dios, regresemos a nuestra posición como líderes sobre este planeta, como Dios quiso en un principio, Él nos usará para establecer su gobierno o Reino y restaurar toda la Tierra "de nuevo como el Edén".

Dos llamados y dos unciones

Es importante entender la relación existente entre reyes y sacerdotes. De nuevo, reyes y sacerdotes son dos unciones y llamados distintos y separados, aunque una persona puede ejercer en ambos roles a nivel personal o privado. Por ejemplo, puede que usted sea el rey y el sacerdote de su hogar o su negocio. Quizá dirige su empresa y dirige un estudio bíblico para sus empleados. O podría ser quien dirige la oración en su hogar y también va al trabajo cada día para proveer para su familia. En este escenario, cada uno de nosotros podría ser un rey y un sacerdote.

Pero a una escala más amplia, en la iglesia local y la Iglesia en general, reyes y sacerdotes son oficios separados que sirven como socios el uno para el otro, equilibrando y ayudándose mutuamente a terminar la obra para la que fuimos llamados: avanzar y establecer el Reino de Dios. No tenemos una prioridad mayor que proclamar su Reino en cada nación.

Un equipo invencible

Vemos estos dos oficios trabajando juntos cuando el profeta Elías le dijo al rey Acab: *"Sube, come y bebe; porque una lluvia grande se oye"* (1 Reyes 18:41). Notemos que la dirección y el instante de ser movidos por Dios llegaron a través del profeta (sacerdote). Como el rey creyó al profeta y siguió su instrucción, hubo un gran beneficio. Este es el "modelo del Reino" que hizo que Israel ganara batallas y conquistara territorios que el enemigo había poseído previamente.

También vemos estas dos unciones trabajando juntas en el capítulo 20 de 1 Reyes. Ben Adad, rey de Siria, declaró la guerra contra Acab, rey de Israel, diciendo: *"Tu oro y tu plata son míos, lo mismo que tus mujeres y tus hermosos hijos"* (versículo 3, NVI). El rey Acab no se defendió y consintió. Su enemigo después demandó incluso más diciendo: *"Voy a enviar a mis funcionarios a requisar tu palacio y las casas de tus funcionarios, y [los siervos de Ben Adad] se apoderarán de todo lo que más valoras y se lo llevarán"* (versículo 6, NVI). Esta vez el rey Acab fue firme y se reusó. Entonces: *"Mientras tanto, un profeta se presentó ante Acab, rey de Israel, y le anunció: —Así dice el Señor: "¿Ves ese enorme ejército? Hoy lo entregaré en tus manos, y entonces sabrás que yo soy el Señor"* (versículo 13, NVI). Dios hizo exactamente lo que dijo y le dio a Israel la victoria.

Otro ejemplo de este equipo invencible de reyes y sacerdotes se encuentra en 2 Reyes, capítulo 19. La palabra del Señor

> *El "modelo del Reino" nos ayuda a ganar batallas y a conquistar territorios.*

llegó al rey Ezequías a través del profeta Isaías cuando Israel fue atacado por Rabsaces, rey de Asiria. Isaías dijo: *"Así ha dicho Jehová: No temas por las palabras que has oído, con las cuales me han blasfemado los siervos del rey de Asiria. He aquí pondré yo en él un espíritu, y oirá rumor, y volverá a su tierra; y haré que en su tierra caiga a espada"* (versículos 6–7) y *"aquella misma noche salió el ángel de Jehová, y mató en el campamento de los asirios a ciento ochenta y cinco mil; y cuando se levantaron por la mañana, he aquí que todo era cuerpos de muertos"* (versículo 35). ¿Podría ser que la razon por la cual no solucionamos los problemas del mundo como el terrorismo y la pobreza, ha sido porque este equipo invencible no trabaja unido? Las escrituras nos dicen: *"Él hace cesar las guerras en toda la tierra"* (Salmos 46:9, NTV).

Patrón falso de reyes y sacerdotes

En la Biblia, los gobiernos del mundo (seculares) también replicaron este modelo de reyes y sacerdotes. Un ejemplo lo tenemos en la relación entre Faraón, rey de Egipto, y su gabinete místico de sabios, hechiceros y magos. Cuando contendía contra Moisés y Aarón, Faraón llamó a sus sacerdotes para responder al hecho de que Aarón había convertido su vara en una serpiente. Cuando los sacerdotes de Faraón arrojaron sus varas, también se convirtieron en serpientes pero fueron devoradas por la serpiente de Moisés… la asociación más poderosa establecida por Dios. El equipo piadoso de rey y sacerdote, Moisés y Aarón, ganó el combate.

Al igual que Egipto, el gobierno de Babilonia, uno de los reinos más grandes del Antiguo Testamento, también siguió un modelo de reyes y sacerdotes. El sistema político de Babilonia estaba apoyado sobre poderes ocultos de magos, brujos y astrólogos. La fuerza de Babilonia procedía de estos poderes ocultos e invisibles. Encontramos un ejemplo de ello en el libro de Daniel, donde el rey Nabucodonosor de Babilonia tuvo un sueño perturbador y estaba desesperado por saber su interpretación. Llamó a sus sacerdotes, astrólogos, hechiceros y caldeos, pero no pudieron interpretarlo porque solo Dios es el verdadero intérprete de sueños. Por tanto, el rey solo recibió la interpretación del sueño cuando buscó consejo de Daniel.

Como podemos ver, el patrón de reyes y sacerdotes tiene tanto versiones piadosas como mundanas; sin embargo, la versión mundana es una falsificación del verdadero patrón de Dios y siempre es inferior. Aunque Faraón y Nabucodonosor eran reyes poderosos y gobernantes formidables, sabían que había una esfera en la que cual no tenían la habilidad de operar. Esta es una revelación importante. Entendían sus propias limitaciones, por eso tenían espiritistas que los aconsejaban con respecto a las cosas pertenecientes a la esfera espiritual intangible e invisible.

El principio de reyes y sacerdotes sigue activo en el presente. Por ejemplo, muchas tribus aún mantienen tradiciones ancestrales en las que el rey o el líder tribal consulta rutinariamente a sus sacerdotes, llamados curanderos o adivinos (hechiceros). Ellos colaboran en la dirección de los asuntos personales y colectivos de la tribu o de las empresas del mercado. Incluso hoy, una práctica común es que la gente utilice a adivinos y espiritistas para consultar a "los espíritus" y recibir respuestas para sus negocios, asuntos políticos, matrimonios, familias y cualquier problema que pudieran tener. Se paga mucho dinero por sus servicios de consultoría.

De nuevo, esta es la versión del mundo de reyes y sacerdotes, pero ilustra mi punto de que hay poder que se deriva de esta unión. La mayoría de las naciones tribales reconocen las ventajas y la autoridad de esta relación entre reyes y sacerdotes y ven resultados, aunque sean limitados.

También podemos ver esta asociación dentro del ámbito de las empresas en otros países que se han convertido en actores principales de la economía global, que está en rápida expansión. Estas naciones, grandes y pequeñas, tienen individuos talentosos que contribuyen en gran manera al fenomenal crecimiento de su nación. Un periódico local de una de estas naciones tenía un artículo que decía que los estudiantes de una de las mejores universidades pueden obtener un grado en astrología y conseguir prestigiosos empleos en empresas multinacionales muy conocidas y páginas web de astrología financiera. Se les contrata como consultores, astrólogos financieros y expertos en predicción "para predecir el mercado bursátil, el éxito de las iniciativas empresariales y ofrecer consejos ancestrales sobre gestión financiera".[2] No estoy endosando estas prácticas espirituales en modo alguno, sino tan solo hablando de ellas para ilustrar de nuevo que el principio de reyes y sacerdotes está vivo y se está usando en el siglo XXI.

Según la perspectiva judeocristiana, cualquier saber fuera de la sabiduría de Dios es una falsa sabiduría en la sociedad actual. Esta falsa sabiduría es inferior y consultar a cualquier brujo, médium, hechicero o adivino es algo que el Señor prohíbe, ya que fue lo que se usó para tentar a la humanidad en el Jardín del Edén (Génesis 3:6). Aquí es evidente el intento de satanás de obtener dominio y edificar su propio reino sobre la Tierra usando los principios que Dios dio a Adán antes de que pecara. También reconocemos las limitaciones de esta falsa sabiduría. Los magos y adivinos de Faraón solo fueron capaces de llegar hasta cierto punto en la ejecución del espiritismo (ocultismo) en su esfuerzo por replicar el poder de Dios a través de Moisés. Como dice la escritura, ningún conjuro se puede comparar (o competir) con el *"dedo de Dios"* (Éxodo 8:19).

Además, los astrólogos de Faraón en la época de José no pudieron predecir ni hacer preparativos para los siete años de hambruna que llegaron a Egipto (Génesis 41), ni tampoco la inteligencia o el ingenio de ningún egipcio pudo evitarla. Solo a través de José, operando como un sacerdote piadoso, el Faraón (el rey) pudo instruir adecuadamente a su nación sobre cómo manejar la situación y no solo sobrevivir, sino mejorar durante un desastre natural de esa magnitud.

Reyes y sacerdotes bíblicos

Con individuos que practican la astrología o los encantos de varios tipos, la necesidad de una asociación de reyes y sacerdotes verdaderamente bíblica se torna evidente. Los reyes necesitan sacerdotes (profetas del Señor) que escuchen de Dios, para que los dirijan hacia la voluntad de Dios. Los sacerdotes también enseñan a quienes están en el mundo del mercado los principios superiores del Reino que los capacitarán como ministros en el entorno laboral para tomar el liderazgo en sus esferas de influencia.

Un ejemplo actual lo vemos en Sacramento, California, donde los ministros también ejercen como oficiales de policía. Reconociendo el valor de colaborar con clérigos locales para fortalecer relaciones positivas en la comunidad, el recién nombrado jefe de policía del departamento de policía de Sacramento estableció un programa de alcance de "policías y clérigos".[3] Los policías forman un equipo con pastores y ministros locales para hablar y aconsejar a jóvenes y adultos en situación de riesgo, en un intento por cambiar conductas que podrían desembocar en arrestos o encarcelamientos. El programa busca fortalecer la confianza y mejorar la comunicación entre la policía y los residentes de la comunidad, convirtiendo finalmente a Sacramento en un lugar más seguro y más deseable para vivir.

Esta colaboración entre clérigos y policías también se vio después de las conocidas revueltas de Baltimore, Maryland, tras la muerte de Freddie Gray, un afroamericano de veinticinco años, mientras estaba en custodia policial. La violencia y destrucción de las revueltas fueron noticia en todo el mundo, pero muy pocos medios de comunicación informaron sobre la colaboración del departamento de policía con líderes religiosos locales para detener la violencia y restablecer la paz en una comunidad rota por décadas de desesperanza y desesperación. El departamento de policía de Baltimore se acercó a iglesias locales y líderes de fe para "que ayudaran a calmar las tensiones en las calles" y "calificaron de 'instrumentales' sus aportaciones".[4] Como dijo un pastor local: "La vigilancia de la comunidad consiste en el agente patrullando junto al pastor en la esquina".[5]

Los sacerdotes también necesitan reyes. En el ámbito empresarial o económico, estos ministros ungidos en el mundo del mercado son agentes de cambio del Reino y las personas que generan negocios económicos a quienes Dios hará prosperar económicamente, intelectualmente y de manera práctica para la edificación o el avance del Reino. En el Evangelio de Lucas, Jesús se puso de pie en la sinagoga y, cuando abrió el libro, encontró el lugar donde estaba escrito: *"El Espíritu del Señor está sobre mí, por cuanto me ha ungido para dar buenas nuevas"* (capítulo 4, versículo 18). Notemos que no dijo "para financiar". La Iglesia ha hecho de todo, desde jugar al bingo hasta solo

> *La Iglesia debería ser la institución más rica, más benevolente y más poderosa del mundo.*

pedir en un intento de recolectar fondos para proyectos de edificación, y otras cosas. Estas prácticas surgen principalmente de una mala interpretación de la escritura y los conceptos teológicos tradicionales.

Por ejemplo, oí a un teólogo dar su interpretación sobre la ocasión del discurso de Jesús con el joven rico en Marcos, capítulo 10. Este profesor decía que lo que significa esta historia es que "no puedes ir al cielo si eres rico. Primero debes darlo todo". El comentarista que entrevistaba al teólogo respondió rápidamente: "Entonces todos iremos al infierno", con tono sarcástico. Este teólogo no tenía revelación de lo que significaban esos versículos. Este pensamiento erróneo se ha filtrado en el cuerpo de Cristo. Jesús se refirió a ellos como *"ciegos guías de ciegos"* (Mateo 15:14).

La Iglesia debería ser la institución más rica, más benevolente y más poderosa del mundo. Yo la llamo "El imperio benevolente". Deberíamos tener suficiente fortaleza económica como para quitar la maldición de cualquier ciudad a la que nuestro Señor nos envíe… ¡no para mendigar, sino para bendecir!

Por primera vez desde los días del rey David, la provisión se generará más rápido que la visión que pretende soportar. Si recordamos, el rey David adquirió y almacenó todos los materiales y la riqueza necesarios para construir el templo años antes de que su hijo Salomón lo construyera. Del mismo modo, cuando los reyes y los sacerdotes operan en las tareas que Dios les ha encomendado, están seguros de cumplir el plan de Dios y el dinero no es ningún problema. Conectan con nueva información que provocará avances en el ámbito empresarial, educativo y científico, quitando maldiciones como pobreza, muerte prematura y destrucción de ciudades enteras, mientras que al mismo tiempo se reclama nuevo territorio y nuevos convertidos para el Reino hasta que cada comunidad sea como "el cielo en la tierra".

Reyes y sacerdotes: el Reino

Reflexión

Medite por unos minutos sobre la venida de Jesús a la Tierra para redimirnos. Considere cómo Jesús, como el último Adán, derrotó al pecado para redimir a la humanidad a su estado original. ¿Cómo nos restaura Jesús para que recibamos la provisión del Reino, que significa "descanso" tras el esfuerzo del trabajo?

CAPÍTULO 4

Reyes y sacerdotes: una revelación

PARA ENTENDER COMPLETAMENTE EL concepto de reyes y sacerdotes y la conexión existente entre la fe y el mundo del mercado, primero hay que entender los roles de los reyes y sacerdotes del Antiguo Testamento y los reyes y sacerdotes de la actualidad.

El rey del Antiguo Testamento

Dos de los principales propósitos del rey del Antiguo Testamento eran gobernar el pueblo de Dios y dirigirlos en la batalla contra los enemigos. Siempre que había un rey fiel, Dios iba con él a la batalla y le aseguraba la victoria. Tras conquistar al enemigo, un rey fiel regresaba con los botines de guerra, poniéndolos en su propio tesoro pero excluyendo la parte que le correspondía a Dios a través del sacerdote. El "diezmo" aseguraba que Israel continuara en "La Bendición" del Señor.

Los reyes eran los dueños de tierras y negocios. Los reyes también supervisaban todo el comercio y los viajes. Gestionaban la economía de la nación exigiendo impuestos y cuotas y regulando pesos y medidas. Un rey también tenía la responsabilidad de asegurar que los granjeros dejaran provisiones para los pobres y necesitados en las esquinas de sus tierras. El sistema usado para lograrlo se llamaba rebuscar, una versión antigua de la asistencia social. Para preservar su dignidad y la ética laboral, el Señor les hacía rebuscar.

El sacerdote del Antiguo Testamento

Entre las doce tribus de Israel había una tribu llamada "levitas", quienes se dedicaban exclusivamente al sacerdocio. Aunque los levitas tenían muchas funciones, la principal era ofrecer oraciones y sacrificios a Dios. También se ocupaban del templo, encargándose del mantenimiento y de otras funciones litúrgicas diarias. Eran emisarios de misericordia y cuidaban de los huérfanos, las viudas y los extranjeros en las puertas. Eran los que intercedían en nombre del pueblo, ofreciendo sacrificios por el pecado y de expiación, y pronunciando bendiciones sobre la gente (Números 6:22–27; Deuteronomio 20:1–4).

La bendición permite que se produzcan bondad, gracia y victoria sobrenaturales.

En el Antiguo Testamento, el sacerdote también bendecía al rey y a su ejército antes de salir a la batalla. *Bendecir* significa "decir (o declarar) algo bueno, y por fe, empoderarlo para que suceda". Esto no es solo hablar; La Bendición, que es el nombre bíblico del poder que creó toda la materia, también permite que se produzcan bondad, gracia y victoria sobrenaturales. Con la bendición del profeta (el sacerdote), el poder de Dios iba delante del ejército y el Señor peleaba la batalla y entregaba al enemigo en manos del rey.

También había veces en las que el Señor le decía al sacerdote exactamente lo que tenían que hacer el rey y su ejército para derrotar al enemigo. Un ejemplo asombroso de esto lo encontramos en 2 Crónicas, capítulo 20, cuando, a través del profeta, la palabra del Señor llegó al rey Josafat cuando estaba rodeado por tres ejércitos hostiles posicionados para el ataque.

> **Y mientras ellos salían, Josafat, estando en pie, dijo: Oídme, Judá y moradores de Jerusalén. Creed en Jehová vuestro Dios, y estaréis seguros; creed a sus profetas, y seréis prosperados… Y cuando comenzaron a entonar cantos de alabanza, Jehová puso contra los hijos de Amón, de Moab y del monte de Seir… y he aquí yacían ellos en tierra muertos, pues ninguno había escapado.**
>
> Versículos 20, 22, 24

En resumen, el sacerdote del Antiguo Testamento se ocupaba de todos los asuntos ceremoniales y eclesiales, mientras que el rey del Antiguo Testamento se encargaba de los asuntos seculares, civiles y de gobierno. Ambos oficios eran importantes en la vida del pueblo y era absolutamente esencial que trabajaran juntos. Ahora veamos estos roles en la actualidad.

Reyes actuales

Como mencioné antes, a lo largo de la historia los reyes recibieron la responsabilidad de ir a la guerra y defender sus reinos. En la Biblia, leemos que el Señor le dijo a Abraham: *"Porque toda la tierra que ves, la daré a ti y a tu descendencia para siempre"*

(Génesis 13:15). Le dijo a Josué: *"Yo os he entregado, como lo había dicho a Moisés, todo lugar que pisare la planta de vuestro pie"* (Josué 1:3). Y el libro de los Salmos dice: *"Pídeme, y te daré por herencia las naciones, y como posesión tuya los confines de la tierra"* (Salmos 2:8).

En el presente tenemos este mismo principio con los reyes actuales: los ministros ungidos en el mundo del mercado. Dios sigue muy interesado en que su pueblo posea la tierra, y es necesario luchar por cada centímetro de terreno que hay que tomar ahora, igual que en el pasado. Por desgracia, los reyes de hoy no son del todo conscientes de su propósito y llamado. Están "asistiendo a la iglesia", recolectando fondos, dando dinero aquí y allá y sirviendo en lo que yo llamo "propósito del Reino a tiempo parcial". No entienden plenamente su llamado ni se involucran plenamente en sus responsabilidades o funciones.

Su responsabilidad es la misma que Dios le dio a Adán: ejercer dominio sobre este planeta y sobre todos sus recursos y su producción. Desde la economía y los negocios, pasando por la educación y la política, el Reino tiene que gobernarlo todo, incluyendo el sistema judicial y las leyes de la tierra. Nosotros somos los representantes del Rey para establecer la cultura del Reino. Al aceptar y desempeñar nuestra responsabilidad de gobernar llevamos a cabo el mandato de Dios de ser fructíferos.

La tierra es parte del territorio que le pertenece al Reino de Dios y, de nuevo: *"Su Reino lo gobierna todo"*… todo. En Salmos 24:1 leemos: *"De Jehová es la tierra"*. La tarea de la Iglesia es traer el gobierno del cielo para que tenga relevancia en la tierra dondequiera que estemos.

Apocalipsis, capítulo 1 y versículo 6, dice: "*Y nos hizo reyes y sacerdotes para Dios, su Padre; a él sea gloria e imperio por los siglos de los siglos. Amén*". Este pasaje habla sobre la Iglesia de los últimos tiempos. Los reyes actuales son responsables de asegurar la provisión de Dios; son los "ministros del mundo del mercado", y es clave que los sacerdotes actuales "bendigan" a los reyes mientras estos reúnen esa provisión. En este día y momento, los reyes podrían ser personas de cualquier ámbito de la vida. Podrían ser personas de la industria del entretenimiento, de los servicios sociales o del campo médico. Podrían ser hábiles trabajadores, como carpinteros y electricistas, o incluso padres y madres que no trabajan fuera de casa. La ocupación no es importante, porque todo aquel que no sea sacerdote es automáticamente un rey.

Sacerdotes actuales

Los sacerdotes en el Nuevo Testamento son los que están en el ministerio quíntuple a tiempo completo. Son los apóstoles, profetas, evangelistas, pastores y maestros, llamados *dones ministeriales* dados al Cuerpo de Cristo (Efesios 4:11–13). Similar a los sacerdotes del Antiguo Testamento, los sacerdotes de hoy siguen teniendo la responsabilidad de cuidar de la casa de Dios, de recibir los diezmos (Malaquías 3:8–11) y de advertir e informar al pueblo de Dios de lo que viene o de lo que Dios está diciendo. En Amós 3:7, la Palabra de Dios dice: "*Porque no hará nada Jehová el Señor, sin que revele su secreto a sus siervos los profetas* [los sacerdotes]". Los sacerdotes del presente también están ungidos para enseñar al Cuerpo de Cristo y dar interpretación para un correcto entendimiento de la Palabra de Dios (2 Crónicas 15:3; Hechos 8:30–31).

Los sacerdotes tienen una unción que les da sabiduría para conocer el movimiento y el tiempo de Dios (1 Reyes 18). A menudo reciben instrucciones sobre cómo derrotar al enemigo y ganar en la batalla, ya sea en el mundo del mercado o en la vida personal de la gente (ver 2 Crónicas 20).

> *Los sacerdotes tienen una unción que les da sabiduría para conocer el movimiento y el tiempo de Dios (1 Reyes 18).*

Recuerdo una vez cuando un miembro de nuestra iglesia vino y demandó de la uncion sacerdotal que esta sobre mi vida y me pidió consejo acerca de como pagar unas cuentas de impuestos que estaban atrazados. Yo le dije qué hacer estrictamente bajo la unción del Espíritu Santo. Él siguió mis instrucciones, el Departamento de Hacienda redujo sus impuestos a unos cientos de dólares y él pagó la cantidad de inmediato. Los sacerdotes de hoy también tienen la responsabilidad de recordar a los reyes sus obligaciones de mayordomía, así como hizo Melquisedec cuando se encontró con Abraham tras su victoria en batalla *"y le dio Abram los diezmos de todo"* (Génesis 14:20). La mayordomía diligente mantiene a la Iglesia saludable y los reyes siguen conectados a la vid y siendo productivos.

El reverendo Billy Graham y el presidente George H. W. Bush

En la Biblia, los sacerdotes se involucraban de vez en cuando en los asuntos del gobierno como consejeros, como hicieron Daniel y José. Quizá el mejor ejemplo contemporáneo de un "sacerdote" que proporciona guía espiritual y apoyo a los líderes del gobierno es el tan respetado reverendo Billy Graham. En la página web en inglés de la Asociación Evangelística Billy Graham fue publicado un artículo titulado Billy Graham: Pastor to Presidents" (Billy Graham: pastor de presidentes). Allí se dice lo siguiente: "Cada presidente de los Estados Unidos desde la Segunda Guerra Mundial (hasta Barack Obama) se ha reunido con Billy Graham".[1] La relación entre el reverendo Graham y el presidente George H. W. Bush demuestra la importancia de los reyes y sacerdotes actuales. "Billy Graham ha sido una inspiración para mi vida", dijo Bush. "Creo firmemente que nadie puede ser presidente… sin entender el poder de la oración [y] sin fe. Y Billy Graham me ayudó a entender eso".[2] El reverendo Graham estuvo con el presidente Bush y su esposa Barbara en la Casa Blanca en 1991 la noche en que comenzó la Guerra del Golfo. El presidente lo invitó a estar en la Casa Blanca para orar por las tropas. Mientras el presidente, el reverendo Graham y la Sra. Bush veían cómo comenzaba la guerra, el presidente Bush dijo después que la visita del reverendo Graham esa noche le dio mucha entereza.[3]

El presidente Bush le dijo a su equipo que "quería una estrategia que no dejara espacio para la derrota. Estaba decidido a dar a los militares todo lo que necesitaran para ganar de forma rápida y contundente".[4] Como resultado, la guerra duró solamente cuarenta y dos días.[5]

Consejo para un CEO de Fortune 500

Una vez me pidieron reunirme con el CEO de una empresa de Fortune 500 respecto a lo que él, en su posición de influencia corporativa, podía hacer para ayudar a los varones de color en Chicago. Me reuní con él y dije: "No estoy seguro hoy de lo que usted puede hacer, pero deme siete días y regresaré con la respuesta".

Quizá usted se pregunte: "¿Cómo podía estar tan seguro?". Mi respuesta está en las Escrituras, que dicen que el Señor *"provee de sana sabiduría a los rectos"* y lo único que tenemos que hacer es pedirla (ver Proverbios 2:7 y Santiago 1:5). Así es como supe que regresaría con la respuesta, y *"es imposible que Dios mienta"* (Hebreos 6:18, NTV).

> *El poder, la protección y la sabiduría se pueden producir cuando estos dos roles funcionan juntos como Dios quería.*

Así que le pedí a Dios sabiduría y esperé una respuesta esa semana, porque la sabiduría es parte de mi herencia. Demandé una porción de sabiduría que estaba puesta en el inventario para mí desde los inicios del mundo. La sabiduría "descargó" una presentación de la solución que presenté al CEO la semana siguiente. Cuando nos volvimos a reunir, compartí con él mi respuesta y él gritó: "¡Eso es, reverendo! ¡Eso es!". El resultado fue que aprobó la financiación (dinero de un fondo especial de un director) para un programa juvenil con el objetivo de enseñar a los varones de color sobre los negocios y el espíritu emprendedor. Implementé la idea, y en el presente, a raíz de esa misma idea tenemos la escuela Joseph Business School, una escuela cristiana de negocios y emprendimiento que tiene sedes en cinco continentes.

Estos ejemplos de reyes y sacerdotes del Antiguo Testamento y del presente ilustran el poder, la protección y la sabiduría que se pueden producir cuando estos dos roles funcionan juntos como Dios quería. En este libro, expongo las funciones y responsabilidades de cada "llamado". Cuando reyes y sacerdotes se juntan en unidad, yo identifico eso como una *asociación del Reino*. Es lo que denomino una *alineación de pacto perfecta*.

Este "equipo de ensueño" del Reino, si se entiende y opera de forma adecuada, hará que el poder, el desempeño y el progreso del Cuerpo de Cristo se eleven hasta un nivel extraordinario y aporten soluciones muy necesarias al mundo del mercado. Pasaremos a gestionar piadosamente todo lo que antes estaba gobernado por la impiedad. Esta asociación divina forma las bases y el modelo para que la fe y el mundo del mercado trabajen juntos para mejorar el mundo. Esto no solo cambiará el modo en que las personas ven "la Iglesia", sino que también atraerá al Reino a quienes mueven y sacuden, y a líderes en el ámbito del mercado del mundo, a un ritmo fenomenal.

Reyes y sacerdotes en el mundo del mercado: una revelación

Reflexión

Medite en las similitudes y diferencias de los sacerdotes del Nuevo Testamento y los sacerdotes del Antiguo Testamento. ¿En qué se diferencian sus funciones y responsabilidades? ¿De qué forma son similares sus funciones?

¿Es usted un rey en el mundo del mercado (alguien que trabaja en los negocios) o un sacerdote (un trabajador a tiempo completo en el ministerio quíntuple)? Tras leer este capítulo, ¿cómo se ha afianzado o ha cambiado el entendimiento que tenía de su rol o función?

CAPÍTULO 5

Reyes y sacerdotes: una asociación divina

V IVIMOS EN UN TIEMPO en el que la asociación de reyes y sacerdotes ya no es una opción, sino un requisito para que podamos alcanzar y cumplir los destinos que Dios planeó para nosotros. Los sacerdotes necesitan el regalo ministerial de los reyes y los reyes necesitan el regalo ministerial de los sacerdotes.

Reyes: un regalo ministerial para los sacerdotes

La innovación económica es una de las principales maneras de proporcionar capital para avanzar el Reino de Dios. Tomemos el espíritu emprendedor como ejemplo. El "ministerio" de un emprendedor es encontrar una cura (sanidad) para el mundo empresarial del mismo modo que un médico es entrenado para sanar el cuerpo. Son apóstoles de sanidad, que suplen las necesidades de la humanidad mediante buenos dones y servicios. Y este don ministerial del emprendedor lo tienen que entender y aceptar los sacerdotes.

Como escribió un autor:

En lugar de elogiar al emprendedor como una persona de ideas, un innovador económico o un proveedor de capital, el sacerdote o ministro promedio piensa que las personas que están en empresas cargan con una culpa extra. ¿Por qué? Por poseer, controlar o manipular porcentajes desproporcionados de "riqueza de la sociedad". Ha llegado el momento de que las instituciones religiosas y los líderes traten el espíritu emprendedor como una vocación digna, sin duda, como un llamamiento sagrado.[1]

La empresa y el espíritu emprendedor (así como cualquier ministro en el mundo del mercado) son llamamientos dados por Dios, igual que pastorear una iglesia. Los emprendedores, a través de sus dones y su pasión, sintonizan con su capacidad creativa para crear nuevos productos y servicios que aporten soluciones para que la vida se pueda disfrutar, para que la salud mejore, para aprovechar los recursos naturales de la tierra y otras cosas.

Ellos expanden el "pastel económico" creando nuevos mercados y oportunidades, en lugar de luchar contra la competencia por el mismo pedazo (Sirico 2010).

Estamos hechos a imagen de Dios, el Creador: *"Y creó Dios al hombre a su imagen, a imagen de Dios lo creó; varón y hembra los creó"* (Génesis 1:27). Como escribió un autor: "La creatividad del emprendedor es parecida a la capacidad creativa de Dios en el primer capítulo de Génesis. En este sentido, el emprendedor participa del mandato cultural original de llenar y sojuzgar la tierra que Dios les dio a Adán y Eva".[2] El poder (capacidad) creativo que creó toda la materia es "La Bendición".

Creatividad e innovación son expresiones divinas de Dios y se deberían alentar en lugar de reprimir o rechazar. Como dijo un sacerdote: "Los líderes religiosos, por lo general, muestran muy poca comprensión de la vocación emprendedora, de lo que requiere y de lo que aporta a la sociedad".[3] Cuando los reyes no son aceptados como verdaderos colaboradores del sacerdote, la relación se puede volver adversa y la tensión y el conflicto pueden obstaculizar o enfriar el proceso creativo.

> *Creatividad e innovación son expresiones divinas de Dios.*

En lugar de que el sacerdote ore, cubra y bendiga a los reyes para la batalla (Deuteronomio 20:1–4; Números 6:22–26), sigue sin reaccionar, sin entender la importancia de la relación divina que hay entre ellos y sin añadir su voz para la victoria. Como resultado, el Cuerpo de Cristo ha seguido batallando, y económicamente muchos no se pueden permitir perder ni siquiera un día de trabajo. Deberíamos estar pensando, actuando y viviendo como vive Dios. Personalmente, creo que la abundancia es una responsabilidad compartida entre reyes y sacerdotes, porque nosotros, no el gobierno, tenemos el mandato bíblico de cuidar de los pobres, de las viudas y de los huérfanos (Levítico 23:22; Santiago 1:27). Como estos dos llamados no han trabajado juntos como deberían para obtener mayores victorias en el mundo del mercado, donde deberían haber sido un torrente de provisión debido a los "botines de guerra", hemos visto que al Reino solo le llega un fino hilo de agua. **Decreto gran aumento y abundancia en el Cuerpo de Cristo comenzando desde ahora.**

Dirigir cualquier esfuerzo exitoso, ya sea una empresa de producción cinematográfica, centro médico, universidad, guardería, hogar o familia, exige tiempo y energía. Cada vocación en el mundo del mercado es igualmente un llamado, como el de los "sacerdotes" o los ministerios quíntuples. Cuando el trabajo pasa de ser una acción a ser una actitud, el trabajo se convierte en la expresión principal de adoración, como le pasó a Adán en el jardín. *"Y todo lo que hagáis, hacedlo de corazón, como para el Señor y no para los hombres"* (Colosenses 3:23). Un autor escribió:

> Todos los laicos tienen una función especial que desempeñar en la economía de la salvación, compartiendo la tarea de avanzar la fe usando sus talentos de formas complementarias. Cada persona creada a imagen de Dios ha recibido ciertas habilidades naturales que Dios desea que sean cultivadas y tratadas como buenos dones. Si el don resulta ser una inclinación a los negocios, comercio de acciones o inversiones bancarias, la comunidad religiosa no debería condenar a la persona meramente por su profesión.[4] [Pero debe ayudarle con una brújula moral y usar sus dones dentro del contexto de la fe]. *(Inserto del autor)*

Los reyes deben también asegurarse de honrar y respetar el don del sacerdote: *"Ni el ojo puede decir a la mano: No te necesito"* (1 Corintios 12:21). Si la revelación de los reyes o sacerdotes no se valora, y el mensaje concerniente a la importancia de esta relación no se acepta, puede ser extremadamente costoso. Dios ha colocado pastores, ministros, maestros y a los otros dones del ministerio quíntuple como coberturas y recursos espirituales para su pueblo. Que haya un respeto mutuo para ambas unciones: reyes y sacerdotes.

Sacerdotes: un regalo ministerial para los reyes

Para que los líderes sirvan como reyes y representantes del Reino en el mundo del mercado, las batallas son necesarias para el éxito.

A medida que los líderes ascienden hasta la cima de su esfera de influencia, algunos conflictos se deberían considerar incluso como naturales. Como agentes de cambio enviados para establecer el Reino de Dios, donde seamos enviados deberíamos esperar que satanás no renunciará a su poder sin luchar.

> **Por lo demás, hermanos míos, fortaleceos en el Señor, y en el poder de su fuerza. Vestíos de toda la armadura de Dios, para que podáis estar firmes contra las asechanzas del diablo. Porque no tenemos lucha contra sangre y carne, sino contra principados, contra potestades, contra los gobernadores de las tinieblas de este siglo, contra huestes espirituales de maldad en las regiones celestes.**
>
> Efesios 6:10–12

La buena noticia aquí es que Dios ya conoce cada batalla que un rey enfrentará y ya ha provisto un arsenal divino para su victoria. La clave está en cómo acceder a él. La unción del sacerdote es parte del arsenal de un rey para ganar en el mundo del mercado. Si los líderes en el entorno laboral quieren optimizar su desempeño y obtener resultados asombrosos en sus quehaceres o su profesión, necesitan a alguien que tenga perspicacia espiritual y discernimiento para enseñar y declarar en sus vidas las palabras del Reino, y para darles la guía divina y la sabiduría que necesitan.

Esta "información interna" la da Dios para ayudar a los líderes a tomar las decisiones correctas que resultan en el bien más alto y supremo para sus negocios, escuelas, industrias, comunidades y naciones. Incluso las empresas que no son cristianas entienden este principio; muchas empresas multinacionales están contratando astrólogos védicos para "hacer predicciones en el mercado de valores, [predecir] el éxito de las aventuras empresariales, y ofrecer consejos astrológicos en la gestión financiera".[5] ¿Por qué? Buscan información y soluciones a nivel sobrenatural que les den una ventaja competitiva para ganar en los negocios.

> *La unción del sacerdote es parte del arsenal de un rey para ganar en el mundo del mercado.*

Mi punto es que, incluso quienes no conocen a Jesucristo, entienden que no vivimos ni dirigimos las empresas solo en un entorno natural, sino también en uno espiritual. Incluso se dan cuenta de que la esfera del espíritu es más poderosa que nuestro mundo físico, y, de hecho, controla la esfera de lo natural.

Igual que la sabiduría divina, la riqueza sobrenatural, La Bendición y el favor de Dios, la unción del sacerdote es un don de pacto para los líderes del Reino en el mundo del mercado. El sacerdote tiene que ayudar a los reyes a tener éxito en las empresas o en los asuntos del mercado, principalmente llevándolos más allá del límite de lo natural o lo intelectual.

Ejemplos del servicio del sacerdote al rey se pueden ver a lo largo de la Biblia: Melquisedec, el "sacerdote del Dios Altísimo", quien recordó a Abraham que diezmara después de que Abraham había sacrificado al enemigo y había tomado el botín; el profeta Natán, a quién el Señor envió al rey David para hablar con él sobre su reciente aventura adúltera con Betsabé y para llamarlo al arrepentimiento: *"Tú eres aquel hombre"* (2 Samuel 12:7); o un sacerdote levita que habló proféticamente al rey Josafat y a todo Israel dándoles información privilegiada sobre el resultado de una batalla imposible de ganar y cómo tenían que lucharla, declarando: *"Porque no es vuestra la guerra, sino de Dios"* (2 Crónicas 20:15). Cada uno de estos casos, involucró una esfera por encima de este mundo natural físico e intelectual; el mundo del espíritu.

Por qué cada rey necesita un sacerdote

Y al ver las multitudes, tuvo compasión de ellas; porque estaban desamparadas y dispersas como ovejas que no tienen pastor.   Mateo 9:36

Si una persona ha confesado a Cristo y ha nacido de nuevo, él o ella entra en la categoría de oveja; y toda oveja necesita un pastor. Si los reyes, al margen de cuál sea su posición o título, no tienen un sacerdote en su vida, algo les falta espiritualmente, y al final, también en el ámbito natural. Escuché a alguien decir que hay tres responsabilidades principales de un pastor:

- Guardar el rebaño
- Alimentar al rebaño
- Guiar al rebaño

Los pastores de una iglesia igualmente deberían declarar palabras de fe para inspirar y empoderar a los reyes para el éxito y la conquista en el mundo del mercado, no palabras de temor y condenación (véase la historia de R. G. LeTourneau y el pastor Devol en el capítulo 15: "Llamando a todos los reyes"). En una atmósfera de temor la unción no fluye, los reyes a menudo no ven aumento y su ministerio en el mundo del mercado sufre.

En cada nación hay "élites", o los que algunos llaman "plutócratas", a quienes nosotros llamamos reyes en el mundo del mercado. No necesariamente tienen que ser parte de una monarquía, pero algunos tienen una medida importante de gobierno. Son influyentes y toman decisiones. Tienen una autoridad que moldea las opiniones; sin embargo, muchas de estas élites "reales" están haciendo las cosas sin un sacerdote.

Sin sabiduría espiritual, batallas (por ej., económicas, sociales, militares) que deberían durar treinta días podrían terminar durando diez años y drenando los ingresos de una ciudad o de la tesorería nacional. Mientras más influencia tenga una persona, más crítica es su necesidad de tener una relación sacerdotal.

Por ejemplo, donde a estas alturas debería haberse terminado esta guerra contra el terrorismo a mediante la intervención divina, hemos visto una repetición moderna de la lucha mítica entre Hércules y el gigante Hidra, un monstruo de varias cabezas. Como mencioné antes, en cuanto Hércules cortaba una cabeza, salían inmediatamente otras dos en su lugar. ¿No parece eso similar a lo que está ocurriendo en las células terroristas del presente? Necesitamos la solución integral del equipo invencible de Dios... reyes y sacerdotes. Este equipo invencible se une para aplicar una solución íntegra que abarque la plena percepción de la realidad: lo espiritual y lo físico. *"Que hace cesar las guerras hasta los fines de la tierra"* (Salmos 46:9). Estas son cuatro razones importantes por las que cada rey necesita a un sacerdote.

Razón núm. 1: Algunas batallas no se pueden ganar sin Dios

"El hombre sabio es fuerte, y el hombre de conocimiento... Si eres débil en día de angustia, tu fuerza es limitada" (Proverbios 24:5, 10, LBLA). Necesitamos a Dios en cada área de nuestra vida para tener éxito, y hay algunas batallas que no podemos ganar sin que la presencia y el poder de Dios derroten a las fuerzas masivas invisibles del enemigo.

En 2 Reyes 18–19, el rey Ezequías sabía que sus ejércitos no eran lo suficientemente fuertes para derrotar al rey de Asiria. La nación de Judá estaba siendo atacada, y el rey Ezequías necesitaba fuerza. Senaquerib, el rey de Asiria, había atacado todas las ciudades fortificadas de Judá y se había propuesto tomar todas las personas, propiedades y riqueza de Judá. Incluso se burló del rey Ezequías alardeando de que sus conquistas debían significar que Dios estaba con él, y no con Ezequías (2 Reyes 18:19–25). Pero Ezequías buscó el consejo del profeta Isaías, su sacerdote, el cual respondió con estas palabras:

> **Así ha dicho Jehová: No temas por las palabras que has oído... He aquí pondré yo en él un espíritu, y oirá rumor, y volverá a su tierra; y haré que en su tierra caiga a espada.**
>
> 2 Reyes 19:6–7

Al igual que Ezequías, los reyes del mundo del mercado en el presente necesitan a un sacerdote que pueda manifestar fuerza sobrenatural en el día de la adversidad.

El general George S. Patton es un ejemplo maravilloso de un líder militar moderno que entendió la importancia de confiar en la fuerza sobrenatural de Dios para ganar batallas. La ahora famosa "oración de Patton", distribuida a 250.000 soldados y capellanes del Tercer Ejército durante la Segunda Guerra Mundial, documenta para siempre en la historia la fe en Dios del general Patton para hacer milagros en el campo de batalla. El gran líder militar dijo: "Los que oran hacen más por el mundo que los que luchan; y si el mundo va de mal en peor, es porque hay más batallas que oraciones".[6]

El telón de fondo para la oración de Patton fue que caían lluvias continuamente y la neblina amenazaba el avance de las Fuerzas Aliadas contra los soldados alemanes. El general Patton le pidió al capellán James H. O'Neill, capellán jefe del Tercer Ejército, que hiciera una oración por el clima.

Estos son extractos del relato por escrito del capellán O'Neill sobre lo que ocurrió:

> "Aquí el general Patton; ¿tiene usted una buena oración para el clima? Debemos hacer algo con esas lluvias si queremos ganar la guerra".

> Mi respuesta fue que sabía dónde buscar una oración así, que la encontraría, y me pondría nuevamente en contacto con él en una hora. Al colgar el teléfono, como a las once de la mañana, me asomé para ver la intensa lluvia que caía… la misma lluvia que había afectado al ejército de Patton durante las campañas

de Moselle y Saar desde septiembre hasta ahora, 8 de diciembre.

Teniendo [Patton] su objetivo inmediato en mente, escribí un original y una copia mejorada en una tarjeta de 12x7 centímetros: *Dios Todopoderoso y misericordioso, humildemente te rogamos, que de tu gran bondad, contengas estas lluvias intensas con las que hemos tenido que lidiar. Concédenos tener buen clima para la batalla. Escúchanos gentilmente como soldados que claman a ti que, armados con tu poder, podamos avanzar de victoria en victoria, y aplastar la opresión y la maldad de nuestros enemigos y establecer tu justicia entre los hombres y las naciones.*

Hecho esto, me puse mi pesada gabardina… e informé al general Patton. [Patton hablando] "Capellán, creo firmemente en la oración. Hay tres formas en las que los hombres consiguen lo que quieren; planeando, trabajando, y orando. Cualquier operación militar necesita una detallada planificación, o pensamiento. Después debe tener tropas bien entrenadas para llevarla a cabo: eso es trabajar. Pero entre el plan y la operación siempre está lo desconocido. Eso desconocido se deletrea derrota o victoria, éxito o fracaso.

"Es la reacción de los actores ante la experiencia difícil cuando llega. Algunas personas lo llaman un golpe de suerte; yo lo llamo Dios. Dios tiene su parte, o margen, en todo. Ahí es donde interviene la oración. Hasta ahora, en el Tercer Ejército, Dios ha sido muy bueno con nosotros. Nunca nos hemos retirado; nunca hemos sufrido una derrota, ni hambres, ni epidemias. Esto se debe a que muchas personas en casa están orando por nosotros… Simplemente porque la gente oró".[7]

El general Patton además le dijo al capellán O'Neill: "Me gustaría que redactara una carta de entrenamiento sobre este tema de la oración a todos los capellanes; no escriba sobre ninguna otra cosa, solo sobre la importancia de la oración… tenemos que conseguir que no solo los capellanes, sino también todos los hombres del Tercer Ejército oren. Debemos pedirle a Dios que ponga fin a estas lluvias. Estas lluvias son ese margen que contiene la derrota o la victoria".[8]

La carta fue "Carta de entrenamiento Nº 5" y se distribuyó el 11 y 12 de diciembre de 1944 a cada hombre del Tercer Ejército. El resultado también quedó descrito en el relato del capellán O'Neill:

> El 19 de diciembre, el Tercer Ejército pasó del este al norte para recibir el ataque. Cuando el general Patton apresuraba a sus divisiones hacia el norte desde el valle de Saar para el alivio del acosado Bastogne, la oración fue respondida. El 20 de diciembre, para consternación de los alemanes y el deleite de los meteorólogos estadounidenses que quedaron igualmente sorprendidos por el giro, las lluvias y las nieblas cesaron. Durante buena parte de una semana tuvieron cielos claros y un clima perfecto para volar. Nuestros aviones llegaron por decenas, centenas y miles. Destruyeron cientos de tanques, mataron a miles de las tropas enemigas en el saliente de Bastogne, y agobiaron al enemigo mientras intentaba valientemente traer refuerzos…

El general Patton oró pidiendo un buen clima para la batalla, y lo consiguió.[9]

Otro de mis ejemplos actuales favoritos de una relación en acción entre un rey y un sacerdote es la historia del presidente George H. W. Bush y el reverendo Billy Graham, del cual hablé previamente. El presidente Bush había invitado al reverendo Graham a quedarse en la Casa Blanca la noche de la primera Guerra del Golfo, la cual comenzó después de que Iraq invadiera Kuwait varios meses antes. Así es como el presidente describió la estancia del reverendo Graham:

> Billy llegó para quedarse con Bárbara y conmigo en la Casa Blanca… Le dije lo que yo tenía que hacer, ya que nuestra diplomacia y nuestra búsqueda de una solución pacífica habían fallado. Le conté cuándo llegaría a Bagdad el primer misil, y lo veíamos asombrados a medida que comenzaba la guerra por liberar Kuwait. Solo estábamos allí nosotros tres. Billy hizo una oración breve por nuestras tropas y por los inocentes que podrían morir… No puedo comenzar a expresar lo que significó para mí como presidente y comandante en jefe contar con la presencia de Billy. Sus creencias y su profunda fe me dieron una gran entereza.[10]

El resto es historia. Las fuerzas estadounidenses y las aliadas comenzaron a lanzar sus ataques aéreos sobre las fuerzas iraquíes el 17 de enero de 1991, "y el 24 de febrero había comenzado la campaña terrestre. El 27 de febrero, la coalición había logrado su misión de sacar al ejército iraquí de Kuwait. Exactamente cien horas después de haber comenzado la batalla terrestre, los aliados suspendieron todas las operaciones ofensivas".[11] La guerra duró poco más de cuarenta días.

Razón núm. 2: Los reyes necesitan un sacerdote que les ayude a mantener el rumbo

David fue quizá el rey más poderoso del Antiguo Testamento, pero aun así necesitó al sacerdote, en este caso el profeta Natán, para mantenerlo moralmente en rumbo. Natán dio al rey David instrucciones, corrección e impartición cuando éste tuvo una aventura amorosa con Betsabé, cuyo esposo, Urías el hitita, servía en el ejército de David. En un intento de ocultar su pecado cuando Betsabé quedó embarazada, David finalmente hizo que Urías muriera en combate (véase 2 Samuel 11).

David pensó que ahora podría mantener oculto su pecado hasta que Natán, caminando en la revelación de Dios, le reveló a David que Dios conocía su pecado secreto y que iba a corregirlo públicamente: *"Porque tú lo hiciste en secreto; mas yo haré esto delante de todo Israel y a pleno sol"* (2 Samuel 12:12). La revelación de Natán hizo que David se arrepintiera.

Uno de los engaños que puede atrapar a las personas (me refiero a quienes están en el Cuerpo de Cristo) que consiguen gran riqueza y éxito es que ya no sienten la necesidad de una cobertura espiritual o que tengan que rendir cuentas a nadie. ¡Eso no es cierto! En realidad, esos líderes que desempeñan una medida importante de gobierno son quienes más necesitan la asociación sacerdotal y la influencia piadosa, debido a la cantidad de vidas a las que podría afectar una de sus decisiones. Este nivel requiere a un sacerdote a quien no le intimide el dinero o el poder... uno que sea intransigente a la hora de ayudar a los reyes para que ejerzan su papel o tarea del Reino, sin tener en cuenta cuán sencilla o importante sea. De nuevo, me estoy refiriendo primero a los que están en el Cuerpo de Cristo.

Gobernadores estatales, jueces de la Corte Suprema, congresistas y senadores, incluso el presidente de los Estados Unidos y los primeros ministros necesitan una cobertura. Cada oveja necesita a un pastor. Cada rey necesita a un sacerdote. Todos los ciudadanos del Reino que sirven en el mundo del mercado son ovejas, y cada oveja necesita a un pastor. Esto sucede en el mundo natural y en el mundo espiritual. Los altos ejecutivos de nuestras grandes corporaciones y empresas globales, deportistas bien pagados, actores famosos y celebridades u otros iconos culturales, si afirman salvación a través de Jesucristo, todos son ovejas. El orden divino de Dios es que los reyes tengan un sacerdote en sus vidas. El profeta Elías le dijo al rey Acab: *"Sube, come y bebe; porque una lluvia grande se oye"* (1 Reyes 18:41). Esto fue en medio de una sequía, ¡y vaya si llovió! Cada rey necesita a un sacerdote.

Los sacerdotes ayudan a los reyes mediante sermones, enseñanzas, oración y consejos sobre la dirección y el tiempo del mover de Dios para mantenerse alineados con la voluntad del Padre. Incluso hablando la Palabra desde el púlpito, el pastor o ministro puede impartir fortaleza espiritual para ayudar a tomar decisiones difíciles y hacer que se mantengan en el camino divino que Dios ha establecido para ellos.

Razón núm. 3: Todo liderazgo es espiritual

> Billy Graham es uno de los mejores embajadores
> que tiene nuestro país, pero él me dijo: "Yo soy un
> embajador del cielo". —Dwight D. Eisenhower

Todo liderazgo es espiritual. De nuevo, al reverendo Billy Graham se le ha llamado el "pastor de los presidentes" porque

Todo liderazgo es espiritual.

cada presidente de los Estados Unidos desde la Segunda Guerra Mundial hasta el presidente Obama incluido, ha buscado su consejo y sus oraciones.[12] Dos presidentes, Lyndon B. Johnson y Richard M. Nixon, incluso le ofrecieron un alto cargo en el gobierno, lo cual él rehusó.[13]

Esto es lo que está escrito en la página web de la Asociación Evangelística Billy Graham:

> Billy Graham ha dicho a menudo: "Ya sea que la
> historia de Cristo se relate en un gran estadio, en
> la mesa de un poderoso líder, o se comparta con
> un compañero de golf, satisface un hambre común.
> Por todo el mundo, siempre que me encuentro
> con personas cara a cara, soy consciente de esta
> necesidad personal entre los famosos y exitosos, así
> como de los solitarios y desconocidos.[14]

En casi cada gran nación, la mayoría de los jefes de estado y líderes políticos entienden la importancia de un hombre o de una mujer de Dios que ore y conceda una bendición sobre ellos, como se demostró en la coronación de reyes y reinas y las tomas de posesión de presidentes de los Estados Unidos. Esto se debe a que, a lo largo de la historia, los líderes de las naciones han entendido que todo liderazgo es ordenado por Dios (o por algún alto poder en naciones no cristianas) y la mayoría tienen su bendición. Entendieron que todo liderazgo es espiritual.

Razón núm. 4: Ayuda (alivio) sobrenatural de las presiones de la vida

Un líder en el mundo del mercado una vez me confió que las presiones de la vida pueden ser tan abrumadoras que él veía extremadamente valioso tener una relación con un sacerdote a quien confiarle sus pensamientos y sentimientos. Dijo que la relación entre el rey y el sacerdote era personalmente preciosa para ayudarlo a aliviar el estrés.

Antes de nacer de nuevo, mientras servía yo en el ejército y después en el mundo empresarial, buscaba formas de aliviar las presiones que a menudo llegaban con ciertas tareas. Nuestro Creador no nos diseñó para vivir con estrés, y por eso muchas personas se van de fiesta, comen en exceso, beben, fuman, consumen drogas o sienten la necesidad de tener unas largas vacaciones en una isla remota en algún lugar. En lo más hondo de su ser se están preguntando: "¿Cómo me libro de esta presión?".

Cuando las personas no tienen una relación con el Señor y nadie con quien hablar y que les aconseje, buscan aliviar el estrés de la mejor forma que conocen, a menudo a través de decisiones poco saludables. ¿Por qué? El hombre nunca fue diseñado para cargar con el estrés. El estrés vino como resultado de la caída de Adán en el jardín. Conduce a la ansiedad, que está basada en el temor, y conecta a la persona con satanás: el espíritu de muerte. Cuando una persona permite que el temor entre en su vida, abre una puerta para que el enemigo influencie sus pensamientos, emociones, palabras y conducta.

Por ejemplo, leamos lo que dijo Job después de experimentar una gran pérdida en su vida: *"Porque el temor que me espantaba me ha venido, y me ha acontecido lo que yo temía"* (Job 3:25). Los sacerdotes dan a los reyes ayuda sobrenatural contra el estrés reconectándolos con la fe en Dios. La fe viene solo de una manera: *"Por el oír, y el oír, por la palabra de Dios"* (Romanos 10:17). Cuando el sacerdote declara la Palabra de justicia a un rey, está diseñada para traer paz, quietud y seguridad en medio de los tiempos difíciles. El conocimiento de Dios es un requisito si queremos disfrutar de la paz de Dios. Mientras más conocimiento adquiramos, más disfrutaremos de su paz.

En Salmos 23:1–2 David escribe: *"Jehová es mi pastor; nada me faltará. En lugares de delicados pastos me hará descansar; junto a aguas de reposo me pastoreará"*. Ser guiado por Dios hará que fluya su paz. La idea es que cedamos a su guía.

La Biblia está llena de relatos de personas que estaban estresadas, pero fueron aliviadas por una palabra de un sacerdote. En Lucas 5, Simón Pedro, que era pescador cuando Jesús lo llamó para ser un discípulo, estaba estresado. Había trabajado toda la noche y no había pescado nada. Ningún pez. Ningún beneficio. Nada para llevar a casa para cenar a la "Sra. de Simón Pedro". Entonces Jesús (el sacerdote) habló: *"Ve un poco más adentro y lanza tu red para pescar"*. Pedro siguió sus instrucciones y pescó tantos peces que su red se empezó a romper.

Después tenemos la viuda de 2 Reyes, capítulo 4, que tenía una deuda tan grande que sus dos hijos estaban a punto de ser tomados como esclavos de su acreedor. La mujer buscó la ayuda del profeta Eliseo, quien le dijo: *"¿Qué te haré yo? Declárame qué tienes en casa. Y ella dijo: Tu sierva ninguna cosa tiene en casa, sino una vasija de aceite"* (versículo 2).

Eliseo le dijo que tomara vasijas prestadas de todas sus vecinas y que, cuando regresara a casa, *"enciérrate tú y tus hijos; y echa en todas las vasijas, y cuando una esté llena, ponla aparte"* (versículo 4). Cuando ella lo hizo, sucedió un milagro. Ella creyó la palabra de Dios que le dijo el profeta y el aceite aumentó milagrosamente en cada vasija donde lo derramó. Ella después vendió el aceite, pagó su deuda y ella y sus hijos vivieron con el dinero restante. La mujer fue librada de la deuda y el estrés con un milagro.

Cuando Jesús anunció *"el año agradable del Señor"* en Lucas 4:19, estaba anunciando la cancelación sobrenatural de la deuda. Al obedecer la palabra del profeta Eliseo, la viuda activó la unción (La Bendición), el poder del Reino de Dios, lo cual provocó que el aceite se multiplicara de modo sobrenatural mientras llenaba cada vasija. Ella esperaba que el profeta le diera la respuesta a su problema, y cuando obedeció, recibió su milagro. Usted debe esperar lo sobrenatural. Debe esperar que la productividad se manifieste al obedecer y creer la Palabra de Dios. Si no lo hace, no sucederá. Recuerde que la productividad es un concepto sobrenatural de Dios.

De nuevo me refiero a Isaías 48:17-18, el pasaje que Dios me dio en 1986 que abrió la revelación de reyes y sacerdotes: *"Así ha dicho Jehová, Redentor tuyo, el Santo de Israel: Yo soy Jehová Dios tuyo, que te enseña provechosamente, que te encamina por*

*el camino que debes seguir. ¡Oh, si hubieras atendido a mis man-
damientos! Fuera entonces tu paz como un río, y tu justicia como
las ondas del mar".*

Dios ha ordenado la asociación divina de reyes y sacerdotes para que ambas funciones se necesiten la una a la otra. Los
reyes necesitan a sacerdotes y los sacerdotes necesitan a reyes.
Por ejemplo, cuando Veronica y yo llegamos a Chicago para
comenzar nuestro ministerio, solo teníamos 200 dólares, pero
dos amigos nos ayudaron: la hermana Beverly, una productora
de televisión que nos abrió su casa, y el hermano Steve (afectiva-
mente llamado Burt), un abogado que amablemente nos ayudó
y proveyó de todo hasta que plantamos la iglesia y comenzó a
crecer. En la actualidad tenemos un ministerio mundial que
está tocando millones de personas e impactando muchos otros
ministerios alrededor del mundo. No podemos agradecerles lo
suficiente por lo que hicieron por nosotros. ¡Que la bendición
de Dios esté sobre ellos para siempre!

Una advertencia sobre los falsos profetas

Como discutimos en un capítulo anterior, el mundo tiene asociaciones falsas de reyes y sacerdotes que imitan la relación bíblica
creada por Dios. Incluso dentro de la Iglesia, el enemigo puede
enviar a quienes se llaman "falsos profetas" que se presentan
erróneamente como alguien enviado por Dios, pero la verdad
no está en sus bocas. Segunda de Tesalonicenses, capítulo 2 dice:

> Ese hombre vendrá a hacer la obra de satanás con
> poder, señales y milagros falsos. Se valdrá de toda
> clase de mentiras malignas para engañar a los que

van rumbo a la destrucción, porque se niegan a amar
y a aceptar la verdad que los salvaría. Por lo tanto,
Dios hará que ellos sean engañados en gran manera
y creerán esas mentiras. Entonces serán condenados
por deleitarse en la maldad en lugar de creer en la
verdad.

Versículos 9–12, NTV

Hombres y mujeres que son llamados al ministerio quíntuple, los sacerdotes, deben estar alerta para someterse solo a Dios y a su Palabra. Cuando intentan evitar decir la verdad y se interesan más por agradar a la autoridad humana o ir en pos del dinero, se abren a un espíritu mentiroso y a la falsa profecía. La obediencia a Dios es primordial, especialmente para un sacerdote, y puede significar la diferencia entre la vida y la muerte, literalmente. La historia de 1 Reyes, capítulo 13, nos da una buena ilustración de ello.

Un joven profeta de Dios, de Judá, le dijo la verdad al rey malvado de Betel, Jeroboán, quien estaba cometiendo abominaciones delante de Dios. Jeroboán *puso como sacerdotes para los santuarios paganos a toda clase de gente. A cualquiera que deseaba ser sacerdote de esos santuarios, él lo consagraba como tal"* (versículo 33, NVI). Sus malvados caminos finalmente lo llevaron a su caída y a la destrucción de toda su familia. Por desgracia, una tragedia mayor en esta historia es lo que le sucedió al joven profeta. Fue engañado para desobedecer el mandato de Dios dado por un profeta anciano que vivía en Betel y le costó su vida.

[El profeta anciano] se fue tras el hombre de Dios.
Lo encontró sentado debajo de una encina, y le
preguntó: —¿Eres tú el hombre de Dios que vino de
Judá? —Sí, lo soy—respondió. Entonces el profeta

le dijo: —Ven a comer a mi casa. —No puedo volver contigo ni acompañarte—respondió el hombre de Dios—; tampoco puedo comer pan ni beber agua contigo en este lugar, pues el Señor me ha dado esta orden: "No comas pan ni bebas agua allí, ni regreses por el mismo camino".

El anciano replicó: —También yo soy profeta, como tú. Y un ángel, obedeciendo la palabra del Señor, me dijo: "Llévalo a tu casa para que coma pan y beba agua". Así lo engañó, y el hombre de Dios volvió con él, y comió y bebió en su casa...

Cuando el hombre de Dios terminó de comer y beber, el profeta que lo había hecho volver le aparejó un asno, y el hombre de Dios se puso en camino. Pero un león le salió al paso y lo mató, dejándolo tendido en el camino. Sin embargo, el león y el asno se quedaron junto al cuerpo.

Versículos 14–19, 23–24, NVI

Servir al Señor a veces puede poner a los sacerdotes en oposición a lo que es socialmente popular o agradable para quienes tienen autoridad. Pero deben hablar, *"así dice el Señor"*, al margen de las reacciones de los demás. Se necesita valor y osadía las cuales se obtienen tras conocer a Dios y su Palabra... y quiénes somos Cristo. La Biblia lo llama justicia. Este fue el caso del profeta Miqueas en 1 Reyes, capítulo 22.

Acab, rey de Israel, quería que el rey Josafat se uniera a él en batalla contra Siria, y Josafat respondió: *"Pero, antes que nada, consultemos al Señor"* (1 Reyes 22:5). Así que el rey de Israel reunió a unos cuatrocientos profetas: *"—Vaya, Su Majestad —contestaron ellos—, porque el Señor la entregará en sus manos"* (versículo 6, NVI). Pero Josafat no fue engañado y preguntó: "¿Es que no hay un profeta del Señor aquí a quien podamos consultar?". El rey de Israel respondió que había un profeta, Micaías, pero le odiaba porque nunca profetizaba nada bueno sobre el rey.

Cuando el mensajero fue a llamar a Micaías, le dijo que todos los demás profetas sin excepción estaban prediciendo éxito en esta guerra y que sería mejor que su palabra estuviera de acuerdo con la de ellos. La respuesta del profeta fue: *"Vive Jehová, que lo que Jehová me hablare, eso diré"* (versículo 14). Tras sucumbir momentáneamente a la presión, Micaías declara con osadía:

> Yo vi a todo Israel esparcido por los montes, como ovejas que no tienen pastor; y Jehová dijo: Estos no tienen señor; vuélvase cada uno a su casa en paz.

> ...Entonces él dijo: Oye, pues, palabra de Jehová: Yo vi a Jehová sentado en su trono, y todo el ejército de los cielos estaba junto a él, a su derecha y a su izquierda. Y Jehová dijo: ¿Quién inducirá a Acab, para que suba y caiga en Ramot de Galaad?

> Y uno decía de una manera, y otro decía de otra. Y salió un espíritu y se puso delante de Jehová, y dijo: Yo le induciré.

> Y Jehová le dijo: ¿De qué manera?

> Él dijo: Yo saldré, y seré espíritu de mentira en boca de todos sus profetas.

Y él dijo: Le inducirás, y aún lo conseguirás; ve, pues, y hazlo así.

Y ahora, he aquí Jehová ha puesto espíritu de mentira en la boca de todos tus profetas, y Jehová ha decretado el mal acerca de ti.

1 Reyes 22:19–23

Solo el profeta Micaías, entre cuatrocientos profetas, dijo la verdad. No era popular, ni la voluntad del rey, pero era la voluntad de Dios y la Palabra del Rey de reyes. Hay incontables ejemplos a lo largo de la historia de personas de Dios que tuvieron que permanecer solos contra la mayoría porque oyeron y obedecieron la voz del Señor, y todos ellos demostraron tener la razón y fueron vindicados.

Por tanto, los reyes deben estar atentos a los hombres y las mujeres que profesan ser espirituales pero realmente tienen intenciones ocultas. A menudo son enviados por el diablo para controlar el dinero o la influencia, y en la mayoría de los casos, ambas cosas. Ore pidiendo discernimiento y que sus ojos espirituales estén abiertos (2 Reyes 6:15–17) ante cualquier ataque engañoso del diablo. David dijo: *"Dios mío, en ti confío; no sea yo avergonzado, no se alegren de mí mis enemigos"* (Salmos 25:2).

¿Quién supervisa a los sacerdotes?

Algunos líderes del mundo del mercado quizá se pregunten: "¿Y quién mantiene en rumbo a los sacerdotes?". Dados los trágicos escándalos ministeriales que han sucedido durante los años, es totalmente entendible que se pregunten eso. Para responder a esta pregunta, primero debemos entender la forma que tiene Dios de gobernar su Iglesia: el gobierno de Dios. Para entender cómo los líderes rinden cuentas en los Estados Unidos de América, uno solo debería estudiar la Constitución de los Estados Unidos, la Declaración de Derechos y la estructura de nuestros gobiernos federal, estatal y local. Para entender cómo los líderes de Dios rinden cuentas en el Reino, uno debe estudiar la constitución del Reino del cielo, la Biblia, y el gobierno de Dios.

Dios estructuró su Iglesia como una teocracia, que simplemente significa que Dios gobierna. Dios nunca pretendió que su Iglesia fuera una democracia, por muy preciosos e importantes que sean los principios de libertad y democracia en nuestros gobiernos nacionales y estatales (Gordeon 1990). Su fórmula para el éxito es un Dios, un hombre, sin confusión.[15] Dios no escogió un senado para dirigir a los israelitas, sino a un hombre: Moisés.[16] Como escribe un pastor:

> Cuando se entiende el gobierno de Dios, los hombres ya no clamarán: "¿Qué hay de rendir cuentas? ¿A quién rinde cuentas nuestro líder?". Permítame decirle a quién rinde cuentas cualquier pastor: rinde cuentas a Dios, Aquel en cuyas manos es temible caer. Un pastor sería la persona más necia del mundo si pensara que puede sobornar a Dios [que es Todopoderoso y omnisciente].[17]

Los verdaderos sacerdotes de Dios conocen las serias consecuencias "de ser infiel a su llamado que es santo delante de Dios".[18] Los sacerdotes son responsables ante Dios de mantener su relación con el Creador y con aquellos sobre quienes Dios les ha puesto a cargo. Esto es el Reino, y la manera en que el Señor establece el gobierno de su Iglesia (Gordon 1990).

Seguro que el proceso democrático clamaría ante esta organización; sin embargo, esta fórmula no le resta responsabilidad al sacerdote. En vez de no produce carencia; por el contrario, la aumenta. El sacerdote rinde cuentas directamente a Dios. Esta fórmula es sobrenatural y no solo evita la confusión, sino que "produce una coalición que devasta absolutamente los poderes de las tinieblas".[19]

Cuando Moisés, un hombre, murió, Dios introdujo en la fórmula a Josué, otro hombre, para liderar entre tres y seis millones de judíos. ¿Recuerda a Gedeón o la burra de Balaam que habló? (véase Jueces 6; Números 22:27–28). Dios no tiene problema en proporcionar un portavoz para lo que quiere hacer. "Cuando Dios llama, Dios también equipa".[20]

Efesios 4:11–12 dice: *"Y él mismo constituyó a unos, apóstoles; a otros, profetas; a otros, evangelistas; a otros, pastores y maestros, a fin de perfeccionar a los santos para la obra del ministerio, para la edificación del cuerpo de Cristo".* Los pastores son responsables delante de Dios de dirigir la Iglesia y *"perfeccionar a los santos"*, que se componen de ovejas o ministros en el mundo del mercado. El pastor los guiará solo como Dios dirija y debe rendir cuentas a Dios (Hebreos 13:17). El infiel podría sufrir el mismo resultado, ya sea rey o sacerdote, que el siervo que enterró su talento en Mateo 25. La lección eterna en esta historia es que todos somos juzgados con base en cómo usamos los dones de gracia de Dios, y cuán bien manejemos nuestra mayordomía.

La conducta de un pastor está claramente detallada en estos versículos:

> Pues un líder de la iglesia es un administrador de la
> casa de Dios, y debe vivir de manera intachable. No
> debe ser arrogante, ni iracundo, ni emborracharse,
> ni ser violento, ni deshonesto con el dinero. Al
> contrario, debe recibir huéspedes en su casa con
> agrado y amar lo que es bueno. Debe vivir sabiamente
> y ser justo. Tiene que llevar una vida de devoción
> y disciplina. Debe tener una fuerte creencia en el
> mensaje fiel que se le enseñó; entonces podrá animar
> a otros con la sana enseñanza y demostrar a los que se
> oponen en qué están equivocados.
>
> Tito 1:7–9, NTV

Un último punto, y muy importante: Dios no ha puesto a un pastor o líder espiritual sobre la congregación de la iglesia local para que las personas renuncien a su responsabilidad espiritual de crecer. Hay una herencia que no se nos puede entregar si está más allá de nuestro nivel de crecimiento. Debemos crecer hasta el punto de ser capaces de pedir más: más influencia, más territorio para el Reino de Dios. Finalmente, los reyes deben poner su fe en Dios mismo, mientras confían en que el Señor les ha dado liderazgo espiritual conforme al corazón de Él. Ya sea un rey o un sacerdote, cada uno es especial para Dios, y Él tiene planes y propósitos poderosos para cada uno de nosotros.

Reyes y sacerdotes: una asociación divina

Reflexión

Considere las cuatro razones expuestas en este capítulo por las que los reyes necesitan a los sacerdotes y sus orígenes bíblicos.

Después considere la función de un sacerdote en su propia vida y cómo podría desarrollar o cambiar su relación con su sacerdote.

Parte 2
La economía del Reino

Un giro mental

E N LA IGLESIA A todos se nos llama miembros del Cuerpo de Cristo. Cuando la Biblia habla de miembros, no se refiere a miembros en el sentido de unirse a un club o a una fraternidad, o incluso a una iglesia local. En el 1 de Corintios 12:12 enseña que cada miembro del Cuerpo tiene su propia capacidad, dones, diseño y propósito que cumplir, los cuales son únicos. Quizá no todos tenemos el mismo aspecto ni tampoco la misma función, pero todos somos importantes y necesarios para el adecuado funcionamiento del Cuerpo de Cristo. Por ejemplo, si nos pica el ojo, este no se puede rascar por sí solo, necesita a la mano; sin embargo, necesitamos los ojos para ver, no la mano.

Cuando se trata de la iglesia local, 1 Corintios 12:18 dice que Dios le sitúa como Él quiere, no como usted quiere (paráfrasis del autor). En realidad, usted no va a la iglesia por elección propia; va a la iglesia por elección de Él. La razón es que Dios ha puesto dones en usted que quizá ni siquiera sabe que tiene, así que Él le sitúa en cierta iglesia porque el pastor (sacerdote) de ese lugar va a darle la comida espiritual que necesita para extraer esos dones y ser perfeccionarlos de modo que pueda cumplir su tarea en el Reino.

Muchos reyes a menudo son presionados para que sean sacerdotes porque sus líderes espirituales confunden su pasión por las cosas de Dios con un llamamiento al ministerio (púl-pito) a tiempo completo. Aunque un rey puede que tenga éxito a la hora de dirigir un estudio bíblico en su trabajo, eso no significa que él o ella haya sido llamado a predicar o enseñar como profesión. Este error de los líderes espirituales podría tener como resultado un reino de sacerdotes sin reyes, un reino con muchos reyes insatisfechos y un reino con visiones sin financiar.

> *Dios ha puesto dones en usted que quizá ni siquiera sabe que tiene.*

Los reyes y los sacerdotes deben ir juntos para que nosotros logremos plenamente lo que Dios ha planeado. La visión del sacerdote viene de Dios y los reyes llamados a ese ministerio o iglesia local deberían identificarse con ella. Sin embargo, cuando los reyes no se reconocen como una parte vital y ungida del Cuerpo, se podrían convertir en espectadores, cuando Dios quiere usarlos para pelear una batalla, recoger el botín y llevarlo de regreso para ayudar a edificar el Reino. Los reyes prosperan con la conquista. La ganancia para un rey es como la victoria para un atleta.

Por ejemplo, cuando el Espíritu Santo me dijo que "comprara ese centro comercial", no fue idea mía. Dios dejó caer la idea en mi corazón y Él me dio el deseo de ser propietario de uno. Por eso los reyes y los sacerdotes deben unirse para manifestar esta visión celestial. Debido a algunas tradiciones religiosas, muchos reyes (cristianos en el mundo del mercado) no han entendido que parte de su riqueza era para ser usada para una causa justa o han sido condicionados de antemano a pensar que la riqueza, o incluso querer tener ganancias, es malo y pecaminoso; sin embargo, nada podría estar más lejos de la verdad. Por eso David (un rey del mundo del mercado) preguntó: *"¿Qué recibirá el hombre que mate al filisteo [Goliat] y ponga fin a su desafío contra Israel?"* (1 Samuel 17:26, NTV).

La necesidad de un giro mental completo

La mayoría de los líderes tradicionales de la Iglesia no han recibido aún una revelación del Reino ni la idea de reyes y sacerdotes trabajando juntos para el avance del gobierno de Dios. Como resultado, el mundo está atascado en principios inferiores como el rencor, la corrupción, el temor y la injusticia, y recibe los resultados inferiores de pobreza, enfermedad y autodestrucción. Los líderes de la Iglesia deben repensar cómo deberían fluir en conjunto estas dos unciones colectivas en el Cuerpo de Cristo. En esencia, ha habido un problema con el paradigma (mapa mental) de "la Iglesia tradicional" y cómo su miembro promedio la considera. El Señor abrió mis ojos a que la Iglesia son personas, y como he mencionado, cuando limitamos nuestro pensamiento o concepto de la Iglesia a solo un edificio o solo los ministros del ministerio quíntuple, hacemos que el 95 por ciento de la Iglesia sea irrelevante. El Señor me mostró que los miembros del Cuerpo de Cristo que trabajan en el mundo del mercado también son ministros y que el trabajo puede ser adoración, como ocurrió en el Jardín del Edén con Adán y Eva.

Después de que Dios me dio un mayor entendimiento sobre el Reino de Dios y la asociación divina de reyes y sacerdotes, tuve que "arrepentirme", lo cual significa girar o hacer un cambio mental completo. Cuando llegó la "luz", cambié mi mentalidad y mi sistema básico de valores para abrazar el del Reino. Dios "llama" a los emprendedores y otros líderes del mundo del mercado igual que "llama" a pastores y evangelistas a avanzar su Reino.

Una de las palabras griegas del Nuevo Testamento para describir un arrepentimiento genuino es *metanoia*, que significa "tener otra mente o cambiar la mente, la actitud y el propósito con respecto al pecado".[1] Cuando recibí esta revelación de reyes y sacerdotes, al instante tuve un ajuste en mi modo de pensar que cambió por completo la manera en que yo veía el ministerio.

Cuando sus creencias cambian, su conducta cambia, lo cual finalmente cambia los resultados que obtiene en la vida. Transforme su pensamiento, transforme su vida. Yo tuve que rechazar mi antiguo pensamiento religioso y aceptar el nuevo pensamiento de un Reino superior, el gobierno de Dios, que se estableció primero en nosotros con el fin de capacitarnos para terminar la obra del Señor Jesucristo. Debemos renovar nuestra mente a la forma en que Dios ve y hace las cosas, y cuando lo hacemos, se produce una transformación radical. Romanos 12:2 dice: *"No os conforméis a este siglo, sino transformaos por medio de la renovación de vuestro entendimiento, para que comprobéis cuál sea la buena voluntad de Dios, agradable y perfecta".*

No podemos transformar una sociedad a la que nos hemos conformado. La palabra transformaos en el *Thayer's Greek Lexicon* significa "cambiar a otra forma".[2] Viene de la palabra griega *metamorphoo*, que significa "cambiar, transfigurar o transformar, literalmente o figuradamente".[3] Cuando usted es transformado por la renovación de su mente según la Palabra de Dios, "experimenta un cambio completo".[4] La transformación es tan radical que apenas se le reconoce. Antiguos amigos y conocidos ni siquiera le reconocerán. Sí, físicamente será usted el mismo, pero su forma de hablar y sus acciones son tan drásticamente distintas que la gente ve a una nueva persona. ¡Y así es! Cuando es transformado, crece la fructificación: producción y avance del Reino de Dios.

Cuando Jesús entró en el ministerio a tiempo completo, predicando y enseñando el Reino de Dios, era tan distinto que su propia familia pensaba que se había vuelto loco. *"Porque había sanado a muchos; de manera que por tocarle, cuantos tenían plagas caían sobre él. Y los espíritus inmundos, al verle, se postraban delante de él... Cuando lo oyeron los suyos, vinieron para prenderle; porque decían: Está fuera de sí"* (Marcos 3:10–11, 21).

La enseñanza del Reino de Dios es lo mejor que le podría haber sucedido a la humanidad y lo peor que le podría haber sucedido al diablo, porque reorienta la mente. A través de la manipulación y la programación de la mente es la forma en la que el diablo mantiene cautivas a las personas. Nuestra mente nunca es neutral; siempre está pensando, y todo se crea a partir de un pensamiento. Así es como Dios opera. Él crea todo a partir de sus pensamientos. Todo lo que usted tiene a su alrededor ahora mismo es producto de su capacidad de pensar. Cuando Dios nos da un pensamiento, debemos tener cuidado de no encogerlo ni "reducir la petición". En cambio, debemos agrandar nuestra capacidad de concebir y se producirá la fructificación.

Es triste decir que la mayoría de la gente ha "reducido" los pensamientos de Dios. El libro de Isaías dice: *"Porque mis pensamientos no son vuestros pensamientos, ni vuestros caminos mis caminos, dijo Jehová"* (Isaías 55:8). Alguien me dijo una vez: "Nadie se expresa más allá de su límite de pensamiento". Usted está diseñado para crear todo aquello en lo que piense continuamente. Según *El diccionario Merriam-Webster*, la palabra *paradigma*, en un sentido amplio, significa un "patrón" o "un marco filosófico o teórico de cualquier tipo".[5] Un paradigma es esencialmente un mapa mental que da forma a lo que usted ve y cómo lo ve. La idea a menudo se ilustra mediante la historia de la persona que ve el vaso medio vacío y la otra persona que ve el mismo vaso medio lleno. Notemos que esa perspectiva podría afectar la actitud de esa persona con respecto a la vida, ya sea positiva o negativamente. Las personas también podrían percibir a alguien o algo dado para ayudarles como alguien o algo enviado para hacerles daño… dependiendo de su paradigma.

La mentalidad griega y la hebrea

Hay dos paradigmas principales que influyen en nuestra cosmovisión cristiana: la mentalidad griega occidental y la mentalidad hebreo-asiática. En la mentalidad griega, que está muy moldeada por las enseñanzas del filósofo griego Platón, los cristianos ven la vida eterna como algo desconectado de este mundo. En otras palabras, cuando terminamos la vida aquí en la Tierra, vamos al cielo para recibir todas nuestras recompensas y bendiciones. Mientras estamos aquí en la Tierra, básicamente experimentamos dificultades, pruebas y luchas.

Las filosofías como la de Platón conducen a paradigmas que producen una conducta que yo llamo "dualismo cristiano", donde la vida cristiana está segmentada en lo sagrado y lo secular. Las cosas espirituales están en el lado de lo sagrado y las cosas mundanas están en el lado de lo secular (Shepherd 2004). Eso es pensamiento dualista, el cual también se desarrolla en muchas áreas sociales, civiles, legales y religiosas. Un ejemplo del pensamiento dualista es la separación entre Iglesia y Estado. El dualismo dice que Dios está conmigo en las reuniones de la iglesia, pero no fuera de la iglesia en el mundo del mercado. Él está con nosotros los "domingos", pero no los "lunes".

En esta visión, se crea inevitablemente una jerarquía, donde lo único significativo en la vida son las cosas que hay en el lado de lo sagrado. Sin embargo, cuando las personas dividen sus vidas de esta manera, haciendo distinciones entre lo sagrado y lo secular, domina uno de los lados, por lo general el lado secular, entonces gana la mundanalidad, una visión distorsionada del valor humano y la satisfacción de los placeres del cuerpo (Shepherd 2004). En este paradigma, la persona está programada para actuar de manera santa los domingos y carnal los lunes; predica un día sobre las virtudes de la Biblia y al día siguiente compra esclavos de la costa de África.

La mentalidad hebrea u oriental, sin embargo, es una visión del Reino de Dios en la que la vida eterna comienza ahora y no hay separación de Dios en ningún aspecto de la vida de la persona. El Reino de Dios está en nuestro interior (Lucas 17:21) y debería infiltrarse en cualquier lugar al que vayamos.

El paradigma griego ve la fe como un ejercicio intelectual con la educación como el logro más alto. La mentalidad hebrea expresa la vida en términos de una relación con Dios, donde la comunión con Dios es el logro más alto.

> *Debemos cambiar nuestro paradigma para ver a Dios y su Reino influenciar cada aspecto y esfera de la sociedad, en cada nación, cada día.*

La antigua mentalidad griega eleva el razonamiento, los argumentos y la filosofía. Pero, por desgracia, con el razonamiento no hay milagros. Los milagros no se pueden explicar mediante las leyes del universo material. Son por el Espíritu de Dios y se requiere la aplicación de la fe.

Para operar en la revelación de reyes y sacerdotes, debemos adoptar esta "mentalidad de Reino" o una "mentalidad hebrea". Debemos cambiar nuestro paradigma para ver a Dios y su Reino influenciar cada aspecto y esfera de la sociedad, en cada nación, cada día. Con el paradigma correcto, la Biblia nunca se habría eliminado legalmente de nuestras escuelas públicas en los Estados Unidos y la corrupción nunca estaría en un máximo histórico en el entorno de la empresa global.

Bendecido para ser una *Bendición*

Parte de esta mentalidad hebrea o del Reino es que no somos nuestros dueños. Estamos bajo la autoridad del gobierno de

Dios. El apóstol Pablo nos llama "embajadores", indicando que somos enviados como representantes de un gobierno extranjero. Además, escribe: *"Todo es vuestro, y vosotros de Cristo, y Cristo de Dios"* (1 Corintios 3:22–23). Cuando la persona entiende el Reino de Dios y que todos operan bajo la autoridad de Dios, él o ella puede entender esta organización de la autoridad del Reino. El apóstol Pablo sigue diciendo: *"Ustedes no son sus propios dueños. Cuando Dios los salvó, en realidad los compró, y el precio que pagó por ustedes fue muy alto"* (1 Corintios 6:19–20, TLA).

Permítame darle una ilustración de cómo ha funcionado esta mentalidad del Reino en mi vida. Veronica y yo hemos bendecido a personas regalándoles un automóvil, pagando una hipoteca o una renta y proveyendo otras ayudas. Casi en cada ocasión lo hicimos porque sentimos la guía del Señor, y como estamos sometidos a la autoridad del Reino y entendemos que le pertenecemos a Él, pudimos dar con alegría, sabiendo que estábamos ayudando a otros y quitando la carga de la maldición.

Dios una vez habló a nuestros corazones sobre dar comida a alguien en la época navideña. Fuimos al supermercado, compramos bolsas de alimentos y las pusimos en el automóvil, sin saber a quién se las íbamos a dar. Oramos, y el Señor nos dirigió a conducir unos kilómetros hasta el hogar de una señora que vivía en una casa subvencionada por el gobierno. Llamé a la puerta y, cuando abrió, lo único que pude ver fueron niños pequeños sentados en un sofá viejo y desgastado. Le dije que tenía el maletero lleno de comida para ella, y dio un grito ahogado.

Después me hizo pasar al pequeño departamento, y comenzó a contarme que su hija era drogadicta y que ella estaba cuidando de sus nietos; se habían quedado sin comida y no sabía qué hacer. Me dijo que no dejó de decirles a los niños: "No se preocupen, niños, el Señor va a traernos algo para comer", ¡y Él lo hizo! Las lágrimas caían por sus mejillas cuando le di la comida. Verá, yo era el dueño de la comida, pero eso es solo la mitad del cuadro. El cuadro completo es que Cristo es mi dueño. Como creyentes, reyes o sacerdotes, puede ver por qué deberíamos someternos por completo al Rey Jesús, no porque tenemos que hacerlo, sino porque queremos.

Al final, la vida en el Reino no está definida por lo que usted posee, sino por lo que ha hecho con lo que posee; en otras palabras, por cuánto ha bendecido a otros y ha servido a su generación.

> **Establecer el Reino de Dios debe ser nuestra prioridad número uno.**

Me gusta lo que dice el libro de Hechos sobre David, que fue un rey y un hombre conforme al corazón de Dios: *"Porque a la verdad David, habiendo servido a su propia generación según la voluntad de Dios, durmió…"* (Hechos 13:36). Él fue un rey-siervo, y de muchas maneras nosotros también lo somos.

Dios diseñó el Cuerpo de Cristo de forma estratégica y con propósito, con una gran diversidad de dones, talentos y llamados. Somos muchos miembros, pero hay solo un Cuerpo. Debemos aprender a respetar y valorar el papel único de los demás y su don, así como respetar nuestras propias contribuciones. Debemos cambiar nuestro paradigma para entender que estamos en relación con Dios, y esta relación debería afectar cada área de nuestra vida. Establecer el Reino de Dios debe ser nuestra prioridad número uno al margen de cuál sea nuestra esfera de influencia. Al hacerlo, verdaderamente operaremos como un equipo profético, y su Reino vendrá y se hará su voluntad en la tierra como se hace en el cielo.

Un giro mental

Reflexión

¿Tiene que cambiar su visión de cuándo empieza la vida eterna para ajustarse a una "mentalidad del Reino" (o "mentalidad hebrea")? Si es así, ¿de qué modo?

No más trabajo duro

E N M A R C O S 2 : 2 7 J E S Ú S hace una declaración revolucio-
naria a los fariseos: *"También les dijo: El día de reposo fue
hecho por causa del hombre, y no el hombre por causa del día de
reposo"*. El día de reposo nos recuerda que Dios creó el mundo
en seis días. ¿Qué sucedió en el séptimo? Descanso.

Dios creó al hombre al final del día sexto. La pregunta es:
¿Por qué esperó Dios hasta entonces? La razón principal es que
esperó para proveer todo lo que el hombre necesitaría y así poder
entrar en el séptimo día con todas sus necesidades cubiertas,
que era el fundamento de lo que ahora se llama el día de reposo
o descanso. En el pasado nos hemos relacionado con el día de
reposo solo ceremonialmente, pero el día de reposo instituido
bajo el Antiguo Pacto (Éxodo 16) era un "tipo y sombra" de una
realidad espiritual mucho mayor. El Antiguo Testamento, o el
Antiguo Pacto, es la sombra, mientras que el Nuevo Testamento
es una realidad.

*"Por tanto, nadie os juzgue en comida o en bebida, o en cuanto
a días de fiesta, luna nueva o días de reposo, todo lo cual es sombra de lo que ha de venir; pero el cuerpo es de Cristo"* (Colosenses
2:16–17). Significa que el día de reposo es un recordatorio de
la promesa de Dios de devolver a su hombre a su madurez para

que pudiera descansar en la provisión de Dios. Es un cuadro de restauración de la provisión que Jesús iba a facilitar.

Dios no nos ha llamado a soportar un trabajo duro y un esfuerzo pesado, sino a entrar en su reposo. Por el hecho de estar condicionados bajo la maldición, sorprendentemente, muchos de los hijos de Dios tienen la idea de que, si no cuesta mucho, no es de Dios. No. Dios planeó que viviéramos exactamente como Él vive, creyendo, hablando y caminando por fe. Me gusta lo que dijo un hombre de Dios: "Deberíamos vivir como si estuviéramos de vacaciones 365 días al año". No estaba diciendo que no deberíamos trabajar, sino más bien: "Lo que hacemos debería ser disfrutable y sin esfuerzo".

Un buen ejemplo de vida sin trabajo duro, un ejemplo que encontramos en el capítulo 1, se halla en Lucas 5:4–9, donde Pedro sembró una semilla al prestar a Jesús su bote de pesca para que enseñara a la multitud allí reunida. Cuando Jesús terminó de enseñar, ordenó a Pedro que se adentrara en el mar y le dijo: *"Lanza las redes para pescar"* (versículo 4, TLA). Pedro dijo: *"Maestro, toda la noche hemos estado trabajando, y nada hemos pescado; mas en tu palabra echaré la red"*. *Trabajando* se define como "labor con dolor y fatiga, labor que oprime el cuerpo y la mente"[1]: ahora podemos ver por qué las personas anhelan la jubilación: están "cansados".

Pedro obedeció al Señor y su semilla dio fruto. Sacó una "pesca" de peces que hacía que el bote se hundiera y las redes se rompieran (versículo 9). Incluso llamó a sus amigos y llenaron ambos botes. Toda la experiencia hizo que Pedro se arrodillara. ¿Por qué? Porque lo hizo sin esfuerzo. La productividad no viene de tener varios empleos o más y más horas cada semana. El trabajo duro y correr detrás de la provisión está bajo la maldición y se produjo por la transgresión de Adán en el Jardín del Edén, como se mencionó en el capítulo 1. Por cierto, Jesús no le estaba diciendo a Pedro que "se metiera mar adentro" para poder encontrar un buen "lugar de pesca". Jesús iba a hacer que los peces acudieran a Pedro.

En Proverbios 10:22 leemos: *"La bendición de Jehová es la que enriquece, y no añade tristeza con ella"*. La versión NVI dice: *"La bendición del Señor trae riquezas, y nada se gana con preocuparse"*. De nuevo, usted y yo no fuimos diseñados para correr detrás de los peces. Se supone que ellos deben venir a nosotros, bajo la orden de La Bendición o el Bendito (Dios). Servimos a un Dios Todopoderoso. Al poner nuestra fe en Dios y hacer de Él nuestra única Fuente, solo entonces nuestras expectativas no terminan en frustración. David escribe: *"Porque de él es mi esperanza"* (Salmo 62:5). **Yo decreto que sus días de frustración han terminado y que todas sus bendiciones están ahora sobre usted, ¡y le sobrepasan!**

Nuestro modo de operación original

Como sabe, cuando Adán pecó en el Jardín del Edén no solo perdió la comunión con Dios, sino también su visión espiritual, su capacidad de operar como Dios, de pensar o creer como Dios y de hablar como Dios. El hombre nunca debería ser dirigido por su entorno, sino ser guiado por su espíritu, vivir por su discernimiento espiritual y no por sus cinco sentidos físicos o su buen juicio. Dios no creó nuestros cuerpos para que se relacionaran con el mundo espiritual o el sobrenatural. Él dijo: *"La carne [sin el espíritu] para nada aprovecha"* (Juan 6:63).

Jesús vino para restaurarnos al lugar que dejó Adán y para destruir todo lo que se burlara de nuestro testimonio redentor. Su misión era devolver a la humanidad a su modo de operación original, de nuevo a lograr lo que se le pidió en el jardín, ser fructífero, tener la capacidad de Dios a disposición del hombre y llevar el Reino del cielo a cada lugar donde vaya. Antes de la Caída, los "ojos espirituales" de Adán funcionaban perfectamente. No tenía que aprender... discernía. No solo tenía información, sino también actuaba por revelación. Adán podía ver cosas en el espíritu, tenía una percepción plena de la realidad.

> **Todo lo que Dios hará por usted, ya lo ha hecho.**

Vemos un cuadro claro en 2 Reyes 6:17 cuando el profeta oró por su criado: *"Te ruego, oh Jehová, que abras sus ojos para que vea"*. Cualquiera que lea estas palabras sabe que los ojos del joven ya estaban abiertos, así es como pudo ver al ejército sirio en las montañas rodeándolos, pero esos no eran los ojos por los que el profeta oró que se abrieran.

Sigue diciendo: *"Entonces Jehová abrió los ojos del criado, y miró; y he aquí que el monte estaba lleno de gente de a caballo, y de carros de fuego alrededor de Eliseo"*. Estos carros eran ángeles de Dios, que eran invisibles para el ojo natural. Dios siempre ha querido que la humanidad gobierne esta realidad física terrenal desde la realidad invisible. Una orden dada por Eliseo, *"te ruego que hieras con ceguera a esta gente"* (versículo 18), puso fin de inmediato a esta guerra o conflicto. La lección aquí es esta: nunca realizará su función plenamente en el Reino de Dios hasta que descubra que ya tiene la provisión. Todo lo que Dios hará por usted, ya lo ha hecho. Mientras lee este libro, oro para que sus ojos sean abiertos a todo lo que Dios tiene para usted. En este tiempo, el mundo experimenta problemas que son casi imposibles de resolver con solo la vista natural o con soluciones humanas. Estos problemas, como ya he dicho antes, se parecen a cuando Hércules luchaba contra el gigante Hidra: cada vez que le cortaba una cabeza, crecían otras dos en su lugar. Esta guerra contra el terrorismo necesita una solución divina que solo llega a través de la asociación invencible de reyes y sacerdotes.

Imaginemos cuán breves serían nuestras guerras en la actualidad si este equipo invencible de reyes y sacerdotes, con acceso a todo el espectro de la realidad, se asociara al participar en un conflicto. Proverbios 20:18 nos dice: *"Los pensamientos con el consejo se ordenan; y con dirección sabia se hace la guerra"*. Otra traducción dice: *"Afirma tus planes con buenos consejos; entabla el combate con buena estrategia"* (NVI). Creo que estará usted de acuerdo en que no hay mejor guía que la de Dios. A través del sacerdote (levita), Dios le dijo al ejército de Dios la estrategia exacta para ganar la batalla en un día. Después de que los sacerdotes dieron las instrucciones proféticas, el rey dijo: *"Creed a sus profetas, y seréis prosperados"* (2 Crónicas 20:20). Ni siquiera tuvieron que luchar la batalla… el Señor peleó por ellos mientras ellos lo alababan. El resultado fue que el enemigo fue aplastado y todos murieron en un día. Recordemos que el sistema babilónico se caracteriza por un pueblo que intenta suplir sus necesidades sin Dios.

El proceso del Reino

En el Reino de Dios, nuestra meta y obligación de pacto es cambiar el mundo para convertirlo en una "cultura del Reino". Dios creó un hombre, lo colocó en el Jardín del Edén y le dio una tarea y una prohibición. Le dijo al hombre que cuidara del jardín y lo cultivara; también le dijo que no comiera de cierto árbol o de lo contrario *"de cierto morirás"*. Adán tenía que producir la cultura (jardín) del Reino en cada lugar donde iba. Adán cayó, y el pecado creó una cultura fuera de Dios, una que viene de la propia imaginación del hombre y que produce sin Dios, basada en principios inferiores.

Unos miles de años después, Cristo vino y reintrodujo el Reino de Dios y un "nuevo orden" de vida por fe con Dios como nuestro Proveedor. Jesús enseñó a sus seguidores cómo funciona el Reino diciendo: *"El sembrador sembró la palabra"*. Por tanto, para cada proyecto o tarea que Dios nos da, debemos comenzar con la Palabra de Dios o una promesa de Dios. ¿Por qué? Porque la promesa o "semilla" tiene el potencial de producir lo que dice; esta es la raíz de la productividad. El primer mandamiento de Dios de "fructificad… sojuzgad" se restaura a través de Cristo, y esta productividad se produce desde una relación con Jesús y fe en Dios y su Palabra, su promesa. Cuando una persona es después conectada a la Iglesia de Cristo en la Tierra, esta productividad produce creación y provisión a través del cristiano a la vez que avanza el Reino de Dios.

Dios crea esta productividad para nosotros; no tenemos que trabajar con esfuerzo. Dios estimula nuestra imaginación mediante un pensamiento o una idea, o un sueño o visión, como lo hizo con Jacob para librarlo de años de injusta servidumbre bajo su tío Labán (véase Génesis 30). O quizá Él nos dice que hagamos algo que, en ese momento, nos puede parecer imposible. Por ejemplo, Jesús les dijo a sus discípulos en medio de un lugar desértico mientras terminaba una reunión de tres días: *"Aliméntenles"*. *"Felipe le respondió: —Ni siquiera el salario de doscientos días bastaría para comprar el pan suficiente para que cada uno recibiera un poco"* (Juan 6:7, DHH). Lo que Felipe no vio fue que lo que necesitaban no era dinero, sino fe. Las escrituras nos dicen: *"El justo por la fe vivirá"*. Con dos peces y cinco panes, terminaron alimentando a cinco mil hombres además de las mujeres y los niños.

Deje que su espíritu produzca lo que usted necesita

El Señor me llamó a hacer lo imposible un domingo en la mañana. "Compra ese centro comercial", me dijo mientras salía de nuestro servicio dominical. Miré al otro lado de la calle a ese enorme centro comercial casi vacío. Él te dice "qué hacer" o "qué pensar". Después te da el "cómo hacerlo" en forma de una revelación que llega a través de meditar en la semilla o promesa (un versículo) de su Palabra.

En mi caso, cuando Dios me dijo "compra ese centro comercial", Él me dio el versículo de Josué 1:3: *"Yo os he entregado, como lo había dicho a Moisés, todo lugar que pisare la planta de vuestro pie"*. Yo planté esa semilla en el terreno de mi corazón (hombre espiritual), el cual está diseñado para dar fruto: para producir o dar lo que dice la Palabra. En otras palabras, el terreno (espíritu) es el centro de producción y, como el terreno de la tierra, está diseñado para cultivar o producir las cosas sembradas en él.

La manera de sembrar semillas espirituales en nuestro corazón es hablándole, o en el caso de Abraham, *"llama las cosas que no son, como si fuesen"* (Romanos 4:17). No estamos mintiendo cuando confesamos las promesas de Dios cuando aún no han ocurrido. La confesión, o ponerse de acuerdo con Dios, es el modo en que hacemos que suceda.

Dios conocía las situaciones que encontraríamos al cumplir nuestro mandato de ser fructíferos y nuestras tareas del Reino simultáneamente. De hecho, Él dio las respuestas sobre cómo resolverlas antes de que surgieran las situaciones, incluso antes de la fundación del mundo. Esta "palabra-semilla" en Josué 1:3 lo contenía todo, desde sabiduría, guía y estrategia, al momento oportuno y el poder milagroso para comprar el centro comercial. La semilla lo tiene todo integrado en su interior; es como una "tienda de una parada". Es una semilla milagrosa.

Cuando Dios me dio Josué 1:3, entonces tuve que comprometerme a meditar en ello hasta que mi pensamiento fue transformado, hasta que pude verlo como Dios lo veía o recibir una revelación. En el Reino de Dios, solo lo que usted puede ver se vuelve suyo. Otro modo de decirlo es: "Lo que vemos es lo que Dios nos entrega".[2] Dios le dijo a Abraham: *"Porque toda la tierra que ves, la daré a ti"*. Un hombre lo expresó de este modo: "Cualquier cosa que nos sea revelada nos será restaurada".

Así que, mientras meditaba, la "palabra-semilla" que el Señor me dio (Él da semilla al que siembra) cobró vida en mí de tal forma que ya no veía los obstáculos, sino que ahora veía las oportunidades. Había llegado la revelación y ahora la manifestación no estaba muy lejos. Lo único que tenía que hacer a partir de ese momento era seguir la guía del Espíritu Santo. Nadie en el planeta Tierra puede impedir que usted obtenga lo que está viendo y declarando, pues estamos hechos así, invencibles e inconmovibles.

Entienda que todas las cosas de Dios son primero espirituales; después se hacen físicas. De hecho, las cosas materiales dependen de las cosas espirituales para existir. Las cosas existen primero en el mundo invisible y eterno en el que Dios está, y la fe lleva las cosas espirituales al mundo físico y natural. ¿Cómo sabemos que hay un mundo espiritual y eterno y las cosas que hay en él? Nuestro Padre celestial nos lo dijo en la Biblia. Por eso la Biblia es tan importante. Hay provisión abundante para todo lo que pudiéramos necesitar o querer a la espera de que nos apropiemos de ella por la fe.

Jesús enseñó este proceso. Él dijo: *"El sembrador es el que siembra la palabra... y la semilla brota y crece sin que él sepa cómo... pero después de sembrado, crece, y se hace..."* (Marcos 4:14, 27, 32). El libro de Juan, capítulo 1, dice lo mismo, pero de modo un poco diferente: *"En el principio era el Verbo, y el Verbo era con Dios, y el Verbo era Dios... Y aquel Verbo fue hecho carne, y habitó entre nosotros"* (versículos 1, 14).

Por tanto, cuando se planta la semilla y crece, *"se hace"* (Marcos 4:30–32). Mateo 13:32 dice que es *"la más pequeña de todas las semillas; pero cuando ha crecido, es la mayor de las hortalizas, y se hace árbol, de tal manera que vienen las aves del cielo y hacen nidos en sus ramas"*. Así es como manifesté nuestra posesión del centro comercial Forest Park. Todo comenzó con una semilla.

Para que, como Cuerpo de Cristo, lleguemos donde Dios nos está llevando es necesario que transformemos nuestro pensamiento, y la meditación bíblica es el modo de hacerlo. La fe viene a medida que la meditación bíblica produce revelación, y donde Dios nos está llevando, la fe dejará de ser una opción para convertirse en un requisito.

Para poder lograr algo para Dios, primero debemos creer en la Palabra de Dios. Se debe creer con el corazón (hombre espiritual), no con el intelecto o la mente natural, y creer que Dios toma una decisión. Primero debemos decidir o escoger creer en la Palabra de Dios. Cuando el ángel del Señor se le apareció a María, la madre de Jesús, y le dijo que iba a tener un hijo sin estar con un hombre, su respuesta fue: *"Hágase conmigo conforme a tu palabra"*. Ella escogió creer la palabra que le dijo el ángel, y su creencia y aceptación produjeron fruto. La Biblia nos dice que *"todo es posible"*, si sabemos cómo creer.

Cuando usted comienza a meditar o confesar la promesa, está sembrando la semilla. Después el terreno, que es su espíritu o su corazón, concibe la semilla y comienza el proceso de buscar la sabiduría de Dios para la respuesta, o cómo hacer que llegue a manifestarse. Es como buscar en una biblioteca ciertos libros que contienen información relativa a su situación. En este caso, es la sabiduría la que hará que se cumpla su deseo. Santiago 1:5 dice: *"Y si alguno de vosotros tiene falta de sabiduría, pídala a Dios, el cual da a todos abundantemente y sin reproche, y le será dada"*.

Dios no quiere que asumamos la responsabilidad de lo que Él hace. Nuestra tarea es primero creer. Le advierto: no mire su cuenta bancaria. Nuestro trabajo es solo creer. Yo decidí creer que nuestra iglesia podía "comprar ese centro comercial" y que Dios haría su parte. Creer es estar comprometido con la Palabra. Tras tomar la decisión de creer a Dios y meditar en su promesa, entonces pasamos a la acción. La fe es actuar con base en lo que creemos.

Dios no tiene plan de respaldo. ¿Por qué? Porque el primero siempre funciona. Esta es la razón por la que poseer cosas según "su justicia", la forma del Reino de hacer las cosas, no es trabajo duro. El plan que el Señor da está tan hecho a la medida que incluso tiene en cuenta nuestro trasfondo y nuestras experiencias. Ha sido calibrado para que sea preciso y funcionará perfectamente. Tan solo debemos seguir sus instrucciones y su guía y hacer lo que Él nos diga. En Proverbios leemos: *"Lámpara de Jehová es el espíritu del hombre, la cual escudriña lo más profundo del corazón"* (Proverbios 20:27). Esto simplemente significa que Dios usará nuestro espíritu para guiarnos.

Este proceso del Reino le dará soluciones, estrategias y pensamientos que usted nunca antes había tenido. ¿Por qué? Porque nunca antes plantó esa semilla. Su espíritu no había clamado al Espíritu de Dios para esta revelación. Usted no está forzando a Dios a hacer algo, sino pidiendo la cosecha que Él prometió. De nuevo, este no es el método del hombre, sino el método de Dios. Proverbios 2:7 dice: *"Él provee de sana sabiduría a los rectos"*.

Este versículo nos dice que *"la sabiduría es lo principal"* y no el problema. Dios le dijo a Josué después de meditar: *"Mira, yo he entregado en tu mano a Jericó"* (Josué 6:2). Después procedió a darle a Josué instrucciones concretas sobre cómo llevarlo a cabo.

El proceso del Reino comienza primero con una promesa de Dios. Después debemos creer esa promesa. Creer comienza con una decisión.

En tercer lugar, debemos meditar en la promesa para empezar a creer lo increíble. La meditación produce revelación y fe para tomar posesión de nuestra herencia. Como dijo un hombre de Dios: "La revelación es nuestro bien más grande en la escuela de la fe". La meditación también conduce a un lugar donde usted comienza a ver su victoria no en algún momento futuro, ¡sino ahora! Finalmente, cuando llega la fe, usted actúa sobre la promesa y tiene la certeza de que experimentará su milagro.

> *La revelación es nuestro bien más grande en la escuela de la fe.*

La importancia de la oración

La oración es vital en la vida de cada creyente, ya sea un rey o un sacerdote, porque le conecta con lo sobrenatural al traer los pensamientos y las ideas de Dios a cada situación y problema que usted tenga. Por tanto, el proceso del Reino debe incluir la oración. En el Reino, usted escucha a Dios con respecto a sus metas, objetivos y planes, porque solo Dios sabe quién es usted realmente y cuál es su verdadero propósito en la Tierra. Debe ser consciente del intento de satanás de limitar su potencial para que sus pensamientos sean más pequeños. Usted es mucho mayor por dentro de lo que es por fuera, y Dios es quien lo sabe todo acerca de usted. Primera de Corintios 2:11–12 nos dice que eso es cierto. *"Porque ¿quién de los hombres sabe las cosas del hombre, sino el espíritu del hombre que está en él? Así tampoco nadie conoció las cosas de Dios, sino el Espíritu de Dios. Y nosotros no hemos recibido el espíritu del mundo, sino el Espíritu que proviene de Dios, para que sepamos lo que Dios nos ha concedido".*

La palabra *cuerpo* en griego es *soma*, que significa "esclavo".[3] La idea nunca fue que su cuerpo le dijera lo que usted puede o no puede hacer. Tenemos un ejemplo de esto cuando vemos a Pedro caminando sobre el agua. Cuando volvió a su razonamiento o su mente natural y a los dictados de los cinco sentidos físicos, se hundió. Por tanto, yo he desarrollado el hábito de comprobar siempre la fuente de mis pensamientos (véase 2 Corintios 10:3–5).

Antes de comenzar un nuevo proyecto o aventura, oro pidiendo la sabiduría y la dirección de Dios. Según Marcos 11:24, recibo esa sabiduría por fe cuando oro, y después Dios comienza a revelármela. Entienda que las ideas, visiones y planes que Dios le da son un tipo de moneda. Puede venderlas, cambiarlas y cobrarlas de varias formas, y se dan para que avance en cada área de su vida.

La oración y seguir la guía del Espíritu Santo son vitales en cada fase de un nuevo negocio o proyecto. Los emprendedores del Reino y los líderes en el mundo del mercado deben apartar un tiempo de oración o devoción por sus empresas, organizaciones y todas las responsabilidades del mundo laboral. Recientemente leí una historia poderosa sobre cómo la oración salvó la empresa de un hombre de negocios que estaba al borde del desastre. Los pedidos de los clientes aparentemente se habían reducido mucho y parecía que la única solución era cerrar la fábrica. Este es un extracto de su libro:

> Frecuentemente el Señor usaba nuestras circunstancias (empresariales) para enseñarnos a orar, ¡y después su gloria se manifestaba en la fábrica de las formas más sorprendentes!
>
> El primer ejemplo llegó a través del negocio de cazuelas y sartenes, el cual vendí después. Nuestras cifras de ventas se registraban automáticamente, ya que estábamos vinculados a grandes tiendas y recibíamos sus pedidos según las computadoras registraban nuestras ventas. Nuestra producción diaria era aproximadamente de 3.000 cazuelas, y eso era muy satisfactorio. Sin embargo, en el mes de mayo ya no había nuevos pedidos, así que contacté con los clientes para preguntarles qué estaba sucediendo. Ellos me aseguraron que no pasaba nada y que pronto llegarían los pedidos. Pero llegó el final de mes y solo habíamos facturado 700 dólares en ventas. Prácticamente nada. Yo estaba muy preocupado.
>
> De nuevo, telefoneé a los clientes para comprobar, pero mientras tanto, el almacén estaba lleno de cazuelas. Mientras revisaba el almacén repleto, supe que ya no había nada más que yo pudiera hacer. Había que detener la producción. Nuestros clientes habían confirmado que no sucedía nada, y sin embargo no entraban los pedidos. Oré, hablé con Asther (mi esposa), y le dije que no había nada

más que pudiéramos hacer. Tendríamos que cerrar la fábrica si queríamos sobrevivir a esta crisis.

Como era viernes en la noche, acudimos al grupo de oración con el corazón cargado, y esa noche una de las mujeres compartió un pasaje de las escrituras: "Cinco de vosotros perseguirán a ciento, y ciento de vosotros perseguirán a diez mil, y vuestros enemigos caerán a filo de espada delante de vosotros" (Levítico 26:8). Mientras ella leía esas palabras, mi espíritu se avivó y supe lo que tenía que hacer. Inspirado por las escrituras, inmediatamente compartí mi problema con el resto del grupo. "Tenemos 90.000 cazuelas que no hemos vendido apiladas en el almacén", dije mientras terminaba de describir nuestro dilema.

Se produjo una breve discusión, y supimos que teníamos que usar nuestra unidad como grupo para orar y ordenar a esas cazuelas que salieran del almacén. Así que tomamos autoridad en el nombre de Jesucristo y ordenamos a esas cazuelas que salieran, ¡y dieran la gloria a Dios!

Durante ese fin de semana no hablamos del asunto, y el lunes en la mañana el director de la oficina se reunió conmigo en las escaleras. "¡Buenas noticias! ¡Creo que tenemos que alabar a Dios! Algunos de nuestros mejores clientes han llamado y han comprado todo lo que tenemos menos las cazuelas de un litro y de tres litros. Quieren que enviemos el pedido hoy mismo".

Rápidamente, comenzamos a empaquetar y cargar, y el almacén poco a poco se fue quedando vacío. Sin embargo, entendí enseguida que esa no era una respuesta total a la oración, porque habíamos ordenado a todas las cazuelas que salieran y dieran la gloria al Señor. Llamé a mi oficina a nuestro gerente para que viniera a verme, y le hablé de la situación. Habíamos tomado autoridad sobre la situación en el nombre de Jesús y habíamos ordenado a todo el inventario que saliera. Teníamos que acordar que también saliera el remanente que había quedado. Así que, en unidad ahora con el gerente de la oficina, oramos de nuevo. Esta vez hablamos específicamente a las cazuelas de uno y de tres litros, ¡para que obedecieran la orden!

Media hora después sonó el teléfono. Era uno de nuestros clientes. Tenían una emergencia y necesitaban desesperadamente cazuelas de uno y de tres litros. ¿Teníamos cantidad para enviar de inmediato? Así que nuestro almacén quedó vacío en un día.

Como le habíamos entregado la empresa a Dios, imagino que había otras fuerzas que se resistían aparte de las fluctuaciones normales del mercado. Tuvimos que orar y también trabajar, y la unidad fue un factor clave en nuestras oraciones. Este fue un principio que nunca olvidé, y que usé muchas veces cuando me vi ante situaciones imposibles.[4]

Este poderoso testimonio ilustra que los ciudadanos del Reino (el pueblo de Dios) en el mundo del mercado deben orar y que, cuando un grupo de creyentes ora, se puede lograr mucho más. Por eso nuestro ministerio ha lanzado una línea de oración para nuestros socios, emprendedores y líderes, o para cualquiera que esté enfrentando problemas y obstáculos que le impiden avanzar. Como destaca este empresario, hay fuerzas espirituales que se oponen a los ciudadanos del Reino que solo se pueden detener a través de la oración y de la Palabra de Dios. Estas fuerzas espirituales están determinadas a oponer resistencia a la Iglesia y a quienes están comprometidos a avanzar el Reino de Dios, y contra las que el mundo secular no tiene que contender o luchar. Si no resistimos al enemigo, le permitimos permanecer. Las "fluctuaciones normales del mercado" no son la normalidad en el Reino de Dios.

Resultados sobrenaturales

Hacer negocios a la manera del Reino nos llevará a resultados que serán muy superiores a lo que se podría lograr solo con la razón y el esfuerzo humano, sin tener que trabajar arduamente. De nuevo, leamos la historia de Lucas 5, en la que Pedro había trabajado toda la noche. Es decir, Pedro estaba pescando durante el periodo de la jornada en el que mejor se pesca, que era en la noche, pero no había pescado nada. Entonces Jesús le dijo que lanzara la red en lo profundo. Básicamente le dijo a Pedro que volviera pescar y que lo hiciera con fe y no según la hora del día, las leyes naturales o el clima económico. Pedro obedeció y consiguió una pesca que hacía hundirse el bote, es decir, resultados sobrenaturales.

La fe nos lleva por encima de los dictados restrictivos del tiempo

Muchas veces, el trabajo duro y el esfuerzo se producen cuando nos permitimos el lujo de ser controlados por la razón humana y nuestros cinco sentidos naturales, en lugar de hacer las cosas a la manera de Dios. Entonces nos convertimos en siervos de nuestro entorno y tiempo externos, en lugar de que el tiempo y nuestro entorno nos sirvan a nosotros, como era la idea original.

Un buen ejemplo de cómo la fe puede invalidar el tiempo es el inicio sobrenatural de nuestra escuela de negocios ministerial, la Joseph Business School. La investigación y el intelecto humanos decían que tardaríamos entre uno y dos años en poner en marcha la escuela, pero Dios me habló al corazón: "Tardarán dos meses". Para la mente natural eso parecía algo imposible, pero cuando comenzamos a planificar y ejecutar por fe según lo que Dios había hablado, el proyecto comenzó siguiendo el calendario del cielo y atrayendo la "provisión misteriosa" del cielo. Recuerde: la verdadera fe dice (declara) cuándo ocurrirá algo, y el tiempo debe postrarse a ese decreto. La fe es la fuerza dominante dada al hombre para gobernar sobre el tiempo. La escuela de negocios abrió en el marco de tiempo que Dios me había dicho. Ahora tiene una acreditación total y está presente en cinco continentes.

Si creemos con nuestra mente, creeremos solo lo que nos digan nuestro cuerpo y nuestros cinco sentidos (eso es razonamiento humano), y al final dudamos del poder de Dios. Sin embargo, si creemos con el corazón (espíritu), entonces el conocimiento revelador que viene directamente de Dios a nuestro

espíritu iluminará nuestra mente con información que sobre-
pasa nuestros sentidos naturales. Nuestras mentes entonces
envían esta información al cuerpo para una acción apropiada.
Es vital que permanezcamos en fe y no permitamos que la duda
o el temor gobiernen. Debemos negarnos a seguir la respuesta
que tuvieron los diez espías después de ver los gigantes y sus
armas en la Tierra Prometida durante su misión de espionaje
(Deuteronomio 1). Caleb y Josué fueron los únicos espías que
no permitieron que el temor venciera a sus sentidos. Caleb
respondió: *"Subamos luego, y tomemos posesión de ella; porque
más podremos nosotros que ellos"* (Números 13). El resto de los
israelitas permitieron que sus sentidos reinaran y tuvieron que
enfrentar una consecuencia desastrosa. Recuerde esto: Cuando
usted cree con el espíritu, la mente ya no está gobernada por lo
que tiene sentido, sino por lo que tiene fe.

Descanso y trabajo

Al inicio de este capítulo compartí que Dios introdujo el día
de reposo a los israelitas (humanidad) en el desierto. Le dijo a
Moisés que le dijera al pueblo que por cinco días debían recoger
suficiente comida (provisión) para cada día y no guardar nada
para el día siguiente. Si lo hacían, verían que la comida estaría
podrida; las escrituras dicen que la comida *"crio gusanos, y he-
dió"* (Éxodo 16:20).

Al sexto día, sin embargo, Dios le dijo a Moisés que le dijera
al pueblo que reunieran comida suficiente para dos días, porque
el séptimo día descansarían en lugar de ir a recoger más provisión. Éxodo 16:21–23 dice:

> **Todas las mañanas cada uno recogía la cantidad que
> necesitaba, porque se derretía en cuanto calentaba
> el sol. Pero el día sexto recogieron el doble, es decir,
> cuatro litros por persona, así que los jefes de la
> comunidad fueron a informar de esto a Moisés. —
> Esto es lo que el Señor ha ordenado —les contestó—.
> Mañana sábado es día de reposo consagrado
> al Señor.**
>
> NVI

Cuando Dios proveyó maná del cielo diariamente para los hijos de Israel, que eran entre unos dos y tres millones de personas, ¿qué tenían que hacer para conseguirlo? ¡Recogerlo! Eso era todo. Dios se encargaba de la provisión diaria y el trabajo de ellos consistía solo en recogerla. En el sexto día, Dios proveía el doble para que tuvieran comida también el día de reposo. Era su modo de recordarles la realidad del descanso sabático.

El día de reposo es una imagen de la provisión divina de descanso. Y "guardar el día de reposo" era un recordatorio de la promesa de Dios de que algún día restauraría al hombre la provisión mediante Cristo. En el desierto, Israel cayó en la incredulidad y el Señor juró que no los dejaría "entrar" en su descanso (Salmos 95:8–11). El descanso en el que Israel debía entrar era la "Tierra Prometida", un lugar de provisión abundante. Era la *"tierra donde fluyen leche y miel"*, donde cesaría el trabajo e Israel tendría las bendiciones que Dios había preparado para su gente. Los israelitas vivirían en casas que no habían construido y disfrutarían de los frutos de vides que no habían plantado.

Hebreos, capítulo 4, versículos 3 y 9 dice: *"Pero los que hemos creído entramos en el reposo... Por tanto, queda un reposo para el pueblo de Dios"*. Notemos, sin embargo, que no puede haber un verdadero reposo sin provisión. El concepto del descanso del día de reposo es también un mandato para la provisión del Reino.

Entienda que no estoy diciendo que no debamos trabajar. De hecho, Dios nos exige que trabajemos. Una de las mejores cosas que un padre puede hacer por un hijo es demandar que aprenda sobre la responsabilidad del trabajo; sin embargo, el trabajo que hacemos no va a ser el "trabajo duro" que solíamos hacer antes de entrar en el Reino. Ya no tenemos que "ganarnos" el sueldo con el sudor de nuestra frente, como tuvo que hacer la humanidad después del pecado de Adán.

Dios está diciendo: "Esos días han terminado para ti. ¡Ya no más esfuerzo! ¡Ya no más una mentalidad de supervivencia y esforzarte por intentar 'llegar a fin de mes'! Serás una representación del Reino de Dios". Él está diciendo: "Yo voy a proveer todo lo que necesitas así como hacía con Adán y Eva en el Jardín del Edén al principio. Incluso en un tiempo o lugar de hambruna económica recogerás mucho" (véase Salmos 37:19). Donde nosotros vivimos, en el Reino de Dios, no existe una mala economía.

Véalo de esta forma: En el Jardín del Edén, ¿cuánto tenían que preocuparse Adán y Eva por la provisión para su vida? Esta es la respuesta. La idea de la provisión no existía aún. En la enseñanza de Jesús, Él dijo: *"Por tanto, no se preocupen por su vida, qué comerán"*. Les estaba mostrando cómo podían tener acceso a una provisión sobrenatural a través de la ley espiritual de la siembra y la cosecha. Él demostró cómo terminar de inmediato con cualquier necesidad.

Como un hijo de Dios de pacto, cuando usted planta una buena semilla en buena tierra, recoge una cosecha y ningún hombre puede abrogarlo (anularlo) (Oyedepo 2005). Usted puede operar en la economía de este mundo según la economía del cielo, sin importar el lugar donde esté en este planeta o cuáles sean las circunstancias.

Bajo la maldición, el dolor y el trabajo duro quedaron vinculados a obtener provisión; sin embargo, cuando Jesús restauró La Bendición a la humanidad, Él nos restauró con Dios como nuestra Fuente original y Sustentador de cada necesidad o deseo que nosotros (la humanidad) pudiéramos tener. En lugar de tener que esforzarnos trabajando duro para conseguir la provisión, como hice yo consiguiendo un segundo empleo, debemos confiar en Dios, y por la fe y la obediencia, trabajar en su sistema manifestando su bondad. Recuerde: *"El justo por la fe vivirá"*.

Como dije antes, vivir por fe no significa que no debamos trabajar, porque hay dignidad en trabajar. A veces su trabajo o empleo puede ser el canal que Dios use para bendecirlo. En Deuteronomio 28, Dios dijo: *"Te abrirá Jehová su buen tesoro, el cielo, para enviar la lluvia a tu tierra en su tiempo, y para bendecir toda obra de tus manos"* (versículo 12), como hizo con Simón cuando fue a pescar con Jesús, o conmigo cuando estaba en el departamento de ventas trabajando para IBM. Lo que ocurrió en ambos casos es que no trabajamos sacrificadamente, sino que recogimos.

El Dr. George Washington Carver, un científico afroamericano en el profesorado en los primeros tiempos de la Tuskegee University (Universidad de Tuskegee), o Tuskegee Institute como se le llamaba entonces, dijo: "Nunca tengo que buscar métodos a tientas. El método me es revelado en el momento en que me siento inspirado a crear algo nuevo. Si Dios no abriera el telón, no podría hacerlo".[5] La palabra *a tientas* significa "buscar algo palpando en la oscuridad".[6] Carver dijo que una vez que está en su laboratorio a solas con el Creador, las respuestas le vienen solas. Observemos que él no se esfuerza y trabaja duro buscando respuestas… tan solo las "recoge", y a eso se le llama "trabajar" en el Reino de Dios.

Además, fuimos creados para bendecir a otros a través de nuestro trabajo. Véase la Figura 1: Ocho razones por las que usted trabaja en el Reino (Adelaja 2008). El resumen es este: si una persona no trabaja, él o ella no aporta nada valioso al mundo. Cuando participamos del trabajo que Dios nos ha asignado, servimos al bien mayor de la humanidad y damos gloria a Dios. Quizá ahora pueda entender mejor el versículo que dice: *"Así alumbre vuestra luz delante de los hombres, para que vean vuestras buenas obras, y glorifiquen a vuestro Padre que está en los cielos"* (Mateo 5:16).

Figura 1: Ocho razones por la que usted trabaja en el Reino

- El trabajo es la forma en que usted puede aportar algo valioso al mundo.
- El trabajo libera y desarrolla sus dones y talentos.
- El trabajo le mantiene mentalmente sano al enfocar su mente en algo productivo.
- El trabajo es un medio mediante el cual sueños, ideas y metas se convierten en una realidad.

> - El trabajo hace que usted sea una bendición para otras personas.
> - El trabajo le permite convertirse en un cocreadores juntamente con Dios.
> - Usted no cumplirá su potencial y propósito en el Reino de Dios sin trabajar.
> - El trabajo le provee caminos mediante los cuales pueden llegar ingresos a sus manos de forma sobrenatural… caminos mediante los cuales Dios puede darle semillas para sembrar.

El trabajo pone en marcha su potencial

La palabra griega para *trabajo* es *ergon*,[7] de donde se deriva la palabra *energía*. El trabajo está activando energía almacenada. A través del trabajo, su potencial queda expresado de forma tangible. Si se niega a trabajar, su capacidad o potencial para expresar la imagen de Dios y de dar fruto permanece sellada dentro de usted. Un hombre dijo: "Potencial sin trabajo es pobreza".[8] *Potencial* significa "habilidades escondidas". La definición del diccionario es "existir en posibilidad: capaz de desarrollarse hasta convertirse en algo… expresar posibilidad".[9] Usted tiene semillas de grandeza en su interior que Dios le ha dado; el potencial se da en forma de semilla. Sin trabajo, su potencial y sus capacidades permanecen escondidos.

En la versión *"Amplified Version"* (en inglés) de Proverbios 18:16 se expresa: El don de un hombre le abre camino y lo sitúa delante de hombres importantes. Usted y yo fuimos diseñados para desarrollar la genialidad que Dios puso en nosotros cuando fuimos creados.

Véalo así: Mediante su trabajo, usted se está convirtiendo en lo que ya es. El trabajo hace salir a la superficie su potencial, hace que se manifieste. Nadie viene a este mundo sin un don o llamado y todo el mundo tiene potencial, pero, sin trabajo, esos dones y talentos permanecen sin desarrollar. Dios usa el trabajo para poner en marcha nuestro potencial porque el potencial necesita que algo lo ponga en marcha y lo haga florecer.

Abraham recibió potencial, pero había que trabajarlo. Dios le dijo que recorriera la tierra, *"porque a ti la daré"* (Génesis 13:17). Como sabe, él y su "simiente" tuvieron que luchar contra quienes vivían en la tierra. No podían tan solo ir y poseer la tierra sin ningún esfuerzo. Dios también nos manda a nosotros que nos esforcemos por recibir lo que nos ha prometido. *"Procuremos, pues, entrar en aquel reposo"* (Hebreos 4:11). Nuestro principal trabajo, sin embargo, está en la Palabra de Dios.

> *Dios usa el trabajo para poner en marcha nuestro potencial.*

Situaciones y circunstancias pueden poner en marcha su potencial, pero no tiene que esperar a ser desafiado. Usted puede poner en marcha su potencial cuando quiera, como hizo Pedro en Mateo 14:28 cuando vio a Jesús caminando sobre el agua. Él le dijo a Jesús: *"Señor, si eres tú, manda que yo vaya a ti sobre las aguas"*. Y: *"Andaba sobre las aguas para ir a Jesús"* (versículo 29).

¿Quién quiere ser millonario?

Los problemas pueden poner en marcha su potencial, finalmente para beneficio de la humanidad. Muchos millonarios saben que los problemas son los que hacen que la vida sea tan genial. Igual que David corrió hacia el gigante Goliat, ellos corren hacia los problemas y, cuando los vencen, emergen con una solución o producto comercializable. Así, el rico se hace más rico. La persona promedio trata de alejarse de los problemas.

Creo que su trabajo debería ser tan satisfactorio que alguien tenga que recordarle que guarde un día de descanso. Además, en el Reino usted no trabaja por dinero (eso pone el dinero en su lugar), sino para desarrollar el potencial que Dios puso en usted. No puede haber grandeza sin trabajo, ni esfuerzo, ni aumento. Repito: "Potencial sin trabajo es pobreza". Las escrituras nos dicen que una persona perezosa se topará con la pobreza (Proverbios 24:30–34). Por tanto, no es el trabajo lo que se debe evitar, sino el trabajo con esfuerzo. El trabajo (sin esfuerzo) es un regalo de Dios. Es una forma de hacer que todos sus sueños se cumplan.

Estoy convencido de que, cuando una persona llega al Reino, lo siguiente en lo que debería enfocarse después de llenarse del Espíritu Santo es liberar el potencial y la energía que Dios le dio para el bien del mundo. Dios también usa nuestro trabajo para establecer su Reino dondequiera que nos envíe, así que debemos asegurarnos de desarrollar la actitud correcta con respecto al trabajo.

> **No os afanéis, pues, diciendo: ¿Qué comeremos, o qué beberemos, o qué vestiremos? Porque los gentiles buscan todas estas cosas; pero vuestro Padre celestial sabe que tenéis necesidad de todas estas cosas. Mas**

buscad primeramente el reino de Dios y su justicia, y todas estas cosas os serán añadidas.

Mateo 6:31–33

Este pasaje nos recuerda que el trabajo no es nuestra fuente, es un recurso. Dios es nuestra Fuente. Un "empleo" nos proporciona un salario, mientras que el trabajo libera el potencial. Donde Dios le envíe, usted no está siendo empleado, sino desplegado. Tiene una tarea celestial. Dios quizá le dirija a aceptar un empleo o posición peor pagada solo porque Él tiene una tarea o plan para usted ahí. Puede que haya alguien a quien alcanzar o algo que cambiar para el Reino. Quizá Él le diga que empiece un negocio vendiendo limonada solo porque Él tiene grandes planes para usted en el negocio de la fabricación de bebidas o jugos. Dondequiera que Dios le envíe, Él se ocupa plenamente de usted mientras sirve en su tarea. Así es como mi esposa y yo pudimos ir a Chicago solo con doscientos dólares para empezar un ministerio que ahora alcanza a la mayoría del mundo conocido.

Reposo de nuestras obras

Hebreos 4:9–11 dice:

Por tanto, queda un reposo para el pueblo de Dios. Porque el que ha entrado en su reposo, también ha reposado de sus obras, como Dios de las suyas. Procuremos, pues, entrar en aquel reposo, para que ninguno caiga en semejante ejemplo de desobediencia.

Este pasaje es importante porque demuestra de nuevo que nuestros días de trabajo duro han terminado. Por supuesto que trabajamos, pero sin esfuerzo. Dios ha provisto un modo mejor para que nosotros hagamos que algo ocurra (trabajar es hacer que algo ocurra). El Dr. George Washington Carver revolucionó la industria de la agricultura descubriendo más de trescientos usos para el cacahuate. Sus descubrimientos también incluían más de 118 usos para el boniato, así como para la soja, como cosméticos, crema de afeitar, aceite para ensalada, café instantáneo y tintes de color no tóxicos de los cuales se llegaron a crear los crayones de colores.[10]

Henry Ford, fundador de la empresa Ford Motor Company, se convirtió en un amigo personal del Dr. Carver después de quedar fascinado con su método de extraer goma del algodoncillo. Intentó muchas veces convencer al Dr. Carver para que se asociara con él en el negocio, pero el Dr. Carver estaba comprometido con Tuskegee, Alabama, y ayudar a su pueblo en el sur. Thomas Edison le ofreció un puesto con una cifra de seis dígitos, pero Carver lo rechazó.[11] ¿Se esforzó mucho el Dr. Carver por alguno de estos descubrimientos? ¡No! Solo Dios puede mostrarle a un hombre trescientos usos para un pequeño cacahuate.

Todo lo que él buscaba ya estaba ahí. Él dijo: "Nunca entró libro alguno en mi laboratorio. Lo que tengo que hacer y cómo hacerlo es algo que me es revelado".[12] Muchos de nosotros hemos sido entrenados en el sistema babilónico del mundo para correr tras el dinero o las cosas, pero no es eso lo que dice Deuteronomio 28:2. Leemos: *"Y vendrán sobre ti todas estas bendiciones, y te alcanzarán, si oyeres la voz de Jehová tu Dios".*

Leí un libro sobre un hombre que había hecho un viaje al cielo.[13] Un ángel lo acompañaba y le mostró un lugar que se parecía a un almacén de una feria comercial con distintas habitaciones o secciones a lo largo. Dijo que una sección era una zona de almacén para partes del cuerpo... extremidades, globos oculares, dientes, encías, cabello, todo. Algunos de los artículos estaban específicamente diseñados. Uno incluso tenía una etiqueta en el dedo del pie para alguien que necesitaba un pie. Dijo que lo único que tenía que hacer el pueblo de Dios era creer por lo que necesitaban, porque todo era herencia suya, ya estaba ahí en la esfera celestial (1 Pedro 1:3–4).

En 2 Reyes, capítulo 7, el rey de Siria había sitiado Samaria y cortado todas las provisiones de Israel. Este asalto provocó una gran hambruna, la cual hizo que algunas personas recurrieran al canibalismo, incluso que se comieran a los bebés de otras personas. En medio de esa situación llegó el profeta Eliseo, un sacerdote. Básicamente dijo: "Mañana como a esta hora, habrá abundancia, y será barata" (interpretación de Winston). Esa palabra fue muy bien recibida, porque esa hambruna había provocado una inflación horrible y había elevado mucho los precios de los alimentos.

El profeta proclamó liberación y esperanza al pueblo. ¿Qué ocurrió? Cuatro leprosos que estaban justo a las afueras de las puertas del Rey oyeron la palabra profética. Algo ocurrió en el interior de uno de ellos, y con muchas palabras, esto es lo que dijo: "¿Por qué vamos a sentarnos aquí hasta que muramos? Veamos; si entramos en Israel, ellos se están muriendo de hambre. Si nos sentamos aquí, nosotros moriremos. Entonces, ¿por qué no vamos al campamento enemigo? Si vivimos, vivimos. Si morimos, morimos". Una vez oí decir: "La fe responde a los locos". Los "locos" son las personas cuya mente ya no está gobernada por lo que tiene sentido. En otras palabras, los lepro-sos ya no tenían miedo de lo que les pudiera pasar a ellos. Así que la Biblia dice que se levantaron con el crepúsculo y comenzaron a avanzar.

Los leprosos en este pasaje de las escrituras probablemente no podían luchar, pero la batalla no era suya de todos modos, porque habían entrado en su descanso. Esa batalla era del Señor. Cuando llegaron al campamento enemigo, el enemigo había huido. ¿Por qué? Pues Dios había hecho que el enemigo oyera el sonido de caballos y carros tan numerosos que se asustaron y dejaron todo atrás. Cuando los leprosos llegaron al campa-mento, los sirios habían dejado allí sus tiendas, su comida, el oro, la plata, su ropa, todo. Los leprosos entraron en cada tienda, cargaron la plata, el oro y la ropa y lo escondieron todo. Mientras saqueaban de una tienda a otra, finalmente dijeron: "¿Por qué nos estamos quedando nosotros con todo esto? Vayamos y con-témosle a Israel esta buena noticia". La mejor noticia es que no tuvieron que sudar para conseguir todo eso; lo único que tuvie-ron que hacer fue recoger los despojos.

Hay varias cosas que podemos aprender de esta historia. En primer lugar, el sacerdote, el profeta Eliseo, dio una palabra pro-fética de esperanza y liberación. En segundo lugar, esa palabra echó fuera el temor e hizo que los leprosos tuvieran fe, los cuales podrían representar a los líderes en el mundo del mercado. En tercer lugar, los leprosos actuaron con base en su fe y fueron al campamento enemigo sin saber lo que encontrarían. Esto ilus-tra que la fe no siempre nos muestra el resultado total desde el principio. ¿Y qué encontraron? Encontraron todos los despojos (comida, ropa, oro y plata) que el enemigo ha dejado atrás. Esto nos lleva a mi conclusión: Lo único que los leprosos tuvieron que hacer fue recoger, los despojos no fueron solo para ellos, sino también para compartirlos con otros. Somos bendecidos para ser una bendición.

Entre en su descanso

Personalmente creo que el mundo está entrando en un tiempo de un avance creativo revolucionario, y la mayoría de ese avance vendrá a través de la Iglesia (Efesios 3:10). Estos "destellos de luz" (revelación e ideas creativas) en nuestra mente e imaginación llevarán nuevos inventos a todas las esferas del mundo del mercado, desde las artes a la economía, desde la educación a la política y desde los medios de comunicación a la familia. Todas las industrias disfrutarán de estos descubrimientos.

Nosotros, en el Cuerpo de Cristo, ahora vamos a experimentar una "descarga de innovación", o lo que un hombre llama una "revolución mental", que ayudará a llevarnos a la cima de cada monte de influencia sin sudar. Este tiempo de "ondas ingeniosas de creatividad" afectará grandemente la calidad de vida para todas las personas y naciones. Esto es en parte lo que quiere decir el versículo: *"Porque Jehová tiene contentamiento en su pueblo; hermoseará a los humildes con la salvación"* (Salmos 149:4).

Estoy hablando a su vida ahora: **decreto que sus días de esforzarse por conseguir dinero y provisión han terminado.** Dios está empoderando a su pueblo para obtener riqueza, incluso para hacerse millonarios y a algunos multimillonarios, en el Cuerpo de Cristo, en cada nación. Habrá provisión más que de sobra para cualquier proyecto del Reino. Algunos de ustedes que leen esto quizá incluso no tengan mucha educación académica ahora mismo, pero Dios se está preparando para levantarlos, como hizo con Gedeón, empoderándolos académica, intelectual y prácticamente para que tomen su lugar de liderazgo en el mundo.

Nuestra fe es el conducto o recipiente que transporta la cosecha abundante desde donde está almacenado todo (espiritualmente) en el cielo, a nosotros aquí en la Tierra: en cualquier momento, en cualquier lugar. Como dice el apóstol Pablo en Filipenses 4:19: *"Mi Dios, pues, suplirá todo lo que os falta conforme a sus riquezas en gloria en Cristo Jesús"*. En el cielo hay abastecimiento ilimitado e inagotable de todo lo que usted pueda necesitar jamás. Puede vivir ahora, ¡como si ya estuviera allí!

No más trabajo duro

Reflexión

Reflexione en torno a las razones dadas arriba y calibre su mentalidad con respecto al trabajo versus el trabajo duro. ¿Esta usted viendo a su trabajo como mucho esfuerzo en alguna de estas areas? Usando la lista de la Figura 1, considere cómo cambiar su manera de pensar sobre el trabajo le puede ayudar a abordar su posición desde una mentalidad de "descanso". Asegúrese de pedirle al Señor que le revele cómo desea Él usar su trabajo para avanzar el Reino de Dios. Escriba sobre eso ahora.

La vida en el Reino

E L   R E I N O   D E   D I O S era el plan original del Padre para la humanidad. De hecho, hasta el presente continúa siendo lo que cada persona anhela aquí en la Tierra, ya sea que lo sepan o no. La mayoría de las personas desean vivir bajo un gobierno que proporcione paz, propósito, prosperidad, seguridad y todo lo necesario para una vida productiva. Bien, esto describe el Reino o gobierno de Dios que existía en el Edén. Como mencioné en capítulos anteriores, cuando la humanidad cayó por la traición de Adán, fueron expulsados del Jardín del Edén y el Reino se perdió. Jesús, el Hijo de Dios a quien el apóstol Pablo llama el último Adán, vino para reestablecer su gobierno celestial en la Tierra y para reconectar a la humanidad con el poder y la provisión originales, la productividad que tenía antes de la Caída. Esta reconexión primero sucede en el corazón de la humanidad y finalmente fluye hacia afuera para tocar el mundo. Él dijo: "*Yo he venido para que tengan vida [no religión], y para que la tengan en abundancia*". (Juan 10:10)

En el Reino toda la autoridad fluye del Rey, cuya Palabra es suprema. El Rey está obligado a cuidar y proteger a sus ciudadanos. El bienestar y la felicidad de ellos es un reflejo del Rey mismo. Como ciudadanos del Reino y embajadores de Cristo, si alguna vez se nos dice o se nos fuerza a hacer algo que esté en conflicto directo o que viole la "Palabra del Reino", se nos manda a mantener la Palabra de Dios, al margen de cuál sea la amenaza o las circunstancias. Así como Daniel mantuvo la Palabra de Dios y el Señor cerró la boca de los leones; o los tres hebreos que rehusaron postrarse, honrando las leyes del único Dios verdadero y el fuego no pudo quemarlos. Ellos dijeron: *"He aquí nuestro Dios a quien servimos puede librarnos del horno de fuego ardiendo; y de tu mano, oh rey, nos librará"* (Daniel 3:17). Y Él también nos librará a nosotros. Cuando estamos divinamente posicionados, estamos divinamente protegidos. Las escrituras incluso nos dicen que Jesús, nuestro Rey, está a la diestra de Dios intercediendo por nosotros (Romanos 8:34).

La Biblia, o el pacto de Dios, es la constitución del Reino y expresa la Palabra, la voluntad y las leyes del Rey. También contiene los beneficios y privilegios de sus ciudadanos. Las leyes del Reino no las pueden cambiar sus ciudadanos ni están sujetas a la opinión o al debate.

Jesús dijo que la meta número uno de todos los hombres es buscar primeramente el Reino de Dios (Mateo 6:33), lo que quería decir es que hay que buscar su prioridad y su operación. Incluso declara en Lucas 4:43: *"Es necesario que… anuncie el evangelio del reino de Dios; porque para esto he sido enviado"*. La versión *Nueva traducción viviente* lo expresa así: *"Debo predicar la Buena Noticia del reino de Dios… porque para eso fui enviado"*.

Aunque el evangelio del Reino de Dios era un mensaje nuevo para los seguidores de Jesús, el Reino mismo, como mencioné, no era algo nuevo. Dios creó el Reino para sus hijos desde la fundación del mundo: *"Vengan, ustedes, que son benditos de mi Padre, hereden [reciban como suyo] el reino preparado para ustedes desde la creación del mundo"* (Mateo 25:34, NTV).

Cómo opera el Reino

Todo reino o gobierno tiene leyes y el gobierno de Dios no es distinto. El gobierno de Dios tiene leyes espirituales y estas leyes son su Palabra. Vivir en obediencia a la Palabra de Dios nos aparta de la autodestrucción y es la única garantía de libertad. En la medida en que usted sigue voluntariamente sus instrucciones, por fe, la Biblia dice: *"Si quisiereis y oyereis, comeréis el bien de la tierra"* (Isaías 1:19).

Hay varias leyes maestras (yo las llamo así) que gobiernan cómo opera el Reino de Dios aquí en la Tierra. Entre ellas están las leyes de la siembra y la cosecha, del diezmo, la ley de la confesión, la ley de la fe y la ley del amor, entre otras. Estas dos últimas actúan muy cerca la una de la otra. De hecho, la Biblia nos dice que *"la fe obra por el amor"*. Si dejamos de

> *El amor es vital para nuestra continua promoción y expansión del Reino.*

amar con "el amor de Dios", que es amor incondicional, la fe de Dios finalmente deja de funcionar. Las escrituras nos dicen que *"Dios es amor"*. Esto significa que usted y yo, que somos creados a su imagen y semejanza, estamos diseñados para amar, lo mismo que nuestro Creador.

Jesús enseña sobre la ley del amor diciendo: *"Un mandamiento nuevo os doy: Que os améis unos a otros; como yo os he amado, que también os améis unos a otros"* (Juan 13:34). Seguir este mandamiento de amar es importante para el fluir continuo de los beneficios de Dios hacia nuestras vidas (Marcos 11:24–25). Rencor, celos, envidias, odio e ira son todos ellos principios del Reino de las Tinieblas y no tienen lugar en el Reino del amado Hijo de Dios. Por tanto, el amor es vital para nuestra continua promoción y expansión del Reino.

La ley de la siembra y la cosecha

En el Reino de Dios, todo aumento se produce al sembrar semillas. Cuando entramos en el Reino, si hay una necesidad podemos sembrar una semilla. Sembrar y cosechar es una poderosa ley espiritual que ningún hombre puede anular. No hay cantidad suficiente de llanto, ayuno u oración que pueda hacer que funcione. Requiere nuestra participación y nuestra práctica (Oyedepo 2005). Si plantamos por la fe buenas semillas en buena tierra, obtendremos una cosecha. Sembrar y cosechar es el método que Dios ha escogido para este planeta, y será así mientras esta tierra exista (Génesis 8:22).

Jesús enseña que sembrar y cosechar es la ley precursora que controla todo en el Reino:

> **Decía además: Así es el reino de Dios, como cuando un hombre echa semilla en la tierra; y duerme y se levanta, de noche y de día, y la semilla brota y crece sin que él sepa cómo. Porque de suyo lleva fruto la tierra, primero hierba, luego espiga, después grano lleno en la espiga; y cuando el fruto está maduro, en seguida se mete la hoz, porque la siega ha llegado.**
>
> Marcos 4:26–29

Siempre que vea hablar a Dios sobre prosperidad, observe que la Palabra de Dios es el fundamento (Oyedepo 2005). Por ejemplo, yo solía sufrir de fiebre del heno cada año en cierta estación. Cuando recibí a Cristo y fui consciente de que había sido legalmente redimido de la enfermedad de la fiebre del heno, comencé a confesar la Palabra de Dios con respecto a la promesa. La Palabra de Dios produjo una revelación que me dio la fe para acceder a la herencia de salud que Dios me había dado. No he sufrido de fiebre del heno desde entonces. De nuevo, todo aumento responde a la calidad de la semilla plantada en nuestro corazón. "La prosperidad en el Reino está deter-

> *La prosperidad en el Reino está determinada por la semilla de la Palabra... controla todo aumento en cada área de la vida del creyente.*

minada por la semilla de la Palabra... la Palabra de Dios controla todo aumento en cada área de la vida del creyente".[1]

Jesús incluso dijo a sus discípulos en Marcos 4:13 que entender la parábola del sembrador era fundamental para entender todas las demás enseñanzas. *"¿No entendéis esta parábola? ¿Cómo, pues, comprenderéis todas las parábolas?"* (LBLA). Esta revelación de sembrar y cosechar se ve de nuevo en la historia de Jesús y la alimentación de la multitud en Mateo 14:15–20. Ya anochecía en un lugar desértico y los discípulos querían que Jesús despidiera a la multitud para que pudieran ir a comprar comida para comer en las aldeas cercanas. Pero Jesús les dijo: *"Dadles vosotros de comer"*. Los discípulos respondieron que solo tenían "*cinco panes y dos peces*". Ahora veamos lo que sucede en los versículos 18–19.

> Él les dijo: Traédmelos acá. Entonces mandó a la gente recostarse sobre la hierba; y tomando los cinco panes y los dos peces, y levantando los ojos al cielo, bendijo, y partió y dio los panes a los discípulos, y los discípulos a la multitud.

Jesús primero les dijo a sus discípulos que le trajeran los cinco panes y los dos peces. Para que Dios multiplique sobrenaturalmente nuestras semillas, necesita tener una jurisdicción legal o autoridad sobre ellas (Keesee 2011). Este mismo principio se ve cuando Él maneja nuestros problemas y afanes… "echando toda vuestra ansiedad sobre él, porque él tiene cuidado de vosotros" (1 Pedro 5:7). Si no echamos nuestros afanes, Él no puede manejarlos legítimamente y nos iremos exactamente con lo mismo que llevamos a Él. Lo mismo se aplica a la siembra y la cosecha. Una semilla, ya sea de peces o de dinero, la barca de Pedro o el aceite de la viuda, debe llegar a las manos de Jesús para que se pueda producir la unción de multiplicación. Un hombre de Dios dijo que usted debe considerar la semilla como muerta o inútil.

Al sembrar y cosechar usted no está forzando a Dios a hacer algo, sino plantando la semilla que llama a la cosecha que Dios ya ha prometido.

Jesús después alzó la mirada al cielo y bendijo el pan y los peces. Invocó el poder del pacto, o La Bendición, rompiendo los límites de aquello a lo que naturalmente tenemos que someternos en la Tierra. Los panes y los peces comenzaron a multiplicarse cuando Él se los dio a los discípulos para que los distribuyeran entre la gente. *"Y comieron todos, y se saciaron; y recogieron lo que sobró de los pedazos, doce cestas llenas"* (Mateo 14:20). Exceso... abundancia... más que suficiente es lo que Dios ha planeado para nosotros. Jesús declaró o invocó La Bendición sobre la semilla. Muchas personas no entienden que nuestras palabras tienen poder espiritual. Para llevar la bondad de Dios a cualquier área de su vida, usted primero debe hablar, "declare vida". Hable vida sobre su familia, sus finanzas, su negocio, su comunidad e incluso su nación. Confesar palabras en acuerdo con la Palabra de Dios es una parte vital de manifestar su abundancia. Discutiré esto con más detalle en breve.

En el Reino, una semilla suplirá cualquier necesidad porque cada semilla da fruto. Regresemos con la mujer viuda cuyos hijos estaban a punto de ser llevados como esclavos porque su esposo había muerto y les había dejado endeudados. Ella clamó al hombre de Dios, Eliseo, y él le respondió en 2 Reyes, capítulo 4: *"Declárame qué tienes en tu casa"*. Ella dijo que solo tenía una vasija de aceite, lo cual podemos describir como su "semilla", y Dios la multiplicó sobrenaturalmente cuando ella vertió el aceite en todas las demás vasijas vacías que había pedido prestadas a las vecinas siguiendo las instrucciones del profeta. Ella después vendió el aceite, pagó su deuda y ella y sus hijos vivieron con el resto. Recuerde, al sembrar y cosechar usted no está forzando a Dios a hacer algo, sino plantando la semilla que llama a la cosecha que Dios ya ha prometido.

La ley del diezmo

A algunos cristianos se les ha enseñado que el diezmo se hacía bajo la ley dada a Moisés y que, como ahora estamos bajo la gracia, el diezmo es algo que ha pasado. La Biblia, sin embargo, muestra que Abraham, Isaac y Jacob diezmaron cientos de años antes de que Dios diera la "ley" a Moisés. Génesis 14:19–20 dice: *"Y [Melquisedec] le bendijo, diciendo: Bendito sea Abram del Dios Altísimo, creador de los cielos y de la tierra; y bendito sea el Dios Altísimo, que entregó tus enemigos en tu mano. Y le dio Abram los diezmos de todo".*

¿Qué es el diezmo? El diezmo es el 10 por ciento de su ingreso y todo aumento legal, y no le pertenece a usted. Le quiero decir que diezmar es una ley espiritual que, cuando se actúa de acuerdo con ella, en fe, libera ciertos beneficios en la vida de un creyente. La Biblia nos dice que le pertenece al Señor (Levítico 27:30). Como ciudadanos del Reino, Dios espera que le devolvamos fielmente el diezmo. Así como pagar impuestos es nuestra responsabilidad cívica en el país donde vivimos, pagar el diezmo es "nuestra responsabilidad de pacto como ciudadanos del Reino de Dios. Es una obligación de pacto ineludible".[2]

Diezmar de hecho está cubierto bajo la ley de la siembra y la cosecha. Esto es lo que el difunto Oral Roberts dijo sobre diezmar después de que el Señor le revelara acerca de la fe como semilla. "Por esa única experiencia, cambié mi manera de ver mi diezmo a Dios: no como una deuda que debo, sino como una semilla que siembro". Roberts compartió lo siguiente:

> Hace muchos años atrás, el Señor me mostró lo que
> quiso decir cuando dijo en Malaquías 3:10: "Traigan

su diezmo, su décima parte, a mi obra y pruébenme y verán si no abro las ventanas del cielo y derramo una bendición sobre ustedes que no serán capaces de contener".

Yo le dije al Señor: "Siempre he sido capaz de contener cualquier bendición que me diste, pero tú dices que derramarás una bendición sobre mí que no seré capaz de recibir o contenerla toda. ¿Cómo puede ser?". Dios dijo: "No me has probado. Si me traes el diezmo como una semilla de tu fe, yo abriré las ventanas del cielo y derramaré bendición tras bendición. Tienes que esperar 'más abundantemente de TODO lo que puedas pedir o pensar'" (Efesios 3:20).

Después me dio una revelación sobre ICI: Ideas, Conceptos e Inspiraciones.[3]

Roberts dijo que Dios le indicó: "Dile a la gente que no derramo dinero del cielo. El dinero no cae del cielo. Las casas no caen del cielo. Los automóviles no caen del cielo ni los empleos caen del cielo. Dejen de mirar al cielo buscando estas cosas. Las bendiciones de Dios vienen a través de ideas, conceptos e inspiraciones (ICI)".[4] Piense en ello: Dios es el creador de las ideas, los conceptos y las inspiraciones, da estrategias y guía a quienes lo honran a través del diezmo.

En Malaquías 3:10 Dios nos enseña: *"Traed todos los diezmos al alfolí y haya alimento en mi casa; y probadme ahora en esto, dice Jehová de los ejércitos"*. El alfolí es el lugar donde usted está siendo "alimentado" espiritualmente; es decir, donde le enseñan la Palabra de Dios, ese lugar debería ser la iglesia local. Cuando

llevamos todos los diezmos al alfolí por la fe, y no de forma lega-
lista, Dios promete abrir las ventanas del cielo y derramar una
bendición para la cual no tendremos espacio suficiente donde
poder contenerla.

R. G. LeTourneau y el diezmo

Robert Gilmour ("R. G.") LeTourneau fue un exitoso hombre de
negocios durante la Segunda Guerra Mundial y las décadas después de la guerra, pero no comenzó siendo exitoso. Su historia,
la cual comparto con más detalle más adelante en el libro, es un
testimonio moderno del poder y la importancia del diezmo.

El Sr. LeTourneau era un cristiano profundamente comprometido y pobre cuando entregó por primera vez su corazón
al Señor Jesucristo. Pero tenía un gran sueño y un gran deseo,
cuando leyó Malaquías 3:10 decidió creer la Palabra de Dios,
literalmente. LeTourneau le daba a Dios el diez por ciento de
todo lo que ganaba para la obra del Reino. Entonces decidió
"probar" a Dios con respecto a su sueño de construir grandes
máquinas excavadoras que nunca antes se habían construido y
le preguntó a Dios cómo hacerlas. Mientras más fiel era en su
diezmo, más ideas recibía. "Al continuar diezmando, Dios hizo
que su sueño de fabricar equipo para excavar fuera una realidad.
Prosperó tanto, que en lugar de darle a Dios el 10 por ciento de
sus ingresos, finalmente le dio al Señor el 90 por ciento para la
obra de su Reino ¡y vivió con el 10 por ciento!".[5] No me puedo
imaginar cuán grande sería ese 10 por ciento.

Cuando a un gerente de una de las plantas de fabricación
de LeTourneau le preguntaron cómo sabía LeTourneau que sus

ideas las recibía por diezmar, él respondió: "Oh, lo supo fácilmente. Si dejaba de diezmar, las ideas se volvían borrosas o dejaba de tenerlas. Cuando comenzaba a diezmar de nuevo, las ideas comenzaban a llegar otra vez".[6] LeTourneau diezmaba porque la Palabra de Dios así lo decía y él era obediente a la Palabra de Dios. La confianza de LeTourneau estaba completamente en Dios, sin importar lo que nadie dijera o pensara.

¿Cuál es el legado de LeTourneau hoy? Su maquinaria para excavar todavía se fabrica y se usa actualmente en todo el mundo. La universidad que él y su esposa fundaron en 1946, LeTourneau Technical Institute (ahora, LeTourneau University) para ayudar a formar a veteranos que regresaron de la Segunda Guerra Mundial sigue educando a miles de profesionales cristianos que ven el mundo del mercado como un campo de misiones. El actual presidente destacó: "La universidad tiene un legado de equipar de manera única a sus graduados para que se involucren en el lugar de trabajo, prestando atención a cuando a R. G. LeTourneau le dijeron que Dios necesitaba tanto hombres de negocios como predicadores".[7]

Todo aumento viene de la Palabra de Dios

Cada vez que he hablado con Dios sobre una necesidad, Él me habló sobre una semilla. Es la forma en que Dios hace las cosas y es un pacto en tiempo presente para cada generación. La cosecha bajo este pacto solo responde a semillas sembradas (Oyedepo 2005). Si no hay semillas… ¡no hay cosecha! Este es el plan fundamental de Dios para proveer para su pueblo y Él no lo cambiará *"mientras la tierra permanezca"* (Génesis 8:22). Ninguna escasez económica o crisis puede romper el poder de este pacto para producir en nuestras vidas (Oyedepo 2005; Génesis 26:1–3, 12).

De nuevo, sembrar y cosechar solo funciona con la práctica; usted no puede llorar o ayunar lo suficiente para hacer que funcione. Un pacto necesita práctica (Oyedepo 2005). Debe actuar conforme a lo que dice el pacto, y tendrá resultados garantizados. De hecho, ¡puede apostar a que así es! Jesús lo hizo con su propia vida. Él fue la semilla que el Padre plantó y en tres días fue resucitado de los muertos. Tuvo que confiar en que el Padre lo resucitaría, así como nosotros: *"Si el grano de trigo no cae en la tierra y muere, queda solo; pero si muere, lleva mucho fruto"* (Juan 12:24).

La prosperidad del Reino comienza primero desde el interior, con nuestros pensamientos, nuestro entendimiento y nuestra fe. Al declarar palabras o confesiones, la semilla de la Palabra queda plantada primero en el terreno de nuestro corazón o espíritu, y al igual que un jardín, el terreno produce una imagen interior o fe de lo que será después. Ahora podemos ver por qué nunca debemos declarar lo que no queramos ver en nuestra vida, porque finalmente tendremos lo que creamos y declaremos. En mis primeros tiempos de ministerio, uno de mis maestros de la Biblia dijo que el Señor le habló un día diciendo: "En lugar de que mi pueblo tenga lo que dice, ellos dicen lo que tienen". La manera de Dios es primero prosperar su alma (3 Juan 2), que no es nada más que recibir la revelación de la Palabra de Dios. Para hacerlo, usted debe decir exactamente lo que Dios

> **Finalmente tendremos lo que creamos y declaremos.**

dice. Alguien podrá decir: "Bueno, ¿qué ocurre si no es cierto?". La respuesta es: "¿Cómo puede usted mentir diciendo lo que Dios dijo?".

Respondiendo a mi llamado al ministerio a tiempo completo

La prosperidad del alma es lo que me ocurrió antes de poder dejar mi empleo en IBM para responder a mi llamado al ministerio a tiempo completo. Meditaba sobre Marcos 10:29-30:

> **De cierto os digo que no hay ninguno que haya dejado casa, o hermanos, o hermanas, o padre, o madre, o mujer, o hijos, o tierras, por causa de mí y del evangelio, que no reciba cien veces más ahora en este tiempo; casas, hermanos, hermanas, madres, hijos, y tierras, con persecuciones; y en el siglo venidero la vida eterna.**

Entienda que la imagen que yo tenía de los predicadores en ese entonces no era buena. Veía a muchos de ellos arruinados y rogando por dinero, así como con otras malas imágenes. Hasta que esas imágenes negativas que dominaban mi pensamiento fueron reemplazadas por imágenes piadosas, no tuve la fuerza para hacer el cambio. Sí, quería hacerlo, pero siempre lo demoraba y ponía otra fecha. Estoy seguro de que esto mismo fue lo que ocurrió con el joven rico de Marcos, capítulo 10, que se acercó a Jesús preguntando qué debía hacer para heredar la vida eterna.

Jesús le dijo: *"Anda, vende todo lo que tienes, y dalo a los pobres, y tendrás tesoro en el cielo; y ven, sígueme, tomando tu cruz"* (versículo 21). La escritura narra su respuesta: *"Se fue triste, porque tenía muchas posesiones"*. Conozco el sentimiento. Este hombre pensaba que se iba a arruinar, al igual que me pasó a mí.

Sin revelación o fe en las promesas de Dios, nunca sembraremos todo lo que tenemos o lo mejor que tenemos. El Señor no estaba pidiendo a este joven rico o a mí que dejáramos algo. No. Nos estaba pidiendo que lo sembráramos. Creo que el Señor iba a hacer que este hombre fuera uno de los hombres más ricos de su tiempo, pero él no pudo verlo. Y al principio, yo tampoco podía. Las escrituras nos dicen: *"Si fueres flojo en el día de trabajo, tu fuerza será reducida"* (Proverbios 24:10). En Proverbios 24:5 leemos: *"El hombre sabio es fuerte, y de pujante vigor el hombre docto"*. Por tanto, si le falta fuerza necesita más conocimiento, no más tiempo.

Un día, sin previo aviso… ¡progreso! Sin previo aviso, la luz vino mientras iba manejando por la carretera. ¡Revelación! ¡Conocimiento revelado! Llamé a mi esposa por teléfono y le dije: "Cariño, voy a dejar esta empresa". Creo que IBM era, y sigue siendo, una de las mejores empresas del mundo, pero era mi tiempo de atender mi "llamado más alto".

Meditar en la Palabra de Dios

Para que algunas personas experimenten y disfruten de la abundancia que Dios tiene para ellas, primero tienen que desarraigar o destruir las viejas imágenes que la carencia y la pobreza han producido. Quizá fueron plantadas debido a años viviendo en constante insuficiencia y dificultades económicas, o de ver a generaciones de familiares en deuda y sin tener nunca suficiente. Destruir esas imágenes y mejorar el alma se hace principalmente meditando y confesando la Palabra de Dios. La meditación es pensar o reflexionar en la Palabra de Dios. Es confesar continuamente o musitar la Palabra de Dios hasta que la Palabra tiene más autoridad que las mentiras de satanás o sus circunstancias, hasta que comenzamos a pensar como Dios. Cuando llegue esta nueva forma de pensar o esta revelación, no quedará decepcionado con su expectativa.

Si tiene una necesidad o un deseo, o parece que no puede avanzar en cierta área de su vida, vaya a la Biblia y encuentre versículos que le den una promesa de Dios sobre su situación. Medite y confiese esos versículos hasta que llegue la revelación o la luz. Una vez que llegue la luz, evocara la fuerza y la estrategia para tomar plena posesión de su deseo. Como dijo un evangelista: "Una palabra de Dios puede cambiar su vida para siempre".

Jesús enseña: *"El sembrador es el que siembra la palabra"* (Marcos 4:14), así que usted no puede dejar a Dios ni su Palabra fuera del proceso; sin embargo, al manifestar la abundancia natural, también necesita una semilla material. Esta semilla no tiene que ser dinero. En Lucas 5, Pedro sembró su barca de pesca para que Jesús enseñara a la gente que se había reunido junto a la orilla. La viuda de 1 Reyes, capítulo 17, solo tenía una comida y se la dio (sembró) a la vida del profeta. Y en 1 Samuel, capítulo 1, Ana, que anhelaba a un hijo, sembró un voto a Dios y recibió el milagro de que su vientre fue abierto y concibió milagrosamente. Después dio a luz a un hijo: el profeta Samuel.

Escuché incluso una historia sobre personas que sembraron rocas pintadas y recibieron una cosecha. Un amigo mío que es evangelista compartió que había ministrado en una nueva iglesia en una reserva india donde la gente era tan pobre que no tenía dinero que dar en la ofrenda y, por tanto, para darle algo a Dios decoraron lindas piedras y las sembraron como una ofrenda. El hombre de Dios dijo que, cuando habló en esa misma iglesia al año siguiente, varias de las personas que habían tenido necesidades económicas el año anterior, ¡ahora conducían automóviles (SUVs) nuevos!

Su cosecha no siempre regresa a usted con la misma forma de aquello que sembró. Puede que llegue en forma de un nuevo contrato para su negocio, oportunidades laborales, una bonificación en el trabajo, o la mitad del precio de algo que está comprando. Sea cual sea la forma, ¡su cosecha está garantizada! Espérela.

Un milagro de setenta y siete acres

Los pastores Greg y Celeste que lideran una iglesia en Alexandria, Louisiana, deseaban construir un centro ministerial que bendijera a toda la región de Louisiana Central. Habían aprendido los principios de la siembra y la cosecha y sabían que, si querían que Dios los bendijera tanto a ellos como a su iglesia, tenían que bendecir a otros. Así que sembraron por años en las vidas y los ministerios de otros.

El pastor Greg comenzó a creer que Dios le daría veinticinco acres para su centro ministerial, una visión que compartió con un amigo íntimo y compañero de oración. Un día, mientras los dos oraban por el terreno, el amigo le dijo al pastor Greg: "Sigo orando y veo veintisiete acres, no veinticinco". Cuando Greg respondió que estaría agradecido con tener veinticinco acres, su amigo sonrió y dijo: "Bueno, hay dos acres más ahí para ti".

En enero de 2009 el pastor Greg y su esposa viajaron a Forth Worth, Texas, para asistir a una conferencia de ministros de tres días donde yo era un orador invitado. Durante una de mis sesiones fui guiado por el Espíritu Santo para recibir una ofrenda "espontánea". El pastor Greg, recordando todo lo que había aprendido sobre sembrar y cosechar, después dijo que tenía muchas ganas de poder participar en ella.

Se metió la mano en el bolsillo, sacó un billete de diez dólares, todo el dinero que tenía encima. Pensó que esa semilla no era suficiente para sembrarla. Comenzó a meter de nuevo el billete en su bolsillo cuando tuvo un sentir del Espíritu Santo para que diera lo que tenía. El Señor le dijo: "Entrégalo. Ya has sembrado mucha semilla".

En obediencia, el pastor Greg salió al pasillo y avanzó hasta el centro del auditorio para dar su ofrenda. Según se acercaba a la plataforma, me oyó decir: "Deja de pensar en pequeño. Dios es un dios grande y Él está listo para hacer cosas grandes para ti… Estás sembrando porque tienes una necesidad o hay algo que deseas y estás sembrando una semilla para conseguirlo".

El pastor Greg dijo que iba a poner la ofrenda en la plataforma, pero en ese instante oyó esa misma voz que decía: "No, ve y entrégala en la mano". Cuando me dio el dinero, me dijo: "Veinticinco acres de tierra", y se alejó.

Yo me detuve, lo señalé y le dije: "Veinticinco acres de tierra. Gloria a Dios. Tendrás esa tierra en siete días. Irás a esa tierra y señalarás esa tierra. Tendrás esa tierra en siete días".

A los pocos días de regresar a casa, el pastor Greg llamó a un agente de bienes raíces para buscar ese terreno. Estaban convencidos de que no había nada disponible en la ciudad y enfocaron su búsqueda fuera de la ciudad. Pero cuando el agente habló con un compañero, éste le habló de un terreno dentro de la ciudad que solía ser un cine de verano que había cerrado hacía unos treinta años atrás. Había crecido una línea de árboles alrededor de la propiedad, por lo que apenas se veía desde la carretera. ¡Era un terreno de veintisiete acres!

Aquí no termina la historia del pastor Greg, pero resumiré lo que ocurrió después. Los propietarios querían 990 000 dólares por la propiedad, pero cuando el pastor Greg oró, sintió que el Señor quería que no ofreciera más de 500 000. Así que ofreció 400 000 dólares. Los propietarios hicieron una contraoferta, así que él hizo una oferta final de 486 000 dólares, esta vez dando a los dueños tres días para responder. Al día siguiente, el agente lo llamó y le dijo: "No sé qué ocurrió, pero aceptaron su oferta".[8]

Al igual que la viuda con el aceite en 2 Reyes, capítulo 4, el pastor Greg no habría recibido su milagro financiero ministerial si no hubiera sembrado en obediencia (dando los diez dólares a Dios, no a un hombre) y después pasado inmediatamente a la acción con base en lo que había declarado el profeta bajo la dirección del Espíritu Santo. Algunas cosechas están escondidas para usted (no de usted) para protegerlas de que el enemigo las robe o las demore (Keesee 2011). En esta historia, estuvo escondida por treinta años, pero Dios le dirigirá de modo divino a esas cosechas escondidas cuando acuda a Él como su Fuente, siembre una semilla con fe y pase rápidamente a la acción según lo que le diga el Espíritu Santo. Después sintonice con lo sobrenatural y Dios se involucrará en su situación.

Sembrar una semilla para una casa nueva

Mi esposa y yo conseguimos nuestra casa sembrando una semilla en una reunión de Believers en Londres, Inglaterra. En ese entonces, estabamos creyendo en Dios por una casa nueva, y Dios nos habló durante la reunión. Habíamos declarado en vez de confesado la promesa de Dios (nuestro versículo fue Deuteronomio 6:11) y había prosperado nuestra alma (nuestra mente, voluntad e imaginación) para alinearse con la voluntad de Dios con el fin de prosperar y poseer una casa. Habíamos ahorrado algo de dinero para la compra de una casa, pero no teníamos suficiente, nos faltaba mucho. Dios nos dijo que sembráramos de esos ahorros, aunque tuviéramos necesidad. Fuimos obedientes y sembramos una semilla de una cantidad generosa donde Él nos dirigió.

Cuando regresamos a casa de la reunión, el Señor guio a mi esposa a una casa nueva que estaba en construcción. Las personas que construían la casa sufrieron una pérdida en la familia y estaban buscando a alguien que se hiciera cargo del contrato para comprar la casa. Mi esposa la vio y dijo: "Esa es la misma casa que el Espíritu Santo me hizo escribir en esta lista" (ella había escrito en papel cómo quería que fuera nuestra casa nueva).

Reclamamos la casa en oración y, en seis semanas, el dinero comenzó a llegar de todas partes, de fuentes inesperadas. Nos hicimos cargo del contrato y, como entendíamos y trabajábamos según los principios del Reino, pudimos pagar en efectivo nuestra casa nueva, sin hipoteca.

La prosperidad sobrenatural es nuestra herencia. A través de la práctica de la ley de la siembra y la cosecha, el Rey y su Reino se convierten en la fuente para mejorar su vida. Ya no necesita segundos empleos o trabajar horas extra intentando llegar a fin de mes. Para los dueños de negocios, ya no hay más despidos de empleados o tener que asegurar los préstamos bancarios para compensar las débiles ganancias de la empresa. Para los que tienen puestos políticos, ya no más subir impuestos o tomar prestado de otras naciones para financiar el gobierno.

José en el Antiguo Testamento es un ejemplo maravilloso de una persona de pacto que rescató e hizo prosperar no solo a su familia que estaba sintiendo los efectos de la hambruna, sino también a Faraón, quien a través de José pudo proveer más que de sobra para todo el mundo (Génesis 39–47).

Tres maneras en que Dios puede cancelar la deuda

Colosenses, capítulo 2 dice: *"Anulando el acta de los decretos que había contra nosotros, que nos era contraria, quitándola de en medio y clavándola en la cruz, y despojando a los principados y a las potestades, los exhibió públicamente, triunfando sobre ellos en la cruz"* (versículos 14–15).

Aquí, el apóstol Pablo dice que Jesús anuló nuestras deudas cuando fue crucificado "clavándolas en la cruz". A través de su sacrificio de sangre, Jesús nos libró (a nosotros y a todos lo que creen en su nombre) de la esclavitud del sistema de este mundo caído y nos trasladó al Reino de Dios. Es decir, Jesús canceló nuestras deudas no solo espiritualmente, sino también en lo natural (*ahora bien, esto no significa que usted pueda dejar de pagar la hipoteca de su casa o la letra de su auto. Siga leyendo*).

Esta cancelación sobrenatural de la deuda también se puede ver en el libro de Éxodo cuando Dios liberó a los israelitas de la esclavitud en Egipto.

> **E hicieron los hijos de Israel conforme al mandamiento de Moisés, pidiendo de los egipcios alhajas de plata, y de oro, y vestidos. Y Jehová dio gracia al pueblo delante de los egipcios, y les dieron *cuanto pedían*; así despojaron a los egipcios.**
>
> Éxodo 12:35–36, énfasis del autor

"Despojar a los egipcios" significa que se quedaron con su riqueza y sus mejores vestidos. Entonces, la noche antes de que los israelitas salieran de Egipto, sacrificaron un cordero sin mancha y pusieron la sangre sobre los dinteles de las puertas de sus casas para que el ángel de la muerte no tocara su hogar. Este sacrificio del cordero también fue una semilla.

Faraón cambia de parecer en Éxodo, capítulo 14, y comienza a perseguir a los israelitas con su gran ejército para llevarlos (a ellos y toda la riqueza) de regreso a Egipto. Bueno, estoy seguro de que sabe lo que ocurrió después cuando Dios dividió el Mar Rojo para permitir que los hijos de Israel escaparan: *"Y Jehová derribó a los egipcios en medio del mar. Y volvieron las aguas, y cubrieron los carros y la caballería, y todo el ejército de Faraón que había entrado tras ellos en el mar; no quedó de ellos ni uno"* (versículos 27–28). En un día, Dios canceló sobrenaturalmente su deuda de lo que habían tomado prestado.

Así que veamos las tres maneras principales en las que Dios puede cancelar su deuda.

1. Dios puede darle su ayuda

La gracia de Dios, es la ayuda que Dios les dio a los hijos de Israel delante de los egipcios, y esa ayuda hizo que ellos cedieran a los israelitas todo lo que les pidieron. Una traducción dice que los egipcios dieron al pueblo de Israel *"todo lo que pidió"* (NTV).

Casi cada día confieso el favor de Dios sobre mi vida. Digo: "Dios, gracias porque tu gracia me rodea como un escudo, trayendo un aumento sobrenatural, promoción, restauración, honor, aumento de bienes, mejores victorias, reconocimiento, prominencia, trato preferencial, peticiones concedidas, cambio de políticas y reglas y batallas ganadas en las que yo no tenga que pelear". Al decir esto constantemente, esta revelación de que la gracia está en mi vida se inculca en mi interior para que, incluso a nivel inconsciente, el favor sea atraído hacia mí.

2. Sembrar una semilla

La segunda manera en que Dios puede cancelar una deuda es mediante la siembra de una semilla. El cordero que sacrificaron los israelitas fue un tipo de semilla. En el 2 de Corintios, capítulo 9, dice:

> **Pero esto *digo*: El que siembra escasamente, también segará escasamente; y el que siembra generosamente, generosamente también segará. *Cada uno dé* como propuso en su corazón: no con tristeza, ni por necesidad, porque Dios ama al dador alegre. Y poderoso *es* Dios para hacer que abunde en vosotros toda gracia, a fin de que, teniendo siempre *en todas***

las cosas todo lo suficiente, abundéis para toda buena obra.

Versículos 6–8, énfasis del autor

Así, el resultado de sembrar una semilla es que Dios *"proveerá con generosidad todo lo que necesiten"* (versículo 8, NTV). Y eso es lo que les ocurrió a los israelitas en el libro de Éxodo. Ellos sembraron una semilla (el cordero sin mancha) y Dios les dio el botín de los egipcios.

3. Mediante la sabiduría

La última manera en que Dios puede cancelar sobrenaturalmente la deuda de alguien es dándole sabiduría. Proverbios 4:7 dice: *"Sabiduría ante todo; adquiere sabiduría; y sobre todas tus posesiones adquiere inteligencia"*.

La sabiduría puede hacer que la gente llegue a crear cosas; puede causar que lleguen ideas a nuestra mente. Muchas veces la gente dirá que no necesita dinero, tan solo ideas. ¿Por qué? El dinero siempre se ve atraído a la sabiduría.

Podemos ver estos tres principios en la historia de la viuda pobre en 2 Reyes, capítulo 4. Los siervos venían a llevarse a sus dos hijos como esclavos por la deuda que había heredado de su difunto esposo. Al no poder pagar la deuda, ella pidió ayuda al profeta Eliseo para que le ayudara.

> Tu siervo mi marido ha muerto; y tú sabes que tu siervo era temeroso de Jehová; y ha venido el acreedor para tomarse dos hijos míos por siervos. Y Eliseo le dijo: ¿Qué te haré yo? Declárame qué tienes en casa.

Y ella dijo: Tu sierva ninguna cosa tiene en casa, sino una vasija de aceite.

Versículos 1b-2

Al igual que la mujer en 2 Reyes 4, creo que, después de que yo nací de nuevo, Dios trabajó conmigo de las mismas tres maneras: me ayudó, sembró semillas y me dio sabiduría. Una de las cosas que me atrajo al Reino de Dios fue que tenía una deuda tan grande que no podía prestar atención.

Mientras trabajaba en IBM hace años atrás, escuché a un maestro de la Biblia en la radio de camino a mi trabajo. Él enseñaba sobre la fe, la cancelación sobrenatural de la deuda y cómo vivir una existencia libre de deuda. Yo no sabía que fuera posible una existencia así, pues provenía de una familia en la que lo único que se conocía era estar endeudado. Por supuesto, hacían lo mejor que sabían, pero vivir endeudado era lo que aprendí en mi infancia.

Ahora estoy aprendiendo una revelación mayor: **Dios es un dios que cancela la deuda sobrenaturalmente**. Al seguir escuchando el programa de radio, comencé a aplicar estos principios en mis finanzas. Aparentemente, antes de darme cuenta no debía nada a nadie. Hasta la fecha sigo libre de deudas.

La ley de la confesión

Declarar la Palabra de Dios o la confesión es vital en el proceso del Reino para manifestar provisión y las promesas de Dios para su vida, pero es un paso que muchos cristianos no han dado. Confesar en este contexto viene de la palabra griega *homologeo*, que literalmente significa "decir lo mismo" o decir lo que Dios dijo. Abraham dijo lo que Dios dijo y llamó a las cosas que "*no son como si fueran*". Declarar la Palabra de Dios es especialmente crítico durante el "periodo de espera", el tiempo entre la siembra de su semilla y la recogida de su cosecha.

Usted puede cancelar su cosecha al decir palabras negativas que sean contrarias a la cosecha que desea. Como discutimos, sembrar dinero o semillas materiales no es todo lo que se requiere.

Su confesión le gobierna, puede negar la cosecha que Dios ya ha preparado para usted diciendo las cosas incorrectas, es decir, declarar palabras de duda, preocupación e incredulidad en lugar de decir lo que Dios ya ha dicho o hecho (lea Números, capítulos 13 y 14).

Victoria en el matrimonio

Por ejemplo, recuerdo que, unos seis meses después de casarme con Veronica, comencé a ser crítico con todo lo que ella hacía. Nada de lo que hacía me parecía bien y me volví en un completo antagonista con respecto a nuestro futuro juntos. Entienda que ambos éramos nacidos de nuevo, pero mi imagen interior del matrimonio no había cambiado. Se había distorsionado años atrás con el divorcio de mis padres.

Entonces fui a una reunión donde el ministro enseñaba sobre el poder de la confesión y que podemos tener lo que digamos según Marcos 11:23. Compré un pequeño libro sobre la oración, el cual incluía una oración de confesión sobre el matrimonio, y comencé a orar y declarar esa confesión cada día. Cuando la semilla de la Palabra de Dios llegó a mi corazón, comenzaron a suceder cosas de inmediato. La Palabra comenzó a desarraigar la antigua imagen del divorcio y a reemplazarla por la imagen de un matrimonio saludable, estable y amoroso. Pude ver que Dios diseñó el matrimonio para que fuera un bien en lugar de una carga y que Veronica había sido enviada para ayudar a que ambos ganáramos en la vida. ¡Ahora tenemos un matrimonio hecho en el cielo!

> *Su mente le lleva a lo que usted cree, no necesariamente a donde usted quiere ir.*

La historia sobre mi matrimonio ilustra que su mente le lleva a lo que usted cree, no necesariamente a donde usted quiere ir. No importa si lo que cree no es verdad; si es verdad para usted, se convierte en su realidad. Sus pensamientos y creencias sobre la abundancia económica funcionan igual. Quizá desea libertad y abundancia económica, pero si subconscientemente cree que nunca tendrá suficiente, eso es lo que producirá en su vida. Y, sin haber nacido de nuevo en el Reino de Dios, uno está atrapado en una percepción limitada de la realidad.

Aferrado a su confesión para un nuevo empleo

Un segundo ejemplo de la ley de la confesión es cuando yo estaba a tiempo completo en la escuela bíblica en Tulsa, Oklahoma, y Veronica estaba buscando un empleo. Había acudido a varias agencias de empleo y el reporte era el mismo. "No hay empleos… las personas están siendo despedidas de a cientos porque la economía está en un mal momento". Estudiamos la Palabra de Dios y encontramos versículos que decían que cada necesidad y deseo que tuviéramos ya había sido suplido desde antes de la fundación del mundo.

Nos pusimos de acuerdo, tomamos un trozo de papel y escribimos exactamente el tipo de empleo que queríamos, cuánto ganaría ella y qué distancia tendría que conducir en el automóvil que ellos le darían como beneficio para poder llegar hasta su lugar de trabajo.

Fue muy interesante que durante la espera de Veronica antes de ser contratada por su nuevo jefe, uno de mis compañeros de clase vino a visitarme y resultó que le preguntó por el empleo que ella creía que Dios le iba a dar.

"Hermana Veronica, ¿ha conseguido ya su empleo?".

"Seguro que sí", respondió ella rápidamente.

"¿Dónde es?".

"No sé dónde es", dijo ella, "pero creo que lo tengo".

La manera en que respondió a mi compañero de clase fue clave. Sus palabras podrían haber cancelado su cosecha, lo mismo puede suceder con nuestras palabras. Alguien podría preguntar: "Si digo eso, ¿no sería mentir?". No. De nuevo, ¿cómo puede usted mentir al decir lo que Dios dijo?.

Un día regresé a casa de una de mis clases en el seminario y se estaba cocinando una sopa casera. Su aroma llenaba la casa de tal modo que le pedí que me preparara un plato: "Estoy listo para comer". Ella me dijo rápidamente que esa sopa no era para nosotros, sino para uno de mis compañeros de clase, porque él y su familia estaban pasando por tiempos difíciles. Ella estaba sembrando una semilla. Recibimos una llamada días después que ofrecía exactamente el tipo de empleo que habíamos descrito en el papel… ¡con el automóvil! Ella no tuvo que esforzarse ni batallar para encontrar ese empleo. El empleo le encontró a ella.

Escribí un libro titulado *The Law of Confession* (*La ley de la confesión*) basado en la enseñanza que había dado sobre el poder de nuestras palabras. Este es un pasaje del libro: "Gran parte de lo que ocurre en su vida comienza con las palabras que utiliza, y si quiere que su vida cambie, entonces tiene que cambiar las palabras que utiliza. Cuando sus palabras están bien alineadas con la Palabra de Dios, su vida será transformada de una forma sobrenatural".

Recuerde: nuestro combate ya ha sido luchado y ganado. El diablo ha sido derrotado (Colosenses 2:14–15). No hay ninguna batalla en la que nosotros debamos luchar salvo la batalla de la fe. Tenemos que pelear la buena batalla de la fe. Esto significa que la mayoría de nuestras batallas se ganan con las palabras. La mayoría de las personas no han hecho la conexión entre lo que dicen y lo que tienen en la vida. No tienen ni idea de que las dos cosas están conectadas. Las palabras tienen poder espiritual y muchos cristianos no han entendido esto. Jesús dijo: *"Porque por tus palabras serás justificado, y por tus palabras serás condenado"* (Mateo 12:37).

Cuando usted siembra su semilla en el Reino de Dios, debe hablar sobre ella y declarar la cosecha que desea, así como Veronica y yo hicimos con su empleo en Tulsa. Meditamos en las escrituras relacionadas con nuestra necesidad, escribimos el empleo que ella deseaba y declaramos por fe que había recibido su empleo, y finalmente se manifestó.

La otra parte de este testimonio es que Dios no solo le dio a Veronica el deseo de su corazón durante una recesión económica cuando nadie estaba contratando, sino que también supimos después que su empresa, que tenía su base en Dinamarca, acababa de abrir una oficina a diez minutos de donde vivíamos en Tulsa. Esto demuestra que la fe y las leyes del Reino son tan poderosas que si Dios tiene que mover a una empresa desde el otro lado del globo terráqueo para responder a su oración, Él lo hará. Por tanto, cuando se produzca la escasez de provisiones, solo hay que hacer una cosa… sembrar una semilla.

Bienaventurados los pobres

La Palabra de Dios está escrita tanto para ricos como para pobres. Como nos dice la escritura: *"Dios no hace acepción de personas"*. Sus leyes y principios son aplicables a todos. Así que cuando Jesús enseñó: *"Dad, y se os dará; medida buena, apretada, remecida y rebosando darán en vuestro regazo"* (Lucas 6:38), estaba hablando a gente rica y también a gente pobre. Solo al diablo se le ocurrió la idea de que no deberíamos esperar que un hombre pobre dé, porque es una manera en la que él puede mantener al pobre… pobre.

Dar, o la ley espiritual de sembrar y cosechar, es una idea de Dios, no del hombre… *"Mientras la tierra permanezca, la siembra y la siega, el frío y el calor, el verano y el invierno, el día y la noche, nunca cesarán"* (Génesis 8:22, LBLA).

Hay millones de personas pobres ahora mismo en este planeta: algunos incluso están muriendo de hambre. ¿Por qué Dios no provee para ellos? La respuesta es: "No puede", porque Dios no puede violar su pacto. Es la forma en que Él diseñó el sistema al principio, dando a la humanidad la autoridad sobre este planeta y dándole la fe para operar la ley espiritual de la siembra y la cosecha para que produzca provisión. Alguien tiene que sembrar una semilla para liberar provisión y otro es responsable de su distribución.

"Bienaventurados vosotros los pobres, porque vuestro es el reino de Dios" (Lucas 6:20). Esto no significa que Dios ame a los pobres más que a los ricos, ni tampoco significa que los pobres sean bienaventurados porque recibirán su recompensa en el cielo. No. Jesús estaba diciendo que los pobres son bienaventurados porque ahora tienen un nuevo Reino y un nuevo sistema económico. Ahora pueden vivir en esta economía según la economía del cielo. Una vez que nacen de nuevo en el Reino, los que eran pobres tienen acceso a provisión ilimitada, un suministro que no está basado en su trasfondo, su pedigrí o su salario mínimo. De hecho, su empleo puede convertirse en una fuente para su semilla. Al sembrar y cosechar pueden sintonizar con la provisión sobrenatural de la "Nueva economía".

Recordemos que todo el que hace a Dios su Fuente se vuelve tan rico como Dios, no menos. ¿Cómo es posible? Es la forma en que opera el pacto. El mundo y toda la riqueza le pertenecen a Él. Él se la dio a Jesús y nosotros somos coherederos con Él.

De nuevo, sembrar y cosechar no es forzar a Dios a hacer algo, sino plantar la semilla que llama a la cosecha que Él ya ha prometido. Además, siempre que Dios demanda de usted algo para el Reino, es porque Él está a punto de cambiar su destino. Por tanto, la afirmación de que "son demasiado pobres para dar" es un mito. Uno de los trucos favoritos del diablo es mantener al pueblo de Dios operando mediante la razón humana, que es, en la mayoría de los casos, algo completamente opuesto al modo en que Dios piensa y hace las cosas.

Así, Dios hace que todos, sean ricos o pobres, vivan de la beneficencia o les vaya bien, siembren una semilla y paguen diezmos. ¿Por qué? Para que Él pueda devolverles la provisión que tenía planeado darles. Recordemos que este no es el método del hombre, sino el método de Dios. Esto lo demostró Jesús cuando una viuda pobre puso dos blancas (monedas de cobre que valían aproximadamente un centavo) como ofrenda en Marcos, capítulo 12, versículos 41–44. Jesús, que siempre hizo la voluntad del Padre, no objetó cuando esta viuda, aunque era pobre, puso todo lo que le quedaba en la cesta. Ella oyó la Palabra y obtuvo una revelación de este principio eterno. Él no dijo: "¡Un momento! Usted no tiene que dar lo único que tiene. Hay muchas personas ricas en esta reunión. Guárdese sus centavos y espere hasta que pueda dar".

¡No! Él no dijo eso. En cambio, bendijo su ofrenda y dijo que esa era la mejor ofrenda que nadie había dado en esa reunión: *"Esta viuda pobre echó más que todos los que han echado en el arca…"*. De nuevo, Jesús siempre hizo la voluntad del Padre. Si Dios no quisiera que los pobres dieran, Jesús se habría opuesto a que esa mujer pusiera algo en la ofrenda. Un hombre de Dios dijo que creía que esta mujer finalmente llegó a ser extremadamente rica y que terminó siendo una de las mayores dadoras.

El Reino desmantela la pobreza de raíz

Para que así no haya en medio de ti mendigo; porque Jehová te bendecirá con abundancia en la tierra que Jehová tu Dios te da por heredad para que la tomes en posesión.

Deuteronomio 15:4

Dios tiene ideas y soluciones hechas a medida para cada nación. Él tiene formas ingeniosas de confrontar al demonio de la pobreza, destruir su obra y reemplazarla con productividad y prosperidad del Reino en la situación de mayor desesperanza. El Dr. Booker T. Washington, el famoso educador de raza negra que fundó la Tuskegee University, demostró esto. En su misión de educar y formar a exesclavos emancipados pero privados del derecho a voto, el Dr. Washington se dispuso a sacar a toda una raza de la pobreza, la desesperación y la desesperanza a menudo hablando sobre el Reino de Dios en sus charlas. Al hacerlo, el Dr. Washington estaba cumpliendo el plan de Dios de educar y levantar *"del polvo al pobre, y al menesteroso alza del muladar, para hacerlos sentar con los príncipes, con los príncipes de su pueblo"* (Salmos 113:7–8).

Cierto, Dios nos llama a *"dar a los pobres"*, pero lo que sucede en la mayoría de los casos es que terminamos financiando la pobreza en lugar de erradicarla. Esta es otra razón por la que muchos de los pobres siguen en la pobreza. Creo que el plan de Dios para la Iglesia desde el comienzo era destruir la pobreza de raíz y trabajar continuamente hasta que ya no haya más pobres entre nosotros.

Uno de los versículos favoritos del Dr. Washington era: *"Porque cual es su pensamiento en su corazón, tal es él"* (Proverbios 23:7). Creo que Washington tuvo una revelación de que fuimos hechos para operar como nuestro Creador y que todo aquello en lo que pensemos continuamente terminaremos creándolo. Así que la gente es pobre no tanto porque no tenga dinero o un empleo que les dé un buen salario, sino por aquello en lo que deciden pensar continuamente, que es lo que finalmente crearán. El fruto que producen viene de las semillas de su pensamiento. Si una persona no sabe esto, culpará a alguien más, al gobierno o a su trasfondo étnico por no ser rico. Si usted puede pensar en la abundancia, terminará ahí. *"Las riquezas del rico son su ciudad fortificada; y el desmayo de los pobres es su pobreza"* (Proverbios 10:15).

La vida en el Reino

Reflexión

"Porque cual es su pensamiento en su corazón, tal es él" (Proverbios 23:7). Usted finalmente tendrá lo que crea y declare. ¿Qué ha puesto Dios en su mente y en su corazón? ¿A dónde le está guiando Dios?

Parte 3
Acceda a la provisión para edificar el Reino

Cambiar sistemas

REGRESEMOS AL PRINCIPIO UNA vez más en el Jardín del Edén para ver cómo se produjo esto del "trabajo duro". Cuando Adán y Eva pecaron en el jardín, entraron en una vida de trabajo duro, esfuerzo, insuficiencia y pesadez (Génesis 3:17). Satanás se convirtió en el "dios de este mundo" y esclavizó a la humanidad para construir Babilonia: el Reino de las Tinieblas. En este reino, el adversario usa principalmente el engaño, la incredulidad y el temor a no tener suficiente para controlar no solo personas, sino también ciudades y naciones enteras.

En lugar de tomar decisiones basadas en la verdad (la Palabra de Dios sobre la abundancia), las decisiones de las personas están filtradas por el abastecimiento limitado de esta provisión terrenal: "¿tengo suficiente?", "¿cuánto cuesta?", "¿cuánto me pagan?", "¿nos podemos permitir enviar a nuestros hijos a esa escuela?". Cuando no hay suficiente, se presenta la idea: "Quizá un segundo empleo nos ayudará a eliminar esta presión bajo la que estoy". Ahora está en esta cinta de correr babilónica, la cual va cada vez más deprisa mientras la persona corre más rápido para intentar hacer dinero. Eso es exactamente lo que ocurrió en mi situación mientras trabajaba en IBM... cualquier cosa para aliviar la presión.

El sistema babilónico, o lo que yo llamo un sistema de gobierno socialista, es aquel en el que la gente intenta suplir sus necesidades sin Dios. A la gente se le enseña a soportar el peso de su propia provisión corriendo cada vez más rápido, principalmente en pos del dinero o las cosas. Quizá haya oído la expresión "robar a Pedro para pagar a Pablo". Observemos que son dos personajes bíblicos… el intento de satanás de eliminar la influencia judeocristiana de la sociedad, eliminar todo rastro de la Palabra de Dios y deshacerse de Dios en todas las naciones.

En el principio no era así. Adán no servía a las cosas; todo fue creado en la tierra para servirlo a él. Y cuando la gente empezó a ser demasiado consciente de la provisión, o desarrollar lo que yo llamo "una mentalidad de salario", el enemigo, con un poco de presión financiera, puede hacerles abandonar su verdadero propósito de estar en este planeta, o de su tarea dada por Dios, y correr tras cualquier empleo o vocación que mejor pague. El dinero se convierte en su amo. Bajo este sistema babilónico maldito, casi todos ven su trabajo como su seguridad en lugar de Dios. Enseguida se contentan y se acostumbran a sobrevivir o a tener suficiente hasta que lleguen a su jubilación, pero nunca se sienten satisfechos o tienen logros importantes en la vida.

Hace unos años atrás yo estaba en ese mismo lugar, en una cinta de correr, corriendo más rápido pero sin llegar a ningún lugar; trabajando duro pero con poco dinero resultante. Apenas si podía disfrutar de las necesidades de la vida sin pedir prestado dinero. Acepté un segundo empleo y terminé trabajando seis días por semana, de nuevo con poco dinero resultante. Cuando nací de nuevo y aprendí sobre el Reino, llegó mi cambio. Descubrí una manera nueva de vivir por fe y cómo podía suplir mis necesidades sin el dolor y el cansancio de tener dos empleos. Descubrí, mediante la enseñanza bíblica, que tengo "La Bendición" sobre mi vida y que esta bendición del Señor es algo que me empodera sobrenaturalmente para el éxito... lo cual implica progreso financiero, gracia sobrenatural, protección y longevidad, además de estrategias e ideas de negocios. Además, descubrí que Dios tiene un abastecimiento sobrenatural de sabiduría y sanidad ya dispuesto para mí y para todos los de su familia, todo lo que pudiéramos querer o necesitar.

Entonces tuve claro que ningún trabajo o empresa podría pagarme suficiente para vivir como Dios ha planeado que yo viva. Cierto, su jefe debería proveerle de un salario digno por el trabajo desarrollado, pero ese trabajo nunca debe reemplazar a Dios, no puede hacerlo. Según la economía del cielo, lo que yo llamo la nueva economía, y la riqueza que ya hay en la tierra, hay provisión suficiente disponible para que la Iglesia erradique totalmente la pobreza de cualquier lugar de la Tierra. Dios ha provisto un estilo de vida superior para su pueblo de pacto... un estilo de vida independiente lleno de abundancia que solo se transfiere por fe. El sistema de distribución de Dios, infalible e imparable, llamado el Reino de Dios que opera muy por encima del sistema maldito de la tierra de carencia, trabajo duro e incertidumbre financiera, es en el que deberíamos confiar.

Nueva economía

De nuevo, yo llamo a esto la nueva economía del Reino de Dios. Una razón principal por la que Jesús vino a la Tierra fue para redimir a la humanidad de la maldición y del sistema antiguo de carencia con el fin de reintroducir el Reino de Dios y proveer acceso de nuevo al abastecimiento inagotable del cielo, lo cual permite la productividad del hombre mediante la siembra de semillas. Entienda que este es el mismo Reino que existía en el Jardín del Edén antes de la caída de Adán y Eva.

Como mencioné en uno de los capítulos anteriores, el Reino del cielo no es otra religión, sino un gobierno (el gobierno de Dios) con su propia sabiduría, protección, salud y riqueza para cuidar de todos sus ciudadanos, algo muy parecido a un territorio autónomo. Como mencioné en el capítulo 3, un *territorio autónomo* es "un sistema económico de un reino, el cual asegura que cada ciudadano tiene igual acceso a la seguridad financiera". Recordemos que había una mujer en 1 Reyes que tenía solo para una comida más durante la hambruna, dijo que ella y su hijo iban a comérsela y a dejarse morir. El hombre de Dios dijo: *"No temas... dame de comer a mí primero"*, y cuando ella lo hizo, todo lo que tenía, tanto el aceite como la vasija, comenzaron a multiplicarse. Eso vino del abastecimiento inagotable del cielo.

¿Y qué hay del Nuevo Testamento, cuando se quedaron sin vino en la boda de Caná? Jesús convirtió el agua en vino, ¡unos 680 litros del mejor vino del mundo! Eso fue la provisión del cielo. Esa misma provisión celestial está disponible para cada hijo de Dios al margen del tipo de empleo que tenga o cuánto gane. El gobierno de Dios funciona independientemente del sistema del mundo. Mateo 6:25–33 dice:

> **Por tanto os digo: No os afanéis por vuestra vida,**
> **qué habéis de comer o qué habéis de beber; ni por**

vuestro cuerpo, qué habéis de vestir. ¿No es la vida
más que el alimento, y el cuerpo más que el vestido?
Mirad las aves del cielo, que no siembran, ni siegan,
ni recogen en graneros; y vuestro Padre celestial
las alimenta. ¿No valéis vosotros mucho más que
ellas? ¿Y quién de vosotros podrá, por mucho que se
afane, añadir a su estatura un codo?... No os afanéis,
pues, diciendo: ¿Qué comeremos, o qué beberemos,
o qué vestiremos? Porque los gentiles buscan todas
estas cosas; pero vuestro Padre celestial sabe que
tenéis necesidad de todas estas cosas. Mas buscad
primeramente el reino de Dios y su justicia, y todas
estas cosas os serán añadidas.

Nunca fue la intención de Dios que sus hijos dependieran
del sistema económico del mundo para obtener su provisión. El
modo en que Dios "plantó" el Jardín del Edén para proveer para
todas las necesidades de Adán y Eva es el mismo modo en que
el Reino se nos ha entregado para ser productivos: producir y
proveer todo lo que pudiéramos querer o necesitar en porciones
asombrosas y enormes. Y todo lo que Dios va a hacer por nosotros... ya lo ha hecho. Las escrituras nos dicen que *las obras
suyas estaban acabadas desde la fundación del mundo* (Hebreos
4:3). Creo que nunca operaremos plenamente en el Reino de
Dios hasta que descubramos que ya tenemos provisión.

Como dije, esto no significa que no trabajemos, sino que
nuestro trabajo es ahora principalmente para el cumplimiento
de nuestro propósito y no para "ganar un sueldo". Conseguimos
esto a través de trabajar primero en la Palabra de Dios y pasar
tiempo en oración. Como reyes y sacerdotes, Dios quiere que

nuestro enfoque y nuestra prioridad sean su tarea y no nuestro esfuerzo por conseguir lo suficiente para pagar la hipoteca.

Un hombre lo dijo así:

> No importa si está pastoreando una iglesia o dirigiendo un puesto de limonada, lo que está llamado a hacer es el negocio del reino. Como el negocio del reino es sobrenatural, la clave para tener éxito es hacer lo que Jesús diga. Si Él le llama a abrir un puesto de limonada, tiene una razón para ello y una forma en que Él quiere que se haga. Quizá quiere que monopolice el mercado de la limonada y emplee millones de dólares en extender el evangelio. Quizá Él esté planificando enviar al siguiente presidente de los Estados Unidos a comprarle a usted un vaso de limonada para que pueda orar por él, bendecirlo, y cambiar el rumbo futuro de la nación.[2]

El punto es que, en el Reino, usted no puede "ser lo que quiera ser", o "ir a donde quiera ir", o "unirse a la iglesia que usted elija". No, no es así en el Reino. Él ya tiene un plan para usted y un lugar donde está su trabajo, su negocio o su iglesia. Es donde está su protección y donde está su prosperidad.

La provisión abundante de Dios, su abastecimiento apartado para nosotros en lo que yo llamo "almacén del cielo", abarca mucho más que solo finanzas. Incluye sabiduría, invenciones, nuevas canciones, negocios, partes del cuerpo personalizadas, nombres para sus hijos, cosas materiales, paz, éxito, buenos matrimonios y relaciones; nada queda fuera. El secreto o misterio, como Jesús lo llama, es que está en el inventario invisible del cielo esperando a que nosotros lo tomemos, accediendo a él por *fe*.

Dios vio lo que necesitaríamos o queríamos durante nuestro tiempo en la tierra, y ya nos lo dejó preparado en un almacén invisible antes de la fundación del mundo. Él es Jehová Jiré, el Dios que ve y provee. Hay abastecimiento abundante esperándonos. Las personas en el mundo (sin Dios) no tienen este almacén de provisión ilimitada.

Así que ellos trabajan, o en algunos casos literalmente luchan, con un abastecimiento limitado de lo que ya existe en el mundo físico y visible. Pero cuando usted se convierte en ciudadano del Reino de Dios y comienza a operar conforme a la nueva economía, los enormes abastecimientos que habían sido apartados para usted en el almacén celestial de Dios quedan a su entera disposición. Esta es una provisión que durará hasta que Jesús regrese, en espera de todos los que colaboren con Dios y lo reclamen por fe. Como dije antes, ninguna compañía o empleo puede pagarle lo suficiente para vivir como Dios ha planeado que usted vida. La decisión es suya.

Jesús enseñó cómo vivir en la tierra según la economía del cielo y demostró cómo usar los principios y las leyes del Reino para manifestar esta abundancia para cualquier necesidad en cualquier lugar, y en cualquier momento, independientemente de la ubicación geográfica o el sistema económico del mundo. Estos mismos principios funcionan hoy para cualquier ciudadano del Reino que crea y actúe de acuerdo con ellos por fe… ya sea un gobierno que se enfrente a una escasez económica similar a la del tiempo de José (Génesis 41), un CEO frente a una severa recesión en las ventas y beneficios de la empresa o un cabeza de familia que ya no desea seguir viviendo dependiendo del cheque mensual para cuidar de su familia, Jesús dijo:

> **Venid a mí <u>todos</u> los que estáis trabajados y cargados, y yo os haré descansar. Llevad mi yugo sobre vosotros, y aprended de mí, que soy manso y humilde de corazón; y hallaréis descanso para vuestras almas; porque mi yugo es fácil, y ligera mi carga.**
>
> Mateo 11:28–30, énfasis del autor

La enseñanza de Jesús sobre cómo operar en esta economía del mundo según la economía del cielo es el enfoque principal de este capítulo. De nuevo, el Padre nunca pretendió que sus hijos dependieran del mundo y su sistema para obtener provisión. Mi deseo es que usted conozca y empiece a operar en estos principios económicos bíblicos para producir sobrenaturalmente, para la provisión, para saber cómo solucionar cualquier necesidad económica o material, o cualquier problema que surja en su camino, y para ser capaz de lograr cualquier sueño o visión que Dios ponga en su corazón… porque el dinero o la provisión ya no será más un obstáculo.

Dios tiene *grandes* planes para nosotros y una razón por la que somos salvados (nacidos de nuevo) es para mostrar la riqueza de Dios en la Tierra. Hemos de alimentar al hambriento y vestir al desnudo. De nuevo, esa es una razón por la que la abundancia es nuestra primogenitura y la riqueza es nuestra herencia. Deuteronomio 8:18 dice: *"Sino acuérdate de Jehová tu Dios, porque él te da el poder para hacer las riquezas, a fin de confirmar su pacto que juró a tus padres, como en este día".*

Me hablaron sobre un letrero que Oral Roberts tenía en su oficina en la Oral Roberts University. Decía: "Aquí no se hacen planes pequeños". Por eso Dios nos da lo que yo llamo versículos de "cheque en blanco", tales como: *"Por tanto, os digo que todo lo que pidiereis orando, creed que lo recibiréis, y os vendrá"*; *"diréis a este monte: Pásate de aquí allá, y se pasará; y nada os será imposible"* (Marcos 11:24; Mateo 17:20). Es obvio que Dios quiere que pensemos a lo *grande*. ¿Por qué? Hay un gran trabajo por delante y Él

> *Su plan es que haya una clara diferencia entre usted y el resto del mundo.*

es un Dios "más que suficiente". Con Él, mientras más podamos desear, más tenemos. Sin embargo, lo que Él quiere es que dependamos de Él y no de nuestro propio desempeño. Piense: "Ya no hay más límites". Su plan es que haya una clara diferencia entre usted y el resto del mundo.

Oferta y demanda

Porque yo derramaré aguas sobre el sequedal, y ríos sobre la tierra árida.

Isaías 44:3

Durante un viaje reciente al extranjero, hablé en un desayuno con líderes de empresas. Parte de mi enseñanza era sobre "oferta y demanda". Hace algún tiempo oí a un reconocido hombre de Dios hablar sobre este tema en una iglesia; sin embargo, cuando lo escuché lo apliqué de inmediato al negocio: "La gran empresa del Reino de Dios".

La mayoría de los principios de mercadeo en el mundo vienen de la Biblia. Mucha gente no sabe esto. Piensan que fue invento de una escuela Ivy league de negocios, o de un economista famoso como Keynes, Friedman, o Malthus. Pero no es asi. Vienen de Dios y los usa una sociedad carente de los principios superiores del Reino de Dios. Estos principios bíblicos básicos los usa el Reino de las tinieblas para gobernar sobre la humanidad y moldear la economía del mundo. ¿Por qué querría usar satanás, el arquitecto del sistema del mundo, a quien Pablo denomina *"el dios de este mundo [sistema]"*, el sistema de Dios? Porque sabe que todo lo que Dios crea funciona mejor.

> *Pero para cada hijo de Dios hay un suministro sobrenatural de todo lo que pudiéramos necesitar o querer.*

Sin embargo, satanás eliminó algunos de los ingredientes esenciales, como la motivación del amor (compasión), la necesidad de la fe, la justicia y la integridad y la importancia de ser guiado por el Espíritu Santo. Además, sustituyó la ley espiritual principal de sembrar y cosechar por los principios inferiores basados en el temor del sistema babilónico, cuya economía se basa en comprar y vender. Un sistema está caracterizado por dar (suministro abundante), el bien, el desinterés y seguir la guía de Dios, mientras que el otro sistema está caracterizado por acumular, la escasez (suministro limitado), egoísmo y la propia imaginación (vana) del hombre.

Como aquellos que estaban construyendo la torre de Babel, el Señor dijo con respecto a estos hombres que no conocían a Dios:

"Y nada les hará desistir ahora de lo que han pensado hacer".
Estos no eran empresarios "llenos del evangelio". No. Eran adoradores del diablo que construían una ciudad sin Dios.

Bueno, después de terminar mi enseñanza en el desayuno, di lugar a un tiempo de preguntas y respuestas. Un hombre se puso de pie y preguntó: "Le oigo hablar acerca de lo que es oferta y la sobrenatural demanda. A mí me enseñaron que era demanda y oferta para cada oferta. ¿Por qué dice usted 'oferta y demanda' en ese orden?". Yo respondí enseguida: "Porque, en la economía de Dios, la oferta estaba aquí mucho antes de que se hiciera ninguna demanda".

Pasé a explicar que el sistema del mundo tiene una visión limitada de la realidad y está prosperando en el mundo en una economía muy limitada. El Salmo 73, versículo 12, dice: *"He aquí estos impíos, sin ser turbados del mundo, alcanzaron riquezas"*. Pero para cada hijo de Dios hay un suministro sobrenatural de todo lo que pudiéramos necesitar o querer, provisto para nosotros desde antes de la fundación del mundo. Piénselo de este modo: Todo lo que Adán necesitaba ya estaba en el jardín antes de que Dios lo creara.

Milagros a demanda

Regresemos al libro de 2 Reyes y la historia de la mujer cuyo esposo murió y la dejó endeudada. Los acreedores vendrían a llevarse a sus dos hijos para hacerlos esclavos hasta que se pagara la deuda. La Biblia dice: *"Clamó a Eliseo"*. Una forma más precisa de decirlo sería: "Gritó a Eliseo". En el Reino de Dios, debemos hacer una demanda a la oferta sobrenatural (invisible) de Dios.

Ella estaba provocando una liberación de la bendición o unción que había sobre la vida de él como profeta. En este caso, era la unción de sabiduría y revelación sobre qué hacer con respecto a la situación de ella. Él comenzó a darle instrucciones concretas, identificando primero lo que había de valor en su casa. Él le dijo: *"Pide prestadas a tus vecinas todos los recipientes que puedas, entra en tu casa, cierra la puerta y viérte en esos recipientes"*, lo cual ella hizo al pie de la letra. Mientras ella derramaba su tinaja de aceite, comenzó a multiplicarse y llenó todos los recipientes. Ella le dijo a su hijo: *"Tráeme aún otras vasijas. Y él dijo: No hay más vasijas. Entonces cesó el aceite"* (2 Reyes 4:6).

La *Nueva traducción viviente* lo dice así: *"Al instante, el aceite de oliva dejó de fluir"*. Ella fue y se lo dijo al hombre de Dios, quien le dijo que fuera a vender el aceite, pagara la deuda y viviera con el resto con su familia. Observemos que, mientras había una demanda, el aceite fluía. Mientras se demandó la unción que había en el hombre de Dios, él siguió hablando proféticamente; pero cuando se terminó la demanda, el suministro terminó y él dejó de darle más instrucciones. Se detuvo incluso cuando había mucho más en el lugar de donde venía. Fue provisión sobrenatural y produjo una cancelación de deuda sobrenatural.

De nuevo, observemos el dúo dinámico de "reyes y sacerdotes". Su primer paso fue localizar al "enviado", el profeta enviado por Dios. Después ella demandó de su vida y comenzó a seguir sus instrucciones. Las escrituras nos dicen: *"Creed a sus profetas, y seréis prosperados"* (2 Crónicas 20:20); también: *"¿Y cómo oirán sin haber quien les predique?"* (Romanos 10:14). Ella creyó en su hombre de Dios, siguió sus instrucciones y recibió su milagro.

¡Su deuda fue cancelada! Este principio funciona igual para una familia, una empresa o un país. Funciona para "cualquiera" que lo use. El equipo de "reyes y sacerdotes" (y Dios) es prácticamente invencible. Usted tiene una forma sobrenatural de salir de su situación económica, al margen de lo mala que sea. Ninguna generación en la creación de Dios se ha quedado sin hombres y mujeres "enviados" con soluciones productivas para las calamidades de la humanidad.

Podemos ver otro ejemplo de esta "oferta y demanda" sobrenatural cuando Jesús y sus discípulos alimentaron a cinco mil personas en un lugar desértico en Juan, capítulo 6. Jesús dijo a sus discípulos que alimentaran a las personas, pero Felipe le respondió diciendo: *"Ni con el salario de ocho meses podríamos comprar suficiente pan para darle un pedazo a cada uno"* (versículo 7, NVI). Felipe estaba siendo controlado por un pensamiento de escasez o una mentalidad de escasez, que hace que la persona solo esté pendiente de las "cosas" en lugar de estar pendiente del bien o del propósito mayor. Jesús después demostró "la forma del Reino" de solucionar su necesidad de provisión sin dejar su tarea. Con dos peces y cinco panes que usó como semilla, Jesús, el Ungido, demandó del gran almacén invisible de Dios para manifestar provisión suficiente para alimentar a cinco mil hombres además de las mujeres y los niños, todo lo que pudieron comer, y sobraron doce cestas. La necesidad fue suplida sin que los discípulos tuvieran que dejar su tarea de servir al Señor Jesús, que era su tarea, ¡y para el bien mayor!

Un pacto de prosperidad

> Pero Jehová había dicho a Abram: Vete de tu tierra
> y de tu parentela, y de la casa de tu padre, a la tierra
> que te mostraré. Y haré de ti una nación grande,
> y te bendeciré, y engrandeceré tu nombre, y serás
> bendición.
>
> Génesis 12:1–2

Abram tenía setenta y cinco años de edad cuando salió de Harán. Solo actuando en base a la Palabra de Dios y apegandose a ella, prosperó. *"Y Abram era riquísimo en ganado, en plata y en oro"* (Génesis 13:2). Se habla de este mismo principio de pacto en Deuteronomio 28:1–2. La *Nueva traducción viviente* dice: *"Si obedeces al Señor tu Dios en todo… recibirás las siguientes bendiciones"*, diciendo además en el versículo 11: *"El Señor te dará prosperidad"*.

Este pacto bíblico es como un contrato que no se puede romper. Involucra a dos o más personas, cada una tiene que cumplir su parte para que funcione. Originalmente, si uno no honraba el contrato se podía exigir su vida, incluso por sus propios familiares. En el Nuevo Testamento, si somos nacidos de nuevo tenemos un pacto con Dios mediante la sangre de Jesucristo. Dios es el "Pactador" y usted es el "pactado", lo cual significa que usted es el beneficiario del pacto. Dios siempre cumple los pactos, su parte del pacto está asegurada para siempre.[3] Él incluso declara en Salmos 89:34: *"No olvidaré mi pacto, ni mudaré lo que ha salido de mis labios"*.

La variable siempre estará en nuestro lado del pacto. Cuando entendemos y cumplimos sus términos, y nos aplicamos a ellos,

Dios está comprometido (Oyedepo 2005). Mientras Israel cumplió el pacto, no hubo suficientes enemigos en todo el mundo que pudieran conquistar ni una pequeña aldea. Si no cumplimos, entonces Él no se compromete con nosotros y con nuestra situación. El pacto tiene que ver con el cumplimiento de nuestra parte de cualquier versículo para que Dios se comprometa a cumplir su promesa. Dicho de otro modo, cuando usted cumple su parte, Dios está comprometido (obligado) a cumplir su parte.

> *Cuando entendemos y cumplimos sus términos, y nos aplicamos a ellos*

El pacto de Dios de prosperidad siempre prevalecerá, incluso en medio de una hambruna. Leamos de nuevo 1 Reyes, capítulo 17, donde el profeta Elías, en medio de una hambruna, recibió la instrucción de Dios de ir a la casa de la viuda y pedir comida. Ella dijo: *"No tengo pan cocido; solamente un puñado de harina tengo en la tinaja, y un poco de aceite en una vasija; y ahora recogía dos leños, para entrar y prepararlo para mí y para mi hijo, para que lo comamos, y nos dejemos morir".* El profeta le dio la instrucción de sembrar lo que tenía, y el puñado de harina y el poco aceite que tenía se multiplicaron sobrenaturalmente. Ella actuó con base en la Palabra de Dios (pacto), conectando con la economía del cielo. La hambruna no pudo impedir que el pacto, o La Bendición, funcionara.

Lo que estoy a punto de decir es vital para recibir su herencia o manifestar la abundancia de Dios. Vivir un estilo de vida de pacto exige que Dios no solo debe ser su Fuente, sino que debe ser su única fuente. Un hombre lo dijo así: "Cuando Dios no es la única Fuente de sus expectativas, terminará frustrado".[4] Como dijo el salmista: *"Alma mía, en Dios solamente reposa, porque de él es mi esperanza"* (Salmos 62:5). La *Nueva traducción viviente* lo dice así: *"Que todo mi ser espere en silencio delante de Dios, porque en él está mi esperanza"*.

Dios está comprometido a cumplir su parte.

Tengamos en cuenta que cuando el Espíritu Santo nos da instrucciones a seguir para manifestar su plan, Él no tiene un plan de respaldo. ¿Por qué? Porque el primero siempre funciona. Jesús se sentó en la barca de Simón Pedro y enseñó a la gente desde la barca. Después le dijo a Simón: *"Ve mar adentro y lanza las redes para pescar"*.

Él no estaba intentando llevar a Simón a un "buen punto de pesca" donde los peces estaban picando. No. Él estaba reposicionando su fe, llevando a Simón de una fe de conocimiento sensorial a la misma fe que tenía Abraham, que era la verdadera fe de la Biblia donde uno no tiene que ver primero para creer. La fe ahora se trataba de hacer que los peces del lago de Galilea intentaran llegar a esa red. Recordemos que nada ni nadie puede decirle "no" a Dios, ya sean las aves que alimentaron a Eliseo, que Booz se sintiera atraído por Rut o que todos los peces saltaran a la red que Simón y sus compañeros habían lanzado al agua. Las escrituras nos dicen que *"Jehová te enviará su bendición sobre tus graneros, y sobre todo aquello en que pusieres tu mano; y te bendecirá en la tierra que Jehová tu Dios te da"* (Deuteronomio 28:8).

La palabra *enviará* en hebreo es *tsawah* o *tsavah*, que significa "pedir, designar, ordenar".[5] Dios ordenó a esos peces que entraran en esa red del mismo modo que puede ordenar que lleguen contratos a su empresa o que quienes ofrendan bendigan su cesta de las ofrendas. Él puede ordenar la bendición. Así que, cuando Simón Pedro obedeció a Dios y actuó con base en la ley espiritual de la siembra y la cosecha, Dios literalmente llenó su barca.

El pacto de Dios está vinculado a su trono y funcionará para usted dondequiera que esté cada vez y sin excepción. Cada entorno conduce al pacto, razón por la cual Dios puede enviarlo a cualquier lugar o nación de la Tierra para avanzar su Reino. Él es Señor de todo. El secreto es aceptar su pacto y su infalibilidad. Dios no puede romperlo. Repito: Dios no puede romper su pacto y es un "pacto eterno". De nuevo, la única variable en el pacto es nuestra obediencia para actuar conforme a él.

Cambiar sistemas

Reflexión

Como cristiano, ¿ha cumplido usted los términos de la abundancia del Reino y se ha aferrado al pacto de prosperidad? Si no, ¿de qué manera debe cambiar su pensamiento (mentalidad) o su vida para manifestar la abundancia del Reino?

Pasos para manifestar la abundancia del Reino

M ANIFESTAR LA ABUNDANCIA DEL Reino y cómo se hace es vital para la Iglesia pues contribuye a la rápida evangelización del mundo de los últimos tiempos. No importa si esta abundancia llega mediante la transferencia sobrenatural de enormes riquezas a manos de los malvados, mediante el descubrimiento de asombrosas cantidades de riqueza material depositadas aquí cuando nuestro Dios creó este opulento planeta o simplemente usando nuestra fe y sembrando semillas para manifestar el almacén invisible, con suministro sobrenatural, de Dios como hizo Jesús cuando convirtió el agua en vino o alimentó a cinco mil personas. Sea el caso que sea, debemos tener una "mentalidad de abundancia" no para poder acumular, sino para poder ser los distribuidores de la riqueza como Dios quería que fuéramos. Dios dijo a Abraham y a su simiente: *"Haré de ti una gran nación; te bendeciré y te haré famoso, y serás una bendición para otros"* (Génesis 12:2, NTV).

Por tanto, la mentalidad de tener "lo justo" para usted no es tener suficiente. Y los que enseñan una doctrina que refuerza esa mentalidad han hecho una aportación importante y desafortunada a la cosecha que aún queda en los campos , que no se ha cosechado ni llevado al Reino. En Jeremías 8:20 dice: *"Ya se acabó la cosecha, y el verano se ha ido... ¡y todavía no hemos sido salvados!"* (NTV). Creo que hay un castigo por bloquear la puerta del Reino. Por ejemplo, en el Antiguo Testamento, los diez espías que regresaron con un mal reporte de la Tierra Prometida, provocando que los hijos de Israel murmuraran contra el Señor, murieron pronto (véase Números 14:36–37). La conversión de almas de servir a ídolos a servir al Dios vivo tiene una gran prioridad. De hecho, podemos preguntar a cualquier granjero. El tiempo de la cosecha a veces puede ser bastante caro.

Cuando su corazón está con Dios, su mano estará sobre usted para darle bendiciones. ¿Por qué bendice Dios? Una razón es para que podamos bendecir su Reino y edificar su casa. Oigamos lo que el Señor dijo a su pueblo en el libro de Hageo:

> **Meditad sobre vuestros caminos... Buscáis mucho, y *halláis* poco; y encerráis en casa, y yo lo disiparé en un soplo. ¿Por qué? dice Jehová de los ejércitos. Por cuanto mi casa *está* desierta, y cada uno de vosotros corre a su propia casa. Por eso se detuvo de los cielos sobre vosotros la lluvia, y la tierra *detuvo* sus frutos. Y llamé la sequía sobre esta tierra.**
>
> Hageo 1:7–11

La afirmación que estoy a punto de hacer quizá sorprenda a algunos cristianos, pero "una de las razones por las que usted es salvado es para mostrar la riqueza de Dios en la Tierra". Usted y yo no estamos aquí en la tierra para mendigar. Nadie que represente el Reino y a su Rey debería ser pobre. La Biblia incluso dice: *"Mejor es la sabiduría que la fuerza, aunque la ciencia del pobre sea menospreciada, y no sean escuchadas sus palabras"* (Eclesiastés 9:16). La prosperidad es parte de su identidad y la abundancia es su primogenitura.

Sorprendentemente, algunos de los hijos de Dios se vuelven aprensivos, incluso quedan petrificados, cuando el hombre de Dios habla de ese modo. Les preocupa más la percepción que otros puedan tener de ellos que financiar el evangelio y edificar el Reino. Es cierto que ha habido algunos en el Cuerpo de Cristo que han abusado del mensaje de la prosperidad. Algunos líderes espirituales han explotado el deseo de Dios de bendecir a su pueblo abundantemente por ambiciones egoístas y avaricia, pero no podemos "tirar el bebé con el agua de la bañera". No podemos rechazar ciertos aspectos del evangelio solo porque algunos predicadores lo hayan pervertido para su propio beneficio. Escuche esto, amado: estamos entrando en los tiempos más emocionantes de la historia de la Iglesia, un tiempo de avivamiento mundial financiado por las aportaciones desinteresadas de los ricos y justos.

Las escrituras dicen claramente que

> **Si oyeres atentamente la voz de Jehová tu Dios, para guardar y poner por obra todos sus mandamientos... también Jehová tu Dios te exaltará sobre todas las naciones de la tierra. Y vendrán sobre ti todas estas bendiciones, y te alcanzarán... Jehová te enviará su bendición sobre tus graneros, y sobre todo aquello en que pusieres tu mano... Y verán todos los pueblos de la tierra que el nombre de Jehová es invocado sobre ti... Y te hará Jehová sobreabundar en bienes...**

**Y prestarás a muchas naciones, y tú no pedirás
prestado.**

Deuteronomio 28:1–12

Entienda que no estoy diciendo que todas las personas ricas sean justas, en modo alguno. Lo que digo, sin embargo, es que todos los justos deberían ser ricos. En la Biblia, *rico* simplemente significa "tener más que suficiente; abundante". El padre Abraham es un ejemplo muy bueno. "*Y Abram era riquísimo en ganado, en plata y en oro*" (Génesis 13:2). Y entienda que Dios lo hizo así. Dios incluso llamó a Abraham "su amigo". Abram (Abraham) le dijo al rey de Sodoma, un pagano: "*Que no tomaré ni un hilo ni una correa de zapato, ni ninguna cosa tuya, para que no digas: «Yo enriquecí a Abram»*" (Génesis 14:23, LBLA). El *Webster's 1828 Dictionary* define la palabra *rico* como "pudiente, opulento, que posee una gran porción".[1]

El sistema babilónico del mundo ha programado a la mayoría de las personas para que piensen en la escasez o lo justo. ¿Cuántas personas viven al día o trabajan por cuarenta años y tienen poco o nada acumulado? Habrá oído decir a la gente "no hay empleos" sin saber que el Dios Todopoderoso les ha dado dones y la capacidad de desarrollar sus habilidades o talentos y, con entrenamiento, pueden desarrollar habilidades que pueden producir bienes y servicios por los que la gente está dispuesta a pagar. La verdad es esta: no hay escasez en el planeta Tierra. La única escasez está en la mente del individuo. Si se atreve a creer, Dios hará que brote agua de una roca… prepare sus cubos.

Una historia personal que ilustra esta "mentalidad de escasez" sucedió hace algunos años atrás en los primeros tiempos de mi ministerio. Era un lunes, el día que por lo general me tomaba de descanso después de las reuniones del domingo. Fui a una gasolinera a repostar mi automóvil. Cuando terminé, como de costumbre, entré en la gasolinera para pagar. El dependiente me preguntó: "¿Cuál es su surtidor, señor?". Yo respondí: "El surtidor nueve". Él dijo: "Son treinta y seis dólares". Al meter la mano en el bolsillo para sacar el dinero, un señor detrás de mí gritó: "¡¿Treinta y seis dólares?!". Me sorprendió un poco, y rápidamente gritó de nuevo: "¡¿Treinta y seis dólares?!". Lo miré e intenté calmarlo diciéndole: "No se preocupe". Después de este incidente, salí para regresar a mi auto y de inmediato comencé a meditar en lo que acababa de ocurrir. El Espíritu de Dios habló a mi corazón diciendo: "Este hombre tiene una mentalidad de escasez". Satanás había plantado en él un árbol que tenía que arrancar porque era una barrera para la productividad: Un árbol de una mentalidad errónea.

No hay nada en la Palabra de Dios que apoye la pobreza, la escasez o incluso "tener lo justo".

De este incidente enseñé toda una serie llamada *Renueve su mente*. Mediante el temor, ese hombre se vio a sí mismo pagando esa cantidad y eso lo obligó a gritar emocionalmente y sin control. Estaba diciendo: "¡Yo no pagaría eso!". Y esta es una forma en que el enemigo mantiene al pobre... pobre. Él los mantiene viendo obstáculos en vez de oportunidades, un temor de quedarse sin nada en vez de fe en la abundancia. Así, siempre que tengo el depósito por la mitad, por lo general "reposto", llenándolo hasta el borde. Esta es una forma que tengo de hacer un "mantenimiento mental" personal.

Por favor, observemos que no hay nada en la Palabra de Dios que apoye la pobreza, la escasez o incluso "tener lo justo". Los siguientes versículos revelan el plan de Dios para nuestra vida. Es la "abundancia".

Porque se haya vuelto a ti la multitud del mar.

Isaías 60:5

(El diseño de Dios para producir la conversión de la riqueza del mundo al Cuerpo de Cristo).

Y Dios proveerá con generosidad todo lo que necesiten. Entonces siempre tendrán todo lo necesario y habrá bastante de sobra para compartir con otros.

2 Corintios 9:8, NTV

Yo he venido para que tengan vida, y para que la tengan en abundancia.

Juan 10:10

(La *Nueva traducción viviente* dice: *una vida plena y abundante*).

La bendición del Señor trae riquezas, y nada se gana con preocuparse.

Proverbios 10:22, NVI

Porque ya conocéis la gracia de nuestro Señor Jesucristo, que por amor a vosotros se hizo pobre,

siendo rico, para que vosotros con su pobreza fueseis
enriquecidos.

2 Corintios 8:9

(La *Nueva traducción viviente* dice: ... *pudiera hacerlos
ricos*).

**De modo que los de la fe son bendecidos con el
creyente Abraham.**

Gálatas 3:9

**Los cielos son los cielos de Jehová; y ha dado la tierra
a los hijos de los hombres.**

Salmos 115:16

(Dios creó este mundo para nosotros, sus hijos, y Él nos
lo da entero, desde la justicia a la maldición).

Nosotros, como la simiente de Abraham por fe, tenemos
que ser bendecidos igual que Abraham: *"Y Jehová ha bendecido
mucho a mi amo, y él se ha engrandecido; y le ha dado ovejas y
vacas, plata y oro, siervos y siervas, camellos y asnos"* (Génesis
24:35). Esta bendición hará que seamos independientes financiera y materialmente, lo cual garantizo que nos pone en des-
acuerdo con el mundo. Esta independencia es una parte importante del porque los aspectos materiales del evangelio a menudo
son tan criticados. El propósito de la crítica es asustarnos e
intimidarnos para que no pasemos a la abundancia y para que
nunca seamos independientes financiera y materialmente.

Es interesante que nadie me criticó al principio de empezar nuestro ministerio en Chicago. Estábamos luchando y apenas teníamos suficiente para pagar la renta y tener comida sobre la mesa. Solo cuando comenzamos a crecer y prosperar en personas, propiedades e influencias fue cuando comenzamos a recibir críticas. No importa cuántos autos regale nuestro ministerio a familias en necesidad o cuántas escuelas de negocios Joseph Business School produzcan emprendedores para ayudar a las comunidades a vencer su desempleo, seguimos siendo objeto de envidia y ridículo. Jesús mismo dijo que recibiríamos *"cien veces más ahora en este tiempo; casas, hermanos, hermanas, madres, hijos, y tierras, con persecuciones; y en el siglo venidero la vida eterna"* (Marcos 10:30). Un hombre lo dijo así: "¿Puede soportar ser bendecido?".

Proverbios dice: *"El bueno dejará herederos a los hijos de sus hijos; pero la riqueza del pecador está guardada para el justo"* (Proverbios 13:22). Dios planea que seamos tan bendecidos que, mucho después de que hayamos dejado esta tierra, nuestra riqueza perdure al menos dos generaciones más. Y Él espera que estemos conformes diciendo: *"Así será mi palabra que sale de mi boca; no volverá a mí vacía"* (Isaías 55:11).

Manifestar productividad en abundancia para el Reino no es difícil; simplemente no se ha enseñado. En el libro de Romanos, el apóstol Pablo enseña: *"¿Cómo, pues, invocarán a aquel en el cual no han creído? ¿Y cómo creerán en aquel de quien no han oído? ¿Y cómo oirán sin haber quien les predique?"* (Romanos 10:14). Y, si no se ha enseñado, entonces ¿cómo pueden tener fe las personas para recibir lo que les pertenece de manera legal y legítima? Recordemos que todo lo que Dios va a hacer por nosotros ya lo ha hecho. No intentamos conseguir que Él nos sane.

Según su Palabra, eso ya está hecho. Usted no intenta lograr que Él le dé abundancia; la abundancia es la base del Reino de Dios: *"Yo he venido para que tengan vida, y para que la tengan en abundancia"* (Juan 10:10).

Una manera en que podemos entrar en la riqueza es a través de los *dones*. Deuteronomio 8:18 dice: *"Sino acuérdate de Jehová tu Dios, porque él te da el poder para hacer las riquezas…"*. Algunas traducciones dicen que Dios da *"la habilidad para producir riqueza"*. Una parte de su habilidad para producir riqueza está en desarrollar los dones que Dios le ha dado.

Al margen de quién sea usted, su trasfondo, su color, su país y su lugar en la vida, tiene un don. Dios da a cada persona al menos un don. Él da el don, pero el poseedor de ese don lo debe desarrollar.

El libro de Proverbios nos dice: *"Piedra preciosa es el soborno para el que lo practica; adondequiera que se vuelve, halla prosperidad"* (Proverbios 17:8). Esto significa que el don de cada persona se puede desarrollar hasta un nivel en el que *"le ensancha el camino y le lleva delante de los grandes"* (Proverbios 18:16). Una vez que haya desarrollado su don y cree algo de valor con él, la riqueza se verá atraída a usted. ¿Por qué? Porque la riqueza se siente atraída al valor.

Creo que esta fue la estrategia de Booker T. Washington para llevar a personas que habían sido esclavas a convertirlos en "centros de producción" con habilidades indispensables y un valor innegable. Washington les ayudó a desarrollar sus dones y creó muchos "millonarios artífices de su éxito" de personas que antes no tenían esperanza.

Romanos 11:29 dice: *"Porque irrevocables son los dones y el llamamiento de Dios"*.

Al enseñar sobre manifestar la abundancia del Reino, es importante notar que la gente no se hace rica solo dando dinero. Se hacen ricos primero teniendo pensamientos de riqueza. Dios nos prospera primero prosperando nuestra alma (3 Juan 2). Las escrituras también nos enseñan esto: *"Cual es su pensamiento en su corazón, tal es él"*. No dice: "Según da el hombre, tal es él". El primer paso real para crear abundancia es alinear sus pensamientos con los pensamientos de Dios. Aquello en lo que usted piensa continuamente seguro terminará creándolo.

La gente también se hace rica creando valor, como aludí antes. Permítame explicarlo un poco más. Todos hemos nacido en este mundo con dones y talentos. Yo lo llamo *"tesoro en vasos de barro"* (2 Corintios 4:7). Es lo que cada persona tiene de nacimiento y ha recibido como un regalo para servir a la humanidad. A medida que desarrollan y amplían ese don, con el tiempo producirán un producto o servicio que la gente estará dispuesta a comprar. Enseguida su ingreso será mayor que el gasto usado para crear ese producto o servicio. Ahora entendemos: *"La dádiva del hombre le ensancha el camino y le lleva delante de los grandes"* (Proverbios 18:16).

El Dr. George Washington Carver, un científico de raza negra que inventó unos trescientos productos derivados del cacahuate, fue invitado a hablar ante el Comité de Medios y Arbitrios de Washington D.C. en 1921 sobre sus descubrimientos y creaciones. Al principio, solo le dieron diez minutos para hablar, pero el comité se emocionó tanto que el director del mismo dijo: "Adelante, hermano. ¡Tiene tiempo ilimitado". Carver habló por una hora y cuarenta y cinco minutos.[2] Al final de su discurso, el director preguntó: "Dr. Carver, ¿cómo aprendió usted todas estas cosas?". Carver respondió: "De un libro muy antiguo". "¿Qué libro?", preguntó el director. Carver respondió: "La Biblia". El director preguntó: "¿La Biblia nos habla sobre los cacahuates?". "No ,señor", respondió Carver, "pero nos habla sobre el Dios que creó el cacahuate. Yo le pedí que me mostrara qué hacer con el cacahuate y Él lo hizo".[3] Los usos que le dio el Dr. Carver al cacahuate y otras nuevas cosechas mejoraron drásticamente la economía del sur de los Estados Unidos.[4] Dios dijo a través del profeta Isaías: *"Yo soy Jehová Dios tuyo, que te enseña provechosamente, que te encamina por el camino que debes seguir"*.

Estos son tres pasos sencillos para manifestar sobrenaturalmente la abundancia del pacto de Dios. Estúdielos y medite en los versículos hasta que la Palabra de Dios tenga más autoridad que cualquiera de las mentiras del diablo o que sus actuales circunstancias.

Paso 1: Haga de Dios su única fuente

Él es la fuente de su suministro total. El apóstol Pablo escribe: *"Mi Dios, pues, suplirá todo lo que os falta conforme a sus riquezas en gloria en Cristo Jesús"* (Filipenses 4:19). Dios quiere una relación con nosotros, y que dependamos totalmente y confiemos en Él. *"Así dice el Señor: «¡Maldito el hombre que confía en el hombre! ¡Maldito el que se apoya en su propia fuerza y aparta su corazón del Señor!... Morará en la sequedad del desierto, en*

tierras de sal, donde nadie habita». Bendito el hombre que confía en él" (Jeremías 17:5-7, NVI). Voy a expresar este versículo
con mis propias palabras: "O bien confiamos totalmente en Él o
Él apartará su mano de nuestros asuntos". Leemos: *"Alma mía,
en Dios solamente reposa, porque de él es mi esperanza"* (Salmos
62:5). Recordemos que todo el que hace de Dios su fuente acaba
de entrar en una prosperidad ili-

> **Dios quiere que
> dependamos
> totalmente y
> confiemos en Él.**

mitada. Así es como funciona el
pacto.

El Señor se presentó a Abraham
en Génesis 17:2 como *"Yo soy el
Dios Todopoderoso".* Dios le estaba diciendo a Abraham: "Yo
tengo todo lo que tú necesitas". Dios nunca planeó que sus hijos
tuvieran que mendigar o que el mundo cuidara de ellos. Él se
rehúsa permitir que un desplome económico afecte la capacidad de su Iglesia de edificar, crecer, prosperar y evangelizar el
mundo. ¡No! Tenemos que vivir en esta economía según la economía del cielo. Tan solo suponga que un día este sistema babilónico, sin previo aviso, cancelara todas las tarjetas de crédito.
Pregúntese: ¿qué haría usted? Jesús vino para mostrarnos cómo
suplir nuestras necesidades independientemente del sistema de
este mundo. Dios quiere que dependamos y confiemos totalmente en Él.

Paso 2: Siembre una semilla para su necesidad

La ley espiritual de la siembra y la cosecha es la forma que tiene
Dios de suplir las necesidades de su pueblo, y ningún hombre,
sistema o sequía puede abrogarla o detener su funcionamiento.
Jesús enseñó: *"Dad, para que se os dé"* (Lucas 6:38, parafraseado).

Nadie verá jamás aumento en el Reino sin sembrar una semilla, ya sea pobre o rico (Marcos 12:41–44). Las escrituras nos dicen: *"Habrá paz cuando se siembre, y las vides darán su fruto"* (Zacarías 8:12, NVI). Como creyentes, estamos bajo un pacto con Dios, un pacto de aumento, donde solo se puede multiplicar lo que damos. Cuando usted siembra una semilla (dada al Señor) ésta queda bajo la jurisdicción legal de Dios (del Reino) y Dios se la devuelve multiplicada (Keesee 2011). Esto es lo que hizo la mujer a la que solo le quedaba una comida más y lo que el niño hizo cuando sembró su merienda. Mientras lo tenían en su propiedad, Dios no podía hacer nada con ello y se habría quedado así. En cada caso, su "semilla" fue bendecida y multiplicada.

Recuerde: "Dios da semilla al que siembra", o en otras palabras que usted nunca se quedará sin una semilla que plantar. Siempre tiene algo que dar (sembrar); siempre tiene algo en su casa, en su mano o en su corazón. Una mujer, Ana, incluso hizo una promesa y su necesidad fue suplida (1 Samuel 1). Una promesa permite que Dios acepte su promesa a Él como su semilla. Sin embargo, hay una advertencia con respecto a hacer una promesa: *"Mejor es que no prometas, y no que prometas y no cumplas"* (Eclesiastés 5:5).

Además, la Palabra de Dios, no el dinero, es la plataforma sobre la que prosperamos en el Reino. Cada vez que las escrituras hablan sobre bendiciones y prosperidad, hablan sobre la Palabra de Dios para producirla. Fue solo después de que Abraham oyó la Palabra de Dios y actuó de acuerdo con ella cuando las bendiciones de Dios se manifestaron en su vida. Por tanto, sembrar y cosechar es un principio que vino para quedarse. Desde el principio, las escrituras nos dicen: *"Mientras la tierra permanezca, no cesarán la sementera y la siega, el frío y el calor, el verano y el invierno, y el día y la noche"* (Génesis 8:22).

Paso 3: Espere un milagro

Un querido amigo y profeta de Dios me dijo en cierta ocasión: "Espera lo sobrenatural. Si no lo haces, no sucederá". ¿Por qué me dijo eso? Porque nuestra expectativa es vitalmente importante a la hora de recibir cualquier cosa de Dios. Demasiados cristianos dan para el bien del Reino sin esperar recibir nada a cambio. La religión nos había enseñado que es egoísta esperar algo a cambio cuando damos. Hijo de Dios, este pensamiento es incorrecto. Está mal si sus motivos son incorrectos. Si usted no está buscándolo o esperándolo, le pasará por delante o por encima de su cabeza. De nuevo, véalo de esta manera: usted no está forzando a Dios a hacer algo, sino plantando una semilla que llama a una cosecha o promesa que Él ya ha provisto.

Si un granjero le contratara y después de sembrar semillas usted dejara la cosecha en el campo, sería despedido. ¡Enseguida! ¿Por qué? Eso sería una mala administración. El Señor ha provisto un suministro inagotable para todas las cosas que necesitemos en esta vida. Sembrar semillas y esperar una cosecha milagrosa es la manera que Dios tiene de dárnosla. Así es como podemos vivir en la economía de este mundo según la economía del cielo. "Eso no es egoísmo, sino crecimiento".[5] Estos son algunos ejemplos.

En 2 Reyes, capítulo 4, había una viuda que clamó al profeta Eliseo cuando los acreedores estaban a punto de llevarse a sus dos hijos para saldar la deuda que su difunto esposo les debía.

Eliseo le preguntó qué podía hacer por ella, y qué tenía en su casa. La mujer solo tenía una vasija de aceite, pero era suficiente para que se produjera un milagro económico. Cuando ella obedeció las instrucciones del profeta, el aceite se multiplicó sobrenaturalmente en todos los recipientes que sus hijos habían pedido prestados a los vecinos. *"Vino ella luego, y lo contó al varón de Dios, el cual dijo: Ve y vende el aceite, y paga a tus acreedores; y tú y tus hijos vivid de lo que quede"* (versículo 7). La viuda esperaba un milagro y lo recibió.

Está el relato del milagro de la alimentación de los cinco mil hombres además de las mujeres y los niños en el capítulo 6 de Juan, todo con apenas cinco panes y dos pequeños peces que dio un muchacho. *"Y tomó Jesús aquellos panes, y habiendo dado gracias, los repartió entre los discípulos, y los discípulos entre los que estaban recostados... Y cuando se hubieron saciado, dijo a sus discípulos: Recoged los pedazos que sobraron, para que no se pierda nada"* (versículos 11–12).

Dios operó bajo este mismo principio cuando envió a su preciosa semilla... su Hijo. *"Porque de tal manera amó Dios al mundo, que ha dado a su Hijo unigénito"*. Cuando Dios dio, plantó su mejor semilla en toda la creación, su Hijo unigénito, para conseguir un resultado deseado: que su familia que se había perdido regresara a Él y tuviera vida eterna. Jesús dijo, hablando sobre su propia muerte y resurrección: *"De cierto, de cierto os digo, que si el grano de trigo no cae en la tierra y muere, queda solo; pero si muere, lleva mucho fruto"* (Juan 12:24).

Dios esperaba una remuneración o cosecha por la preciosa semilla (su Hijo) que había sembrado, y usted y yo somos parte de esa cosecha. Cuando usted siembra y suelta su semilla en fe, empiece a darle gracias a Dios y a alabarle por su milagro antes de que la cosecha se haya manifestado. **No dar gracias es quedarse sin fruto.** Y mantenga su manera de hablar y sus confesiones alineadas con lo que cree que ha recibido. Estos son tres versículos en los que podría meditar y comprometerse a memorizar.

> **Alma mía, en Dios solamente reposa, porque de él es mi esperanza.**
>
> Salmos 62:5

> **No os engañéis; Dios no puede ser burlado: pues todo lo que el hombre sembrare, eso también segará.**
>
> Gálatas 6:7

> **Mi Dios, pues, suplirá todo lo que os falta conforme a sus riquezas en gloria en Cristo Jesús.**
>
> Filipenses 4:19

Y sojuzgadla

Dios nos diseñó para no tener límites, también nos hizo para actuar como Él lo hace. Él nos empodera para regresar a nuestro modo de actuación original, que es por fe. La verdadera fe dice o declara cuándo sucederá algo y el tiempo debe postrarse a ese decreto. Quizá usted pregunte: "Bueno, ¿cómo es posible eso?". Esta es la respuesta: el tiempo, junto al espacio y la materia, entra en la categoría de creación. El tiempo, como lo conocemos, fue creado el cuarto día y está incluido en *obra de tus dedos* junto a la luna y las estrellas (Salmos 8:3). Como Dios creó a la humanidad para sojuzgar las obras de sus dedos (Salmos 8:6), el tiempo está, por tanto, sujeto a nuestro dominio. El tiempo, como el dinero, fue creado para ser nuestro siervo y no nuestro amo. La fe es la fuerza dominante que se nos ha dado para reinar sobre el tiempo. El rey David actuó bajo este principio de fe cuando le dijo a Goliat: *"Hoy mismo el Señor te entregará en mis manos"* (1 Samuel 17:46, NVI). Él estaba poniendo fin a lo que el ejército de Israel había tolerado por cuarenta días. El profeta Eliseo también declaró cuándo sería algo. *"Eliseo le respondió: —¡Escucha el mensaje del Señor! Esto dice el Señor: 'Mañana, a esta hora, en los mercados de Samaria, siete litros de harina selecta costarán apenas una pieza de plata y catorce litros de grano de cebada costarán apenas una pieza de plata'"* (2 Reyes 7:1, NTV). Pasaron de ser pobres a tener suministro abundante en veinticuatro horas.

Recuerdo cuando mi familia y yo llegamos a Chicago para comenzar nuestro ministerio y una querida hermana (Beverly) nos recibió hasta que pudimos establecernos. Cada vez que hacíamos planes para salir y conseguir nuestro propio lugar para vivir, algo sucedía y teníamos que gastar el poco dinero que habíamos ahorrado. Experimentamos una demora tras otra. El tiempo gobernaba sin piedad como un rey indiscutible. Algo en mi interior sabía que eso no era de Dios, que no era la voluntad de Dios que nos demoráramos así, y por tanto ayuné por tres días. Entonces Dios me habló muy claro y me dijo: "Declara lo que quieres". Sabía exactamente lo que Él me estaba diciendo. Él quería que pusiera una fecha o tiempo en fe para que ocurriera, y que creyera que estaba hecho cuando lo declarara.

Así que declaré: "¡Nos mudaremos en siete días!". Entienda que yo no tenía ni idea de cómo, dónde o con qué dinero, pero cuando actuamos en fe rompemos las leyes del tiempo, del espacio y de la materia. Así que cuando los días comenzaron a pasar uno a uno, le decía a mi esposa: "Estaremos fuera de aquí en seis días... Estaremos fuera de aquí en cinco días...". De repente... ¡milagros! ¡Varios de ellos! Y nos mudamos en siete días a un bonito edificio de departamentos lujosos. Tuve que decretar algo, liberar mi fe para el milagro, y sucedió justo a tiempo. Cuando dije que sería es cuando Dios lo hizo. Él mismo dijo: *"Determinarás asimismo una cosa, y te será firme"* (Job 22:28). De nuevo, la fe es una fuerza dominante que se nos ha dado para gobernar sobre el tiempo.

Recibir nuestra casa, ¡sin deuda!

Como compartí en el capítulo 8, "Vivir en el Reino", cuando Veronica y yo creímos a Dios para nuestra primera casa en la zona de Chicago, comenzamos con la promesa de Dios que se halla en Deuteronomio 6:11: *"Y casas llenas de todo bien, que tú no llenaste"*. Confesar y meditar en este versículo nos llevó a describir cómo queríamos que fuera la casa, en detalle. Después, el Espíritu Santo nos impulsó a sembrar el dinero que habíamos empezado a ahorrar para una casa. Cuando sembramos la semilla con sacrificio, sobrenaturalmente nuestra casa nueva nos cayó en las manos, ¡sin deuda! Como dije antes: "Nosotros no esperamos a Dios, sino que Él nos espera a nosotros". ¡Hay abundancia en la casa del Padre! Y confiamos en Dios. Quizá usted aún no ha desarrollado este nivel de fe, así que comience donde está. Eso es lo que yo hice, y en su momento pasé a niveles más altos de fe.

En el Reino, esperar y producir una cosecha de una semilla sembrada en fe es actuar bíblicamente. Esperar recibir algo a cambio es una buena manera de dar. Como dije, Dios demostró esto mismo en *"de tal manera amó Dios al mundo que ha dado"* (Juan 3:16), y esperó recuperar con ello a su familia.

Una vez que siembre su semilla, recuerde escuchar la voz de Dios que le dará instrucciones. Quizá Él le hable a través de un sermón, un profeta (sacerdote), directamente en oración o incluso en un sueño. Sea como sea, Él le dirigirá, lo traerá a su vida o creará para usted su cosecha o provisión sobrenatural.

Recibir su negocio sobrenaturalmente

Una graduada de nuestra escuela de negocios Joseph Business School compartió este asombroso testimonio de cómo recibió su negocio sobrenaturalmente actuando según las leyes del Reino. Esta es su historia en sus propias palabras.

> Mi escuela se llama Illinois Welding School, y es de alrededor de el 28 de octubre de 2013 celebré cinco años en el negocio. Tengo siete empleados y ofrecemos técnicas de soldadura a estudiantes de entre dieciséis y sesenta años. Nuestro índice de empleo es de alrededor de 91 por ciento, así que hemos tenido mucho éxito a la hora de encontrar empleos para la gente. Este es mi tercer negocio, pero en este negocio en particular no pagué ni un céntimo por él. Llegó de la nada, pero yo estaba expectante. Había estado buscando un negocio que emprender y sabía que el Señor tenía algo para mí, pero no sabía en qué campo era. Un día, mientras leía Isaías 45, recibí la confirmación de que este

negocio era mío. Illinois Welding School (IWS) era uno de mis clientes en ese tiempo y alguien me dijo que el dueño estaba pensando en vender el negocio. Así que llamé al dueño, que era millonario, y tan solo le pedí que me traspasara el negocio durante nuestra conversación. Él me dijo que no, que no lo traspasaba porque, por supuesto, podía sacar dinero con él vendiéndolo. Le dije que gracias, y que tuviera un buen día. Pero colgué el teléfono y dije: "Oh, no es un trato hecho. IWS es mío".

Como dije antes, estaba expectante. Lo que pasó despues fue que me presentaron al dueño a través de un socio de alto nivel y concertamos una entrevista. Ahora bien, yo no sabía nada sobre soldaduras, pero como dice el Dr. Winston, a veces solo necesitas tener una "fe loca" y salir ahí afuera. Yo tengo una fe loca y saldré ahí afuera mientras sepa que Dios está en ello. Así que salí. Cuando me reuní con el dueño, llevaba conmigo un libro que había escrito, titulado *Busca empleo de manera fácil*, solo para que él pudiera sentir quién era yo personalmente, ya que no tenía experiencia en la soldadura ni estudios formales en ese campo. Estaba segura de que todo funcionaría porque había confesado en oración esa reunión y cuando estaba en la oficina, literalmente vi a Jesús sentado a mi lado y ángeles en la sala conmigo.

Algo que me aseguro de hacer, incluso hasta la fecha, es confesar sobre mis negocios lo que deseo ver porque sé que mis palabras tienen poder. Algo que también descubrí que es muy importante es que tenía que sembrar una semilla. En este caso, sabía también que Dios quería que sembrara en otros que están por encima de mí y ya son prósperos, debido a la bendición que está ahí. Cuando usted da más a alguien que tiene más, a Dios le encanta. Él le dará más semillas. Todo esto que he descrito sobre comunicarme con el dueño sucedió en marzo y el 28 de octubre el dueño había firmado los papeles que le habían preparado sus abogados para traspasarme el negocio sin costo alguno. ¡Gloria a Dios![6]

El apóstol Pablo escribe: "Ningún soldado va a la guerra corriendo con los gastos" (1 Corintios 9:7, parafraseado). Este es un ejemplo: Cuando yo estaba en el ejército, recibía órdenes de ir de un puesto a otro. Cuando llegaba a mi nuevo puesto me proveían todo: mi casa, la escuela de mis hijos, mi avión y mis uniformes. Yo no tenía que pagar nada. El gobierno se ocupaba de todas mis necesidades militares. Lo mismo ocurre en el Reino de Dios: *"Mi Dios, pues, suplirá todo lo que os falta conforme a sus riquezas en gloria en Cristo Jesús"* (Filipenses 4:19). Todas sus cosas están pagadas y esperándole. Jesús pagó por ello. Ahora, ¡créalo y recíbalas!

Somos coherederos con Cristo

Dije anteriormente que la prosperidad económica es parte de nuestro paquete de herencia redentora (Apocalipsis 5:12) por el que Jesús murió y nos liberó. Hebreos 1:2 dice: *"Y lo hizo dueño de todas las cosas"* (TLA). La Biblia también dice que somos coherederos con Él (Romanos 8:17). Todo lo que Él posee, todo lo que Él tiene, lo comparte con nosotros; y todo lo que nosotros tenemos le pertenece a Él, si lo necesita. Así es como funciona el pacto. Esta es una poderosa revelación, la cual fue clave para mí a la hora de manifestar la abundancia del Reino. Debemos vernos como dueños con responsabilidad administrativa.

Permítame compartir una historia que ilustrará este punto de forma cómica. Yo era orador en una conferencia que habían organizado dos ministerios en conjunto, uno estaba dirigido por un querido amigo que es capellán militar y pastor, y el otro dirigido por otro querido amigo y mentor que tiene un gran ministerio mundial. La audiencia incluía a muchos de nuestros hombres y mujeres que trabajan en el ejército. Mientras este capellán estaba en la plataforma, el coanfitrión y orador principal que ministraban en la conferencia se unieron a él en la plataforma inesperadamente y dijeron: "Dios acaba de hablar a mi corazón diciendo que, independientemente de cuál sea el tamaño de la ofrenda que se recoja en esta conferencia de tres días, mi ministerio tiene que igualar la misma cantidad". Por supuesto, la audiencia comenzó a aplaudir al ser testigos de una asombrosa muestra de fe y donación. Después siguió diciendo: "El Señor también me dijo que le diera a usted (el capellán) mi Cadillac Escalade como regalo".

Bueno, entonces la audiencia se volvió loca. Pero lo que captó especialmente mi atención fue la esposa del pastor que estaba sentada en la primera fila. Y antes de que el predicador terminara de decir la frase, ella saltó de su asiento, se giró y comenzó a gritar y a danzar. "¡Gracias Jesús! ¡Gloria al Señor!". Yo pensé en mi interior que no le estaba hablando a ella, sino al capellán.

¿Por qué está tan emocionada? Además, ni siquiera ha visto aún el auto; solo tiene la palabra del hombre de que existe.

Entonces el Señor me mostró la revelación de la propiedad bíblica. Ella se emocionó porque **se vio** a sí misma como **coheredera** con su esposo. Como esposa, todo lo que él reciba, ella también lo recibe. Todo lo que él posee, ella lo posee. Ella creyó la palabra del pastor, y por **fe**, sin prueba física de que el auto existía, había tomado posesión de él.

Su reacción es la que debería tener cada hijo de Dios cuando lee en la Biblia sobre las promesas de Dios. Somos la "novia de Cristo" y coherederos con Él. La única razón por la que muchos no se emocionaron cuando oyeron al predicador o cuando leen en la Palabra de Dios sobre su herencia es porque no lo creen o aún no han recibido la revelación de ser un coheredero. Creo que a través de este libro usted recibirá un avance en esta área y verá su herencia con claridad, y cuando lo haga, será como la esposa del pastor… ¡nada podrá hacer que se quede en su asiento!

El apóstol Pablo tiene una poderosa revelación en 1 Corintios 3:21–23: *"Así que, ninguno se gloríe en los hombres; porque todo es vuestro… y vosotros de Cristo, y Cristo de Dios"*. Pablo continúa diciendo: *"Así que ya no eres esclavo, sino hijo; y si hijo, también heredero de Dios por medio de Cristo"* (Gálatas 4:7).

Observemos que no dijo "todo lo espiritual", sino que dijo *"todo"*. Casas, negocios, tierras o bienes, automóviles, etc., todo califica como "algo" incluido en el todo, no hay nada que se quede fuera. Pablo está escribiendo esta revelación a cada persona en la familia de Dios. Él no recibió esta revelación de un hombre o para su propio beneficio personal, sino que la recibió de Dios para comunicarla a usted y a mí, al Cuerpo de Cristo. Después continúa diciendo: *"Y vosotros [sois] de Cristo"*.

Así, manifestar la abundancia empieza por nacer de nuevo en el Reino de Dios. Una vez que ha nacido de nuevo, por la fe y la mentalidad correcta, puede sintonizar con el suministro inagotable y las provisiones que Dios ha preparado desde *"antes de la fundación del mundo"*. Y está garantizado que, una vez que experimenta la prosperidad del Reino, nunca codiciará de nuevo la prosperidad terrenal. Descansará en la obra terminada de Jesús y estará completamente convencido de que hay más que suficiente en "la casa del padre" para suplir cualquier necesidad de cualquier visión o tarea dada por Dios, y habrá abundantes sobras.

Pasos para manifestar la abundancia del Reino

Reflexión

Reflexione en su propia vida y experiencia en el Reino de Dios y las maneras en que ha manifestado la abundancia del Reino. Tras leer este capítulo, ¿hay maneras en que puede cambiar su mentalidad y su vida de oración para experimentar más abundancia del Reino?

Parte 4
El "ROI"
(Retorno de la inversión)
de rendir cuentas
personales

CAPITULO 11

Carácter e integridad

"Carácter es poder".[1]
—Booker T. Washington

CUANDO ESTABA EN SEGUNDO año de secundaria, le dije una mentira a mi papá.

Yo tenía que cantar en el coro un viernes en la tarde, pero me salté el ensayo del coro (es decir, falté al ensayo sin tener permiso) y en su lugar me fui a jugar al fútbol. La maestra de música se enojó por ello y llamó a mi papá al trabajo. Yo estaba en casa y justo pasaba por delante del teléfono cuando llamó mi papá. Yo respondí al teléfono: "Hola". "Hijo, ¿cómo te ha ido el coro hoy?". Esa fue mi oportunidad para ser sincero y arrepentirme, pero no lo hice y dije: "Papá, me ha ido muy bien. Fue tremendo". "Hijo, tu maestra de música, la Sra. Nicholson, me llamó al trabajo y me dijo que no fuiste". "¿Hizo eso?". "Hijo, tengo que ponerte un castigo. Hablaremos cuando llegue a casa". Cuando mi papá llegó a casa no me perdonó la vara del castigo. Cuando terminó, mi papá simplemente dijo: "Hijo, no vuelvas a mentirme nunca".

A partir de entonces, aprendí a no decir mentiras. Fue durante mi infancia que empecé a entender por primera vez la palabra *integridad*. Si es posible, los niños deberían aprender en el hogar lecciones sobre carácter e integridad y las consecuencias de no ser honestos. Por desgracia, muchas personas nunca han recibido una formación adecuada en casa y han tenido que aprender sobre carácter e integridad en la iglesia o, Dios no lo quiera, mediante el sistema legal.

Ascender sin concesiones

Como he compartido a lo largo de este libro, Dios depende de nosotros para avanzar su Reino dondequiera que nos envíe. Cuando nacemos de nuevo en su Reino, Dios nos entrena y nos envía al mundo a representarlo a Él. Jesús oró: *"Como me envió el Padre, así también yo os envío"* (Juan 20:21). Nos convertimos en *"embajadores en nombre de Cristo"* (2 Corintios 5:20). Nuestra influencia en otros, por tanto, es clave para nuestro éxito y el de ellos.

Los mejores líderes son los que dirigen mediante el ejemplo y la influencia. Debido a su carácter, autenticidad y desempeño, la gente quiere seguirlos voluntariamente. Como he mencionado antes, no estamos invadiendo el mundo como dominadores, sino somos enviados como libertadores, con motivos adecuados enfocados en demostrar el amor de Dios. Cuando la gente confía en usted y le respeta, escucha lo que tiene que decir y a menudo quiere ser como usted.

Eso es lo que me ocurrió en IBM cuando comencé a experimentar éxito en el trabajo. Debido a los resultados que estaba consiguiendo y los cambios positivos en mi vida, la gente quería saber si Dios podía hacer con ellos lo que estaba haciendo conmigo. Eso es también lo que ocurrió en la vida de José. Como salvó a Egipto de la hambruna mediante la sabiduría de Dios, fue ascendido a gobernador de todo Egipto, convirtiéndose el segundo en la cadena de mando, solo después de Faraón. El ascenso de José se produjo aunque los egipcios de su tiempo pensaban que era una abominación incluso comer con hebreos (Génesis 43:32).

Al margen de la "montaña" o esfera de influencia social en la que usted sirva, el plan de Dios es que llegue a la cima. Él sabe que quien ocupe la cima de la montaña dirigirá e influenciará toda la montaña. Dios quiere que usted sea tan exitoso que sobresalga, no para vanagloria, sino para la gloria de Dios. Una clave para su éxito, sin embargo, es no hacer concesiones en su integridad cuando se vea ante las tentaciones. Yo lo llamo "ascender sin concesiones". Debemos recordar que las creencias, valores y verdades que comprometamos al ascender la montaña nos gobernarán cuando estemos en la cima de la montaña. Como dijo un hombre, las concesiones que hace para llegar debe continuarlas para mantenerse o finalmente perderá.

Tiempos de gran presión

En 2 Timoteo 3:1, el apóstol Pablo escribe: *"Timoteo, es bueno que sepas que, en los últimos días, habrá tiempos muy difíciles"* (NTV). El *Merriam-Webster Dictionary* define *estrés* como "algo que produce fuertes sentimientos de preocupación o ansiedad; una fuerza física o presión".[2] Pablo nos advierte que en estos tiempos vendría una gran presión.

La presión o tentación de mentir, engañar, no cumplir los compromisos o romper promesas ataca a las personas desde el púlpito hasta los bancos. La seducción de la fama y la fortuna, ademas de la seducción de tomar el "carril rápido" o algún atajo para llegar a la cima, han provocado que incluso cristianos fuertes tropiecen. Satanás ha confeccionado tentaciones a medida para los que ascienden a lo más alto, las cuales nadie puede vencer solo con la fuerza humana.

Sin embargo, Dios le promete que *"no os ha sobrevenido ninguna tentación que no sea humana; pero fiel es Dios, que no os dejará ser tentados más de lo que podéis resistir, sino que dará también juntamente con la tentación la salida, para que podáis soportar"* (1 Corintios 10:13). Dicho de forma simple, usted no sufrirá nada que no pueda vencer, porque *"para Dios todo es posible"*.

A medida que ascendemos en posición e influencia, el engaño es: "Puedo hacerlo solo o a mi manera". Esto también es una tentación cuidadosamente creada. La tendencia es dejar de poner la obra de Dios en primer lugar y poner primero su propia casa. Y ahí está el problema. Es como el hombre rico de Lucas 12:16–18 cuya *"heredad de un hombre rico había producido mucho... Y dijo: Esto haré: derribaré mis graneros, y los edificaré mayores"*. Para vencer la tentación, usted debe confiar en Dios y hacer de Él su única fuente y sustento. Para ganar las batallas a las que Dios le está llevando a pelear, debe *"[fortalecerse] en el Señor, y en el poder de su fuerza"* (Efesios 6:10) porque *"si fallas bajo presión, tu fuerza es escasa"* (Proverbios 24:10, NTV).

Integridad en el Reino de Dios

La integridad es una de las cosas más importantes en el Reino de Dios. ¿Cómo actúa una persona cuando nadie le está viendo? ¿Qué hacemos o decimos realmente cuando nadie está monitoreando nuestras acciones? *Integridad* se define como "una firme adherencia a un código de valores especialmente morales o artísticos: incorruptibilidad... el estado de estar completo o sin dividir".[3] En otras palabras, mantener estándares de rectitud cuando no hay nadie alrededor nuestro para ver lo que estamos haciendo; eso es integridad.

> *Mantener estándares de rectitud cuando no hay nadie alrededor nuestro, eso es integridad.*

Un historiador británico del siglo XIX dijo: "La medida del carácter de un hombre es lo que éste haría si supiera que nunca nadie lo sabría".[4] Esto puede ser un problema para alguien que posee solo justicia situacional. La justicia situacional es algo parecido a la ética situacional; es cuando la ética de una persona cambia según la situación o circunstancia. No se mantiene un estándar coherente. Ahí está el problema.

La falta de integridad conduce a la persona a conformarse a los estándares del mundo. La verdadera integridad es como el fundamento de un enorme rascacielos; aunque no podemos verlo, hay unos cimientos que permiten que el edificio se mantenga erguido. La integridad emana de lo más profundo del corazón. Es algo que nos permite que nos resistamos a cosas en las que no deberíamos participar, aunque no haya nadie mirándonos.

Por ejemplo, Pedro le dijo a Jesús: "Aunque los demás te dejen, yo nunca te dejaré" (Mateo 26:33). Sin embargo, cuando el Señor fue arrestado, Pedro mostró una falta de integridad cuando lo confrontaron diciendo: "¿No eres tú uno de los que estaban con Jesús?". Pedro mintió y respondió: "No, no era yo". Esto sucedió no mucho después de que el Señor le dijera que lo negaría tres veces (versículo 34). Le volvieron a preguntar a Pedro: "Perdón. ¿No eres tú galileo? ¿Acaso no estabas con Jesús?". Él dijo: "¿Ven a aquel hombre? Acabo de decir que yo no estaba con ese Hombre". Después se acercó otro más y le volvió a preguntar lo mismo, y la Biblia dice que Pedro comenzó a maldecir y a jurar (véanse versículos 69–74).

La pregunta que alguien podría hacer es: ¿qué hizo que Pedro respondiera así? La respuesta es que, en ese momento de su vida, a Pedro le faltaba integridad. No tenía dentro lo que él pensaba que tenía. Verá, la presión tiene la habilidad de sacar a la superficie las cosas que hay en lo más profundo de nuestro ser. Jeremías 17:9 dice: *"Engañoso es el corazón más que todas las cosas, y perverso; ¿quién lo conocerá?"*.

Un hombre describe la integridad como el mayor bien de un individuo. Significa que llegaremos a trabajar a tiempo. Saldremos de trabajar a la hora que nos corresponde, no antes. Llenaremos nuestras hojas de reportes de gastos con precisión. No engañaremos en nuestra declaración de impuestos. Evitar impuestos es legal; evadir impuestos no lo es.

Mantener su integridad lo protege contra la acusación sin base. No impedirá que alguien le pueda acusar, pero si lo hace, verá que no hay falta en usted. Antes de ser salvo, usted estaba del lado del diablo y a él no le importaba si usted hacia trampa en la declaracion de sus impuestos. Pero ahora que está en el Reino, él es el acusador de los hermanos (Apocalipsis 12:10). Él podría estar en las oficinas de Hacienda señalándole ahora mismo. Por tanto, usted debe mantener su integridad en todas las áreas de su vida.

El Salmo 15 nos da una excelente descripción de integridad: *"Aquel a cuyos ojos el vil es menospreciado, pero honra a los que temen a Jehová. El que aun jurando en daño suyo, no por eso cambia; quien su dinero no dio a usura, ni contra el inocente admitió cohecho. El que hace estas cosas, no resbalará jamás"* (versículos 4–5). Como podemos ver aquí, una persona con integridad cumple una promesa aunque esa promesa le provoque un gran dolor. En muchas situaciones en la vida, cumplir con su palabra puede ser costoso, pero si promete algo, debe cumplir esa promesa.

En Hechos 5, vemos que esa fuerza e integridad volvieron a Pedro cuando el sumo sacerdote y los gobernantes del templo lo cuestionaron por predicar en el nombre de Jesús. Debido a los milagros, habían ordenado a Pedro y a los demás apóstoles que dejaran de predicar en ese nombre. Esta vez Pedro básicamente les dijo: "No me importa lo que me hagan. No voy a negar a mi Señor, tampoco voy a dejar de predicar el evangelio en su nombre. Tengo que obedecer a Dios antes que al hombre" (versículo 29).

Prueba de la integridad

La Biblia nos dice que, cuando la sal pierde su sabor, ya no sirve salvo para tirarla al suelo para que los hombres la pisoteen

(Mateo 5:13). Eso es lo que les ha estado ocurriendo a muchos cristianos; nos hemos vuelto ineficaces. No hemos conocido o hemos olvidado la misión que tenemos en el mundo. Se nos ha olvidado que somos la Iglesia; la Iglesia no es un edificio. El mundo no es nuestro enemigo, sino nuestro campo misionero, tenemos que salir a rescatar a los perdidos y establecer el Reino de Dios.

Los que no son salvados nos verán y Dios preparará ciertas circunstancias para que seamos testigos. Quizá alguien tiene migrañas y acude a nosotros en busca de oración. Debemos estar listos para decir: "Yo puedo pedirle a Dios por usted". Sin embargo, los que no son salvos no vendrán a nosotros si damos pie

> **El mundo no es nuestro enemigo sino nuestro campo misionero.**

a que la gente cuestione nuestra integridad. Esta es la razón por la que el enemigo persigue nuestra integridad: para comprometer nuestro testimonio. En Job, capítulo 2, vemos que el diablo iba tras la integridad de Job. En Génesis, capítulo 20, iba tras la integridad de Abraham. En Génesis, capítulo 39, intentó acabar con la integridad de José. Y en Génesis 31:38–41 fue tras la integridad de Jacob. Leamos lo que Jacob le dijo a Labán:

> Estos veinte años he estado contigo; tus ovejas y tus cabras nunca abortaron, ni yo comí carnero de tus ovejas. Nunca te traje lo arrebatado por las fieras: yo pagaba el daño; lo hurtado así de día como de noche, a mí me lo cobrabas. De día me consumía el calor, y de noche la helada, y el sueño huía de mis ojos. Así he estado veinte años en tu casa; catorce años te serví

por tus dos hijas, y seis años por tu ganado, y has cambiado mi salario diez veces.

Jacob había servido a Labán fielmente. Incluso hizo la diferencia cuando una bestia salvaje apareció y se llevó a una de las ovejas; sin embargo, Labán había cambiado el salario de Jacob diez veces. Ese fue un trato injusto y escandaloso. Claramente era un caso en el que el enemigo estaba preparando a Jacob para que fuera un engañador. El diablo sabe que, si consigue que cedamos en nuestra integridad, no podremos llegar a nuestro destino ni completar nuestra misión.

Aquí hay varios puntos importantes a recordar sobre la integridad. En primer lugar, un temor saludable o reverencial hacia Dios es algo absolutamente necesario para mantener la integridad. Dios no es como los hombres. Él ve y sabe todo. Él es omnisciente.

En segundo lugar, cuando mantenemos nuestra integridad, el Señor esta con nosotros. Nuestra comunión con Él se mantiene intacta. Como resultado de la continua comunión de José con el Señor, José siguió prosperando aunque estaba en prisión (Génesis 39:20–22).

En tercer lugar, los pequeños actos de integridad, o la falta de integridad, son importantes. Job 8:7 nos ofrece un sabio consejo muy importante. *"Y aunque tu principio haya sido pequeño, tu postrer estado será muy grande"*. La *Nueva traducción viviente* lo dice de este modo: *"Aunque comenzaste con poco, terminarás con mucho"*. Las personas tienen tendencia a considerar inconsecuentes las cosas pequeñas sin importancia y los pequeños inicios. Este es un grave error. Como enseña la parábola de la semilla de mostaza, la mayoría de las cosas en el Reino comienzan siendo pequeñas. Cuando las cosas parecen pequeñas, normalmente no se les atribuye mucha importancia. Algunos sienten que mantener la integridad bajo tales circunstancias no es importante, pero este razonamiento es seriamente incorrecto. Una falta de integridad en las etapas iniciales provocará un cortocircuito en La Bendición y en nuestra eficacia en el Reino de Dios.

El carácter se debe desarrollar

Para cambiar el mundo, debemos tener una posición superior y principios superiores. Estos principios incluyen amor, paz, bondad, justicia e integridad. Gálatas 5:22 los llama el fruto del Espíritu. Estos principios son un elemento fundamental de productividad, o producir abundancia, porque son disposiciones sobrenaturales de Dios. Si queremos ver estos principios vividos de manera perfecta, prestemos atención a las palabras y acciones de Jesús a lo largo del Nuevo Testamento. Jesús es el modelo perfecto del fruto del Espíritu que el apóstol Pablo enumera en Gálatas porque Él fue a la vez Dios y hombre. Nosotros, que somos hijos adoptados de Dios, no hemos nacido naturalmente siendo seres morales y buenos. La integridad y el carácter son virtudes que se tienen que desarrollar, algo que cualquiera que haya criado hijos le podrá decir. David dijo que nació en pecado y fue moldeado en iniquidad (Salmos 51:1), razón por la cual tenemos que nacer de nuevo. La naturaleza con la que nacemos las personas es pecaminosa.

Todos nacimos en pecado, con un carácter caído. Aunque el enemigo se aprovecha de esté carácter de pecador, seguimos siendo responsables de *nuestra* conducta. Cuando venimos al

Reino de Dios, nacemos de nuevo con la naturaleza de Dios. El problema es que seguimos luchando con la carne, que tiene la influencia de nuestra naturaleza caída. La naturaleza que domina nuestra vida está determinada por la que más alimentamos o a la que más cedemos. Esta es la razón por la que debemos renovar nuestra mente con la Palabra de Dios (Romanos 12:1).

Anteriormente en este capítulo, definí *integridad* como quiénes somos cuando nadie nos está mirando. Algunas personas quizá digan: "Bueno, si nadie me ve, ¿por qué es importante? Es mi momento privado". Mi respuesta es que, con Dios, no tenemos ningún momento privado. Dios lo ve todo. Además, tenemos que entender que nuestros momentos privados finalmente definirán nuestros momentos en público.

> *Nuestro carácter se manifiesta cuando nos vemos ante circunstancias difíciles o inesperadas.*

La palabra *carácter* significa "las cualidades particulares impresas por la naturaleza o el hábito sobre una persona, las cuales le distinguen de otras personas".[5] El carácter está compuesto de las buenas cualidades de un individuo, particularmente las que estimamos y respetamos. Cuando nos vemos ante dificultades, especialmente situaciones inesperadas, es cuando se manifiesta nuestro carácter.

Por ejemplo, podemos entrenarnos para saber cómo responder a una emergencia, como un simulacro de incendio, para que cuando realmente se produzca esa situación seamos capaces de responder con base en nuestro entrenamiento con sabiduría. Sin embargo, cuando nos golpea una circunstancia para la que no nos habíamos preparado, lo que sale de nosotros es a menudo inesperado. Quienes somos en realidad saldrá cuando estemos bajo la presión. Nuestro carácter se manifiesta cuando nos vemos ante circunstancias difíciles o inesperadas.

Dios nos ha preparado "la Tierra Prometida" (un símbolo de lo mejor de Dios) y Él quiere que entremos en ella; sin embargo, Él no va a pasar por alto nuestra falta de integridad. Esta es un área en la que se necesita seriamente una enseñanza en el Cuerpo de Cristo. Nuestro deseo de tener la bendición de Dios es bueno, pero es vitalmente importante que primero entendamos la integridad para que nos podamos desarrollar de forma adecuada. Una de las peores cosas que le puede ocurrir a una persona es hacerse rica sin tener el carácter y la integridad necesarios que lo acompañen.

No debemos querer ser elevados a un lugar donde nuestro carácter no nos pueda sostener. Podemos estar seguros de que, con cada nivel, hay una nueva tentación esperando a aprovecharse de las debilidades de nuestro carácter. Tener riqueza es una gran responsabilidad que terminará aplastándonos si nos falta la integridad y el carácter para soportar la presión. La buena noticia es que, como Pedro, nuestra integridad puede fortalecerse, y Dios está con nosotros para ayudarnos a vencer cada tentación si confiamos y nos apoyamos en Él.

Termostatos o termómetros

Hace años, un joven oficial de Inmigración tuvo que escoltar a un ciudadano colombiano hasta el consulado de Colombia en Michigan Avenue, en el centro de Chicago. Este ciudadano colombiano estaba siendo deportado. Como la persona escoltada había cometido un delito, el oficial lo esposó, como era el procedimiento normal; sin embargo, cuando entraron en la oficina del consulado, el cónsul ordenó al oficial de Inmigración que le quitara las esposas al hombre. Al principio el oficial se negó, enfatizando su autoridad como oficial de Inmigración de los Estados Unidos. El oficial también dijo que él era responsable de ese hombre mientras estuviera bajo su custodia. El oficial colombiano miró al oficial y le dijo: "Usted ya no está en los Estados Unidos. Está en Colombia, aquí usted no es autoridad, sino yo. Ahora, quítele las esposas". Tras oír eso, el oficial tuvo que someterse y hacer lo que se le dijo.

El punto es que, aunque el oficial de Inmigración y el prisionero colombiano estaban físicamente en Chicago, Illinois, en los Estados Unidos de América, en cuanto entraron por las puertas del consulado estaban bajo la autoridad de otro gobierno: Colombia. Como embajadores del Reino de Dios, dondequiera que Él nos plante, ese lugar se convierte ahora en territorio del Reino; los valores, las leyes y el poder del Reino tienen la autoridad debido a su presencia.

Dondequiera que vayamos, tenemos que cambiar el entorno a una cultura del Reino. Para hacer eso, tenemos que vernos como termostatos. Un termostato es un instrumento que dicta si la temperatura será cálida o fría. Es distinto a un termómetro. Un termómetro solo refleja la atmósfera actual. Sea cual sea la temperatura, el termómetro solo llega hasta ese nivel. Si hay 65 grados Fahrenheit (18 grados centígrados) en una sala, el termómetro está regulado por esa temperatura. No puede cambiar la temperatura ni tener ningún efecto sobre ella. Solo refleja la temperatura actual.

Un termostato, por el contrario, regula su atmósfera. Si quiere que la sala esté más caliente, necesita un termostato para que cambie la temperatura. Los termostatos no reflejan, sino que cambian la atmósfera a la temperatura deseada. Así es como debemos ser nosotros. Tenemos que ir a la Tierra y cambiar el mundo. Se supone que debemos ir e imponer el cielo en esta sociedad calentándola, y después la sociedad, como termómetro, debería reflejar ese cambio en la temperatura y acudir a la Iglesia, donde puede prenderse.

Por desgracia, la Iglesia ha tenido una influencia menguante. Hemos sido más termómetro que termostato y creo que se debe a la falta de integridad que se ha infiltrado en la Iglesia. Debido a que no hemos estado practicando, demostrando o desarrollando integridad, perdimos nuestra posición de influencia. No hemos sido los agentes de cambio que hemos sido llamados a ser. **Yo decreto que la Iglesia ascienda a un nuevo nivel de integridad y que nos convirtamos en las personas que Dios quiere que seamos para cambiar el mundo.**

> *Dondequiera que vayamos, tenemos que cambiar el entorno.*

La Palabra de Dios es la fuente de integridad. La única manera de convertirnos en termostatos del Reino para regular nuestro entorno es mediante la Palabra de Dios. En 2 de Timoteo 2:13 dice que, incluso cuando somos infieles, Dios permanece fiel. Su Palabra obrará independientemente de dónde nos envíe Él, pero tenemos que aplicar su Palabra. Tenemos que tener integridad suficiente para que, cuando lleguen las tormentas, permanez-camos firmes. Cuando hacemos eso, la Palabra de Dios es tan poderosa que cambiará la atmósfera y el entorno a nuestro alrededor, al igual que cuando subimos la temperatura en el termostato.

La clave esta en que tenemos que confiar en la Palabra de Dios y estar dispuestos a posicionarnos sobre la integridad de su Palabra hasta que veamos la manifestación. La tarea del enemigo es hacer que dudemos porque él sabe que una persona que duda no puede recibir nada de Dios. Por tanto, es imperativo que creamos la Palabra de Dios. Si no creemos la Palabra de Dios, no creemos a Dios. Recordemos que Juan 1:1 dice: *"En el princi-pio era el Verbo, y el Verbo era con Dios, y el Verbo era Dios"*. No podemos separar la Palabra de Dios de Dios mismo, y por eso cuando usted no cree la Palabra es equivalente a no creer a Dios.

La Palabra de Dios es verdad y *"escudo y adarga [o protección] es su verdad"* (Salmos 91:4). Cuando un creyente miente o está siendo deshonesto, la persona debilita su espíritu y compromete su capacidad sobrenatural. Ahora, cuando lleguen las pruebas que seguro que llegarán, la persona no tendrá fuerza suficiente para estar firme.

Conciencia situacional

Llevo años volando en aviones, y uno de los primeros pasos para volar seguro es aprender que tenemos algo llamado "conciencia situacional". Deberíamos saber dónde estamos en todo momen-to. Este mismo también es válido para el camino cristiano. No podemos ignorar nuestro sistema de guía espiritual y pensar:

"Esto no se aplica a mí". Ese tipo de mentalidad solo hará que nos desviemos. Tenemos que dejar que nuestra conciencia situacional intervenga.

Observe a su alrededor y preguntese: "¿Por qué aún no me va bien? Después de todos estos años, ¿por qué sigo luchando con estos mismos problemas? ¿Por qué las promesas no me funcionan?". La respuesta podría ser que se ha desviado. No es consciente de cuál es su verdadera posición.

Usted no está prestando atención a su GPS, la guía personal del espíritu, que está diseñada para guiarlo y dirigirlo a toda verdad. Muchos queremos saltarnos algunos pasos esenciales, como desarrollar integridad y carácter. Es nuestra responsabilidad mantenernos sin mancha del mundo (Santiago 1:27). Por eso vemos algunos ministerios y empresas que se derrumban. Una de las tareas del sacerdote es enseñar lecciones que ayuden a mantener una brújula moral entre los que forman el Cuerpo de Cristo.

El enemigo usa la "falta de conciencia" situacional como su principal arma contra el creyente. Cuando no somos conscientes, el diablo puede causar que tropecemos con la transgresión, la duda o la desobediencia a Dios. Después es Dios quien nos retrasa en ese punto, porque Él no va a comprometer su santidad ni pasar por alto el pecado o la falta de integridad. En el mundo, el hombre asciende principalmente por los dones que tiene, como un cantante dotado o un buen jugador de baloncesto; pero Dios espera nuestra integridad y carácter para que, como sus representantes, no impugnemos su nombre. La única manera en que algunas personas llegarán a saber algún día cómo es Dios es mirándonos a nosotros.

Un ejemplo de esta verdad se encuentra en Daniel, capítulo 3, que narra cuando el rey Nabucodonosor había sido manipulado para erigir una imagen de oro y decretar que todo el mundo la adorara bajo amenaza de muerte. El antiguo sistema babilónico era un "tipo y sombra" del sistema actual del mundo, una sociedad que intenta suplir sus necesidades sin Dios. Una ley impía se activó, pero por lo que respectaba a los tres hombres hebreos, ellos no iban a postrarse ante ningún otro dios, porque estaban atados a una ley superior: la ley de Dios.

Los versículos 16–18 dicen:

> Sadrac, Mesac y Abednego respondieron al rey Nabucodonosor, diciendo: No es necesario que te respondamos sobre este asunto. He aquí nuestro Dios a quien servimos puede librarnos del horno de fuego ardiendo; y de tu mano, oh rey, nos librará. Y si no, sepas, oh rey, que no serviremos a tus dioses, ni tampoco adoraremos la estatua que has levantado.

Se les dijo: "Si no se postran y obedecen la ley, serán quemados". Ellos respondieron: "Espere un momento, rey. No tenemos que pensar en cómo responderle en cuanto a esto. El Dios a quien servimos es capaz de liberarnos y Él nos liberará de su mano. No serviremos a sus dioses".

Estos hombres tenían integridad. Eran inquebrantables en su honor y reverencia a Dios, en quien tenían confianza absoluta. Su conciencia situacional no se había apagado debido a sus circunstancias, incluso bajo amenaza de muerte. Ellos sabían dónde estaban; sabían dónde estaba Dios; y sabían, sin lugar a dudas, que Él iba a liberarlos. Confiaban en la Palabra de Dios, que está llena de integridad. No puede fallar y Dios no puede mentir (Tito 1:2).

Cuando los tres hombres hebreos dijeron eso, muchas personas interpretan que querían decir: "Si nuestro Dios decide liberarnos, lo hará, y si no decide liberarnos, seremos quemados". Si usted estudia ese versículo, descubrirá que esa interpretación no guarda armonía con el pacto. Piense en ello. Si Dios no los libra, no servirán al dios de nadie. Serán quemados en unos dos minutos. Estaban diciendo: "Si usted cambia de idea, oh rey, si nos dice que no nos va a arrojar al horno, aun así queremos que sepa que no vamos a servir a su dios". Los hombres hebreos no tenían duda alguna. Su integridad y conciencia situacional se habían puesto en marcha. Simplemente no tenían miedo del horno ni del fuego.

La integridad preserva y protege

Dios sabe que nos está enviando a algunos lugares que tienen feroces tentaciones, pero la integridad nos preservará, no una vez sino cada vez (Salmos 25:21). Aferrarnos a la Palabra de Dios es lo único que hay que hacer. Si no tenemos integridad, no nos aferraremos a su Palabra. Los mentirosos no creen en las palabras de nadie porque no creen en sus propias palabras.

Tito 1:5 dice: *"Todas las cosas son puras para los puros, mas para los corrompidos e incrédulos nada les es puro; pues hasta su mente y su conciencia están corrompidas"*. Es imposible mentir todo el día, despues darse media vuelta y creer la Palabra de

Dios esa noche; ¡no funciona así! La deshonestidad debilita el espíritu de la persona.

Sin integridad, el diablo hace que actuemos desde la carne, confiando en la habilidad natural, la competencia y la capacidad. Después, cuando él ha elevado a alguien se aprovecha de sus debilidades y todo explota en la cara de la persona. Esa no es la manera en que Dios pretendía que fuera. Él pretendía que el nombre de usted no fuera humillado. **Él pretendía que fuera exitoso en su entrada y su salida. Y yo declaro que, a partir de este día, ¡usted lo será!**

La integridad actúa como un límite, y los límites son buenos, porque no es bueno permitir que todo entre en su mente o en su espíritu. Dios le dio a Adán un límite en el Jardín del Edén cuando dijo: *"No coman de ese árbol"* (Génesis 2:17). Cuando Adán cruzó ese límite mediante la desobediencia, perdió algo más que el jardín. Yo tengo límites puestos en mi vida para poder ver cosas que llegan desde lejos. Tenemos límites en nuestro hogar. No hay peleas o riñas en nuestro hogar. No las permitimos.

Cuando ese tipo de resolución está en su espíritu, puede declarar cosas y sucederán. Eso le sitúa a usted en el asiento del conductor de su vida. Usted no es un termómetro, sino un termostato. Usted vino a esta Tierra para cambiar la atmósfera de la tierra. ¡Es usted un regulador atmosférico!

Cuando tenemos integridad, podemos estar firmes ante las pruebas de fuego que vienen a probarnos. Podemos pasar por esas llamas con alabanza en nuestros labios. El primer libro de Pedro 1:6–7 nos da estas palabras de ánimo:

En lo cual vosotros os alegráis, aunque ahora por un poco de tiempo, si es necesario, tengáis que ser afligidos en diversas pruebas, para que sometida a prueba vuestra fe, mucho más preciosa que el oro, el cual aunque perecedero se prueba con fuego, sea hallada en alabanza, gloria y honra cuando sea manifestado Jesucristo.

La prueba de fuego del primer centro comercial

Cuando nuestra iglesia estaba en el proceso de comprar nuestro primer centro comercial, yo sabía que las cosas iban a exacerbarse. Parecía que, mientras más cerca estábamos de cerrar el trato, más se exacerbaba la situación. No teníamos todo el dinero. Los abogados me llamaban y me preguntaban: "Pastor Winston, ¿dónde está el resto del dinero?". Con autoridad les respondía: "Creo que lo recibiré". Ellos decían: "¿Cree que lo recibirá? ¿Qué significa eso? ¡Necesitamos el dinero! ¡Enséñenos el dinero!".

Entonces los promotores comenzaron a hacer fila cuando pensaron que no podríamos cerrar el trato. Decían lo mismo que lo abogados: "¿Dónde está el dinero?". Así que acudí ante el Señor y dije: "Señor, ¿dónde está el dinero?". Él me dijo: "Espera hasta el lunes. Si el dinero no está ahí, ve al banco". A eso lo llamé un préstamo divinamente arreglado, porque ya había estado en tres de los bancos más grandes de Chicago y ninguno nos prestaba los dos millones y medio de dólares que necesitábamos. Ya teníamos tres millones ahorrados.

Esperé hasta el lunes y el dinero aún no se había manifestado. Habíamos sembrado una semilla económica importante y ahora estábamos esperando nuestro milagro financiero. Hice una llamada y a las once de la mañana del día siguiente conseguí todo el dinero de uno de los bancos más pequeños y minoritarios de la ciudad. Es mejor no pedir prestado nada; sin embargo, debido al nivel de nuestra fe, esa fue la manera en que Dios proveyó el dinero que necesitábamos. Fue un milagro. Dios tenía un carnero entre las zarzas todo el tiempo. Desde ese entonces, como he compartido, miles de almas han recibido salvación en nuestro centro de adoración en ese mismo centro comercial, el cual también ha provisto cientos de empleos mediante sus tienda al menudeo.

Proverbios 24:16 dice que *"los justos podrán tropezar siete veces, pero volverán a levantarse"* (NTV). Si usted tropieza en su caminata de fe, levántese, porque la fe está obrando a su favor para perfeccionar la integridad y el carácter. Si ha hecho a Jesús el Señor de su vida, Dios le escogió, y todo esto es parte del proceso. Dios sabe lo que hay en usted y Él sabe el trabajo que debe hacer a través de usted; por tanto, no sea demasiado duro con usted mismo. Hay una gran diferencia entre las acciones de Judas y las de Pedro. Judas metió la pata y se ahorcó. Pedro metió la pata, se arrepintió y continuó.

Cuando trabajaba en IBM, recuerdo que mi jefe me enseñó una lección muy valiosa sobre la integridad. Él me estaba evaluando y me preguntó por un cliente en concreto.

"Ese hombre está loco", dije sarcásticamente.

Mi jefe respondió: "¿Qué?".

"Sí, es un idiota. No sabe de lo que habla", le dije.

"Nunca diga eso", respondió mi jefe. "Quizá el hombre no actúe como usted quisiera que actuara, pero si le llama asi, comenzará a verlo así; y eso le llevará a faltar al respeto a nuestros clientes".

Nunca olvidé esas palabras. Básicamente me estaba diciendo que nuestra vida privada finalmente afectará nuestra vida pública. Incluso nuestros pensamientos sobre alguien al final se manifestarán en cómo tratamos a esa persona.

Cuidado con las asociaciones negativas

Una de las mayores tentaciones que el pueblo de Dios enfrenta al ser exitoso es la asociacion negativa. En Proverbios 22:24–25 se nos advierte: *"No te entremetas con el iracundo, ni te acompañes con el hombre de enojos, no sea que aprendas sus maneras, y tomes lazo para tu alma"*.

Dicho de forma sencilla, las personas con las que usted se asocia pueden influenciarlo. Si observa conductas que muestra en el presente, probablemente puede trazarlas hasta alguien que usted conoció. Si anda demasiado con personas iracundas, usted se volverá iracundo. Si anda con personas que critican demasiado, usted terminará desarrollando también un espíritu crítico.

Las malas conversaciones corrompen los buenos modales (1 Corintios 15:33). Por esa razón tenemos que cuidar con quién se juntan nuestros hijos y seres queridos, ya que los malos hábitos de otras personas se convertirán en los suyos propias. Proverbios 14:12 dice: *"Hay camino que al hombre le parece derecho; pero su fin es camino de muerte"*. En Proverbios 13, versículo

20, también se nos advierte que *"el que anda con sabios, sabio será; mas el que se junta con necios será quebrantado"*. La Biblia describe a un necio como alguien que no acepta instrucciones. No me importa cuánto sano juicio diga tener, si no recibe las instrucciones de Dios es un necio, y usted tiene que cuidar su asociación con tales personas.

Las personas iracundas, críticas y que siempre hablan de forma negativa sobre alguien pueden afectar su visión. Como recomendó cierto hombre: "Haría bien en considerar deshacerse de algunos amigos, si sabe que la relación es tóxica. Juntarse con ellos podría afectar su capacidad de ver y podría disminuir la eficacia y el propósito que Dios tiene para su vida".[6] Para que llegue usted a su destino, debe tener visión.

El enemigo intenta nublar su visión. Siempre que se nubla la visión, usted desacelera su avance hacia su meta. Siempre que la visión es clara, usted acelera hacia su meta. Las distracciones y las malas asociaciones pueden nublar la visión. La ira, el odio, los celos, la envidia, la riña y la división son distracciones que al final afectarán su visión (espiritual). La Biblia llama a estas cosas *"obras de la carne"* (Gálatas 5:19–20). No hay manera de que podamos restaurar la Tierra si cedemos a la carne y usamos los principios de las tinieblas. Si la carne se manifiesta de maneras que no debería, usted tiene fuerzas espirituales de amor para someterla.

Manténgase en el carril del amor

Hay una razón por la que el apóstol Pablo identifica el amor en primer lugar en la lista de fruto del Espíritu (véase Gálatas

5:22). El amor es esencial para llegar a nuestro destino y terminar nuestra misión, porque impide que hagamos concesiones. Cuando la esposa de Potifar tentó a José para que "se acostara con ella", su amor por Dios le ayudó a seguir caminando en integridad y rectitud moral. José le dijo: *"No hay otro mayor que yo en esta casa, y ninguna cosa me ha reservado sino a ti, por cuanto tú eres su mujer; ¿cómo, pues, haría yo este grande mal, y pecaría contra Dios?"* (Génesis 39:9). Satanás intenta echarle del "carril del amor" mediante tentaciones y ofensas para impedir que usted ascienda hasta la cima.

Jesús dijo que el mayor mandamiento es: *"Amarás al Señor tu Dios con todo tu corazón, y con toda tu alma, y con toda tu mente... Y el segundo es semejante: Amarás a tu prójimo como a ti mismo. De estos dos mandamientos depende toda la ley y los profetas"* (Mateo 22:37, 39–40).

El amor personifica la naturaleza del Reino. Cuando caminamos en honestidad, verdad, gozo, paz y santidad, manifestamos productividad. Actuamos como termostatos en nuestro entorno y demostramos el Reino de Dios para que todos lo vean (Mateo 5:16). El primer libro de Juan 4:8 dice que *"Dios es amor"*, así que cuando andamos en amor, andamos en Dios y Él está con nosotros para ayudarnos a vencer la tentación y ganar cada batalla. El amor es una fuerza espiritual que nos ayuda a mantener la integridad, porque el amor de Dios nos constriñe.

Carácter e integridad

Reflexión

Todos los líderes lideran mediante el ejemplo y la influencia. Reflexione sobre los puntos discutidos en este capítulo sobre el liderazgo a través de un carácter piadoso mediante la integridad en este capítulo, y aplíquelos a su propio liderazgo ahora. Su ejemplo e influencia hoy, ¿Son como Dios quiere que sean? Su ejemplo e influencia, ¿conducen a otros a entrar en el Reino de Dios? ¿Es usted un termostato (no un termómetro) para el Reino? ¿De qué maneras puede mejorar su liderazgo para animar a otros en el mundo del mercado para ver al Señor Dios y su Reino?

CAPÍTULO 12

Mayordomía

UN MAYORDOMO DURANTE LOS tiempos bíblicos era un gerente o supervisor a quien el jefe de la casa confiaba el manejo de los asuntos del hogar. Estos asuntos podían ser manejar temas de negocios, llevar un registro de los gastos económicos y recibos o supervisar a los siervos, esclavos e incluso a los niños menores.

Un mayordomo hoy se define como alguien que administra la propiedad o los asuntos económicos de otra persona y administra cualquier asunto personal como agente de otro. El punto principal es que un mayordomo cuida las posesiones de otro como si fueran suyas.

Por tanto, ¿qué es la mayordomía en el Reino de Dios? Contrariamente a lo que muchos cristianos pudieran pensar, la mayordomía no se refiere solo al dinero o como ahorrar. También tiene que ver con cómo criamos a nuestros hijos, cómo ayudamos a que nuestro jefe logre las metas de su empresa y cómo ayudamos a renovar y revitalizar nuestras comunidades y ciudades. Dios le dijo a Adán *"Sean fructíferos y multiplicaos; llenad la tierra"* (Génesis 1:28), porque tenía responsabilidades de mayordomía sobre la tierra.

En el Reino de Dios, la mayordomía tiene que ver con hacer la obra de Dios a la manera de Dios. Por ejemplo, en 1 Crónicas 22:14, el rey David había acumulado el equivalente en moneda de hoy a más de cien mil millones[1] de dólares en oro para contratar a los mejores artesanos y comprar los mejores materiales para la construcción del templo. No escatimó en costos. David estaba comprometido a hacer la obra de Dios a la manera de Dios, porque era *un hombre conforme al corazón de Dios*. La actitud de David está muy lejos del hecho de tomar un proyecto de construcción para ofrecérselo a alguien y escoger al más sencillo por ser el más barato. El postor más sencillo podría tener la peor mano de obra y los materiales de construcción de peor calidad para la visión que Dios le ha dado. De nuevo, la mayordomía no tiene que ver con cuánto dinero puede ahorrarle a Dios, sino con hacer la obra de Dios a la manera de Dios.

Otro aspecto de la mayordomía es trabajar para producir aumento y soluciones en la tierra. De nuevo, Adán tenía la responsabilidad de mayordomía de reabastecer la Tierra. *Reabastecer* significa "almacenar con abundancia, completar, recuperar la llenura anterior y renovar y suplir perpetuamente".[2] Este mandato aún existe hoy en cuanto a la Iglesia se refiere. Dios sigue esperando que la humanidad reabastezca esta tierra y la lleve de nuevo a la gloria del Edén.

Los tres siervos

En Mateo 25:14–15 podemos entender el tipo de mayordomos que Dios desea que seamos: *"El reino de los cielos es como un hombre que yéndose lejos, llamó a sus siervos… A uno dio cinco talentos, y a otro dos, y a otro uno, a cada uno conforme a su capacidad"*. Este pasaje nos dice que los talentos se distribuyeron a los siervos según su capacidad. Yo defino *capacidad* como "nivel de inteligencia, competencia, habilidad y dones". Tomando en cuenta estos factores, Dios determina lo que le confía. Inicialmente no todos reciben el mismo nivel de responsabilidad en relación con su mayordomía; sin embargo, Dios es un "jefe que da igualdad de oportunidades". Y cuando somos fieles con

> *Dios determina lo que le confía.*

lo que Él nos da, solo entonces nos da más. En esta parábola, un siervo recibió cinco talentos. El segundo recibió dos talentos y el tercero recibió un talento.

Muchas personas interpretan estos *"talentos"* como habilidades o dones intangibles como cantar o tocar un instrumento musical, y podría ser así, pero creo que esta enseñanza de Jesús tiene una doble referencia, y es que los talentos mencionados aquí también son talentos de oro. En mi investigación, descubrí que la antigua medida de un talento de oro equivaldría a dos millones (moneda de Estados Unidos) de nuestra actual moneda.[3] Imagínese al Señor confiándole dos millones, a otra persona cuatro millones, y a otra persona diez millones.

Los versículos 16–17 (Mateo 25) después dicen: *"Y el que había recibido cinco talentos fue y negoció con ellos, y ganó otros cinco talentos. Asimismo el que había recibido dos, ganó también otros dos"*. Su amo o señor después les dijo a ambos: *"Bien, buen siervo y fiel; sobre poco has sido fiel, sobre mucho te pondré; entra en el gozo de tu señor"* (versículo 21).

Los siervos buenos y productivos

En estos versículos, tenemos una imagen de unos siervos buenos y productivos. Estos siervos obviamente cuidaron bien del dinero de su amo. Lo gestionaron hábilmente y fueron ingeniosos. Situado en el contexto actual, leyeron diarios financieros, hicieron la investigación de empresa para comprobar los márgenes de beneficio y después tomaron la decisión que llevó a unas buenas inversiones. Como resultado, los primeros dos mayordomos duplicaron el dinero de su amo. El amo estaba contento y les dijo: "Bien hecho, buen siervo y fiel".

Buen significa "beneficioso" en griego. Hay pocas cosas que den más gozo a un jefe que confiar sus asuntos a un empleado que los administra de forma competente y aumenta su balance. Como resultado, llega un ascenso después de una buena mayordomía. Las escrituras hablan sobre el ascenso de un creyente: *"Porque ni de oriente ni de occidente, ni del desierto viene el enaltecimiento. Mas Dios es el juez; a éste humilla, y a aquél enaltece"* (Salmos 75:6–7).

Recuerdo cuando yo vendía computadoras. Comencé despacio alcanzando mi cuota de ventas. Había participado en la capacitación sobre computadoras que había ofrecido la empresa, pero las cosas no iban del todo bien. Tras algunos cambios importantes en mi vida personal, comencé a ver la luz. Mis habilidades de ventas se desarrollaron hasta el punto de que podía predecir con meses de antelación cuándo cerraría nuevos tratos para la empresa. Mi jefe estaba muy contento con mi trabajo y me puso en la fila para ser ascendido. La empresa me enseñó los mecanismos de venta, pero el libro de éxito número uno del mundo, la Biblia, me dio el conocimiento y la fe que me llevaron a la cima. Me dieron el diploma de "Vendedor extraordinario" en mi oficina en el centro de Chicago.

Por tanto, lo que estoy diciendo es que, como creyente, su ascenso no viene realmente de su supervisor, sino de Dios. Mediante los dones y talentos que Dios le ha dado, y por encima de toda su fidelidad, estos siervos duplicaron el dinero de su amo y produjeron aumento a la casa de su amo. En Proverbios leemos: *"Como a los que cuidan de la higuera se les permite comer del fruto, así serán recompensados los empleados que protegen los intereses de su patrón"* (Proverbios 27:18, NTV). Es interesante que no nos podemos saltar la ley espiritual que dice: *"Cada uno cosechará lo que haya sembrado"* (Gálatas 6:7, TLA). Su fidelidad, el fruto (producción, creación) que cosecha, refleja las semillas que usted planta y cultiva.

El siervo malo e inútil

En Mateo 25:24–30, sin embargo, leemos algo muy distinto sobre el tercer siervo que recibió un talento. Notemos la actitud de este siervo hacia su amo y con respecto a su responsabilidad.

> **Pero llegando también el que había recibido un talento, dijo: Señor, te conocía que eres hombre duro... por lo cual tuve miedo, y fui y escondí tu talento en la tierra... Respondiendo su señor, le dijo: Siervo malo y negligente... debías haber dado mi dinero a los banqueros, y al venir yo, hubiera recibido lo que es mío con los intereses.**

Este tercer siervo recibió el apelativo de "malo" por varias razones, las cuales le hicieron "inútil" (versículo 30). Veamos y aprendamos, espero, de algunos de los errores clave que cometió este siervo. Primero, este siervo estaba lleno de excusas, que a menudo son las razones que da la persona para justificar la falta de acción y la incompetencia. Extrañamente las personas que no hacen nada son a menudo las que tienen razones más elaboradas para no hacer nada, y siempre se trata de ellos.

Segundo, las personas egocéntricas siempre tienen la perspectiva errónea sobre las personas lideradas por ellos, porque ven el mundo a través de sus propias lentes (torcidas) del egoísmo. El amo lo llama "malo", lo cual se refiere a algo retorcido o que se desvía de la ley divina. La fe no es hacer que Dios u otra persona sea el responsable del resultado. Yo llamo a eso "religión". **La fe auténtica es compartir la responsabilidad con Dios.** Observemos que este siervo intentó echar la culpa y toda la responsabilidad de su inacción al astuto temperamento de su amo. No. Cuando hemos hecho nuestra parte, entonces la parte de Dios está garantizada.

> *La fe auténtica es compartir la responsabilidad con Dios.*

En la jerga de hoy día, él estaba diciendo: "Como sé que básicamente eres injusto e impredecible, tuve miedo de correr un riesgo con tu dinero". El siervo culpa de su pereza y falta de confianza a su amo. He descubierto que, cuando Dios nos da algo que decir o hacer, parece que siempre nos hace salir de nuestra zona de confort... más allá de nuestra propia habilidad natural, y parece que siempre nos deja con dos opciones, una de fe y la otra de razonamiento o lógica humana por lo general basada en el temor.

Recordemos que la meta del enemigo es que nos mantengamos dentro de los límites de la razón, como hizo con Eva en el Jardín del Edén, convirtiendose así en el responsable de mantenernos confinados en nuestra propia capacidad y sin que sintonicemos con nuestro colaborador invisible: Dios.

Tercero, este siervo no estaba interesado en aumentar o tener ganancias. Sin embargo, los jefes por lo general siempre están interesados en aumentar y mejorar su "balance". Lo único que no quieren aumentar es la improductividad o la pérdida. Esta es una revelación: en el Reino de Dios no existe el "sin fines de lucro", aunque las iglesias locales en los Estados Unidos y en algunas naciones más están establecidas así debido a las leyes del gobierno. No hay "sin fines de lucro" en el Reino. Todo lo que con respecto al Reino es para obtener beneficio y avance del Reino. Un libro define *beneficio* como "una medida legítima del valor sobre (su) esfuerzo".[4]

Finalmente, el siervo que recibió un solo talento impidió su aumento al enterrarlo. No lo usó como una semilla para dar fruto en el Reino de Dios y, como resultado, su amo le quitó lo que tenía. Para decirlo claro, ¡fue despedido! Y su amo le dio su talento al que más había producido. Yo lo llamo "poner el dinero donde genera dinero". Creo que esto es lo que está ocurriendo en la iglesia local hoy.

Como al Señor realmente le importan las personas, las está dirigiendo de un ministerio a otro donde puedan ser alimentadas y productivas; donde haya un enfoque en preparar, enseñar, disciplinar y dar valor a las personas para enviarlas a un mundo herido y cumplir sus destinos. Recordemos: todo tiene que ver con avanzar el Reino.

Al enterrar el talento, el siervo no lo perdió, sino que creó una pérdida para el Reino. ¿Puede ver eso? ¿Por qué? Porque no lo usó para generar aumento. Es asombroso cómo el éxito a veces se puede percibir como malo. He oído a ministros decir: "Oh, se está llevando a todos mis miembros". "La gente deja nuestra denominación y se va con esas iglesias sin denominación". Bueno, quizá Dios tan solo está reubicando sus recursos para obtener ganancias. Él está "poniendo el dinero donde genera dinero".

En las empresas o en el mundo del mercado, la "religión" nos

El ascenso es uno de los beneficios de la fidelidad.

ha dicho... se espera que usted tenga beneficios, pero no espere sentirse bien por ello por miedo a volverse demasiado materialista. Bueno, esta es la forma correcta de verlo: el beneficio para un empresario debería ser como la victoria para un atleta. Debería ser casi algo instintivo. Oí a alguien decir: "Dios diseñó los dos (sexo y beneficio) para un propósito honroso... se puede abusar de cualquiera de los dos".[5] Proverbios 28:20 dice: *"El hombre de verdad tendrá muchas bendiciones; mas el que se apresura a enriquecerse no será sin culpa"*. El hombre fiel en este pasaje es el "buen siervo", y Dios promete que tendrá abundancia o bendiciones abundantes, pero *"el que quiera enriquecerse de la noche a la mañana se meterá en problemas"* (NTV).

La semilla de la fidelidad

Webster's New World College Dictionary define *fidelidad* o *fiel* como "mantener lealtad a alguien o algo: ser constante, leal, tener o mostrar un fuerte sentido de obligación o responsabilidad".[6]

Ser fiel es ser fiable, confiable o creíble. La idea es ser liberado de ser faltoso en nuestros asuntos. Lo opuesto de la lealtad es, el no cumplir su palabra o una obligacion, o ser deshonesto, infiel. En Proverbios 25:19 dice: *"Como diente roto y pie descoyuntado es la confianza en el prevaricador en tiempo de angustia"*. Las personas que no son fiables pueden ser perjudiciales para una organización o un equipo que depende de ellas; sin embargo, siempre se puede confiar en una persona fiel.

En la parábola de los talentos, el amo dijo a cada siervo que diligentemente cuidó de los asuntos de su amo: *"Bien, buen siervo y fiel; sobre poco has sido fiel, sobre mucho te pondré"*. Él los enalteció. Así, el ascenso, promoción o enaltecimiento no solo viene por ser un buen siervo, sino también es uno de los beneficios de la fidelidad. Al releer el libro de Génesis y ver la vida de José, en cada situación o entorno en el que fue puesto, José fue ascendido y tuvo más influencia. Como José, todos tenemos que desarrollar la fidelidad, aprender a cumplir nuestra palabra, resistir en las circunstancias difíciles y dejar que la paciencia tenga su obra perfecta. Al hacerlo, usted está sembrando una semilla de sacrificio de fe en la fidelidad de Dios. Hebreos dice: *"Porque fiel es el que prometió"*, lo cual significa que Él cumple su Palabra. El ascenso para José llegó *a través* de los egipcios, pero no vino *de* los egipcios. Dios no va a pasar por alto nuestra fidelidad o la falta de ella.

Cuando me mudé con mi familia a Chicago para comenzar nuestro ministerio, solo teníamos doscientos dólares a nuestro nombre, pero fuimos obedientes y fieles a lo que el Señor nos había llamado a hacer. Comenzamos teniendo servicios en nuestra primera ubicación, una pequeña iglesia situada en un local comercial en las calles Lake y Pulaski, en la parte oeste de Chicago. Una noche, alguien nos robó el automóvil. Entonces teníamos que tomar el transporte público, ya que el dinero que recibimos del seguro apenas nos alcanzaba para comprar otro vehículo. Por fe, sembramos el dinero del seguro, la cantidad completa, contando con la fidelidad de Dios. Por casi ocho meses caminamos y montamos en la "L", que es el sistema elevado de tren rápido en Chicago, porque no queríamos endeudarnos. Era importante para nosotros ser ejemplos para los miembros de nuestra iglesia. A menudo teníamos que esperar a que llegara un tren en la plataforma helada en un brutal invierno en Chicago. Pero mediante todo eso, nos mantuvimos fieles a la Palabra de Dios. Veronica llevaba su guitarra en una mano y a nuestro hijo David en la otra (ahora está casado y es pastor de jóvenes en nuestra iglesia). Cada noche mientras estábamos ahí afuera, estábamos divinamente posicionados y con el posicionamiento divino viene la protección divina y la provisión divina. Hoy, tenemos transporte más que suficiente, incluso llevamos a otros a las reuniones de la iglesia.

Beneficios eternos de la fidelidad

La fidelidad también tiene beneficios eternos. La persona promedio tiene tendencia a vivir como si no hubiera vida después de la muerte; sin embargo, la realidad es que todos vamos a vivir eternamente en algún lugar, ya sea en el cielo o en el infierno. Cuando a los siervos fieles en Mateo 25 se les dijo: *"Sobre mucho te pondré; entra en el gozo de tu señor"*, ese no era solo un gozo "del momento", sino también un gozo eterno. Los siervos fieles serán honrados por su fidelidad por la eternidad. Esto supone una urgencia en la predicación del evangelio y llevar personas a Cristo. Dios pone un deseo en nuestro corazón de ir y persuadir a hombres y mujeres sobre el Reino, por lo que recibiremos recompensas eternas por nuestro testimonio.

Como mayordomos, todos rendiremos cuentas delante del Señor omnisciente, quien todo lo ve, el cual nos juzgará conforme a nuestras habilidades, dones, servicio, fidelidad, justicia, actitudes y motivaciones, en todas las cosas ya sean buenas o malas. Todo será expuesto delante del Señor para su juicio y recibiremos recompensas según nuestra propia labor en el Reino (1 Corintios 3:7, 14). Que estas mismas palabras sean dichas sobre su vida al final: ***"Bien hecho, mi buen y fiel siervo"***.

Ser un mayordomo bueno y fiel implica nuestro testimonio al mundo. Por eso vivir una vida recta, ser un testigo eficaz y mantener la integridad son cosas tan importantes. Somos embajadores del Reino de luz, somos el único "Jesús" que algunas personas van a ver hasta que Él regrese. Hasta entonces, nosotros somos lo único que el mundo tiene para señalarlos a Cristo. Debemos ser haces de luz y la sal de la tierra que el mundo necesita. Dondequiera que seamos asignados, en el campo misionero o en el mundo del mercado, *"Así alumbre vuestra luz delante de los hombres, para que vean vuestras buenas obras, y glorifiquen a vuestro Padre que está en los cielos"* (Mateo 5:16).

Mayordomía y excelencia

Como mayordomos, queremos ser como Daniel. El rey Darío nombró 120 protectores del reino sobre el imperio Medo-persa y sobre ellos a tres presidentes, de los cuales Daniel era uno de ellos. La Biblia dice en Daniel 6 que Daniel era el preferido de todos los líderes porque tenía un espíritu superior, y por eso *"el rey pensó en ponerlo sobre todo el reino... porque él era fiel, y ningún vicio ni falta fue hallado en él"* (versículos 3–4). La *Nueva traducción viviente* dice: *"Era fiel, siempre responsable y totalmente digno de confianza"*. La *Nueva Versión Internacional* dice: *"Daniel era un hombre digno de confianza"*.

El rey Darío estaba tan complacido con Daniel que lo puso en un puesto por encima de todos los demás presidentes y príncipes. Esto es algo por lo que cada mayordomo debería esforzarse: ser conocido por la honestidad, la excelencia, y ocupar un lugar de influencia. La *excelencia* se define como "atención al detalle que produce un desempeño superior que lleva al ascenso en la vida". Este Daniel era insuperable manejando los negocios del rey.

A primera vista, Daniel tenía una desventaja al ser un judío llevado cautivo para servir en el gobierno medo-persa. Daniel estaba rodeado de celos, odio y personas con prejuicios a quienes Daniel no les caía nada bien, sin embargo, seguía ascendiendo. Eso es lo que yo llamo: "El Señor aderezando mesa delante de mí en presencia de mis (sus) angustiadores". Como mayordomos, cuando estamos divinamente posicionados, también estamos divinamente protegidos.

Incluso cuando los enemigos de Daniel tendieron una astuta trampa para destruirlo, su fiel mayordomía lo libró. Persuadieron al rey para que firmara un decreto que decía que cualquiera que fuera sorprendido orando a cualquier otro dios u hombre que no fuera el rey durante los siguientes treinta días, seria arrojado al foso de los leones. Aunque Daniel era fiel al rey, rehusó deshonrar o ser infiel a Dios. Siempre que nuestra fidelidad a un rey o gobierno viole nuestra fidelidad al Rey de reyes, debemos seguir el ejemplo de Daniel y mantenernos del lado del Señor.

> *Las leyes celestiales de Dios son superiores a cualquier ley terrenal.*

Las leyes celestiales de Dios son superiores a cualquier ley terrenal. ¡El Reino de Dios gobierna sobre todo! Daniel fue arrojado al foso de los leones por una ley injusta. Pero, al igual que Daniel, si nos posicionamos del lado de la Palabra de Dios y permanecemos fieles a Él, Dios será fiel a nosotros. Él hará por nosotros lo que hizo con Daniel: protegernos, preservarnos, ascendernos y distinguirnos.

Los Marines de los Estados Unidos tienen un dicho en latín, *Semper Fidelis* (Semper Fi), que significa "siempre fieles". Ante las circunstancias difíciles, acuérdese de mantenerse fiel. No se rinda. **"Sufre penalidades como buen soldado"**, porque hay una etapa programada para usted. El dividendo debe corresponder a la inversión algún día. Como dice Gálatas 6:9: *"No nos* *cansemos, pues, de hacer bien; porque a su tiempo segaremos, si no desmayamos".*

Mayordomía

Reflexión

Tras leer este capítulo, interactúe con la exposición de la parábola de los talentos, ore al respecto y aplíquela a sus propias acciones en el Reino. ¿De qué maneras es usted un "buen siervo y fiel"? ¿De qué maneras puede mejorar?

Parte 5
Avanzar el Reino de Dios

La transferencia de riqueza

DURANTE CASI UN AÑO ministré sobre el tema "transferencia de riqueza sobrenatural". Compartí que el plan de Dios es entregar periódicamente la riqueza de los malvados a los justos, el pueblo de Dios. Estoy hablando sobre grandes activos. Este es su plan divino. Como otras operaciones del Reino de Dios, no se pueden analizar de forma científica. Dios dijo: *"Porque mis pensamientos no son vuestros pensamientos, ni vuestros caminos mis caminos, dijo Jehová"* (Isaías 55:8).

Él quiere que todo buen hombre deje una herencia para los hijos de sus hijos (nietos). Dios no es tímido con su opinión. Proverbios 13:22 dice: *"El bueno dejará herederos a los hijos de sus hijos; pero la riqueza del pecador está guardada para el justo"*. Él dice claramente que espera que usted provea para su cónyuge, sus hijos y sus nietos. Obviamente, Dios no espera que su pueblo sea pobre.

Hoy el Señor permite que aquellos a quienes la Biblia describe como pecadores acumulen grandes sumas de riqueza para los hijos e hijas de Dios. *"Esta es para con Dios la porción del hombre impío... Aunque amontone plata como polvo, y prepare ropa como lodo; la habrá preparado él, mas el justo se vestirá, y el inocente repartirá la plata*" (Job 27:13, 16–17). Nosotros somos los justos.

En resumen, Dios le ha dado al impío un ministerio. Le ha ordenado acumular riquezas. ¿Por qué? Para transferirla a manos de los justos. No piense ni por un instante en escasez o carencia. Hay riqueza suficiente aquí en la Tierra para establecer un Reino en todo el mundo que alivie cada necesidad física que la humanidad ha conocido. El problema es que ha estado escondida y en las manos erróneas.

Todo el dinero de timadores, usureros, malversadores, mafiosos y establecimientos de préstamos que cargan intereses irracionales, toda la riqueza robada, se le dará a quienes se apiadan de los pobres. Entender esto es bíblico; no es que Dios odie a la gente. Las escrituras dicen: *"De tal manera amó Dios al mundo"*, y eso incluye a los pecadores. Sin embargo, Él ha declarado que *"el que aumenta sus riquezas con usura y crecido interés, para aquel que se compadece de los pobres las aumenta"* (Proverbios 28:8). Si examinamos la situación de cerca con respecto al evangelio, veremos que no evangelizar no es un problema que tenga que ver con la gente, sino es un problema financiero, junto a la oración ineficaz. Para avanzar el Reino se necesita poder espiritual y abundancia financiera.

Debido al pecado de Adán, la humanidad se perdió y la Tierra ya no estuvo en manos de aquellos a los que Dios había dado dominio. Sin embargo, debido a la venida de Jesús y su obra de redención, Dios está obrando su plan de salvación, el cual incluye riqueza material. Una de las cosas más importantes que llegan en ese tiempo, y que ha ocurrido varias veces en la historia bíblica, es una transferencia sobrenatural de riqueza de los pecadores a manos de los justos, el pueblo de Dios. Alguien me dijo una vez: "La redención no está completa sin provisión divina".

Mediante plataformas como el favor divino, por ejemplo, más de cuatrocientos años de trabajo duro fue el pago con atrasos en un día (Éxodo 3:21). Antes de que los israelitas salieran de Egipto, se hicieron extremadamente ricos de la noche a la mañana llevándose con ellos dinero (oro y plata) en sacos. Uno de los engaños de satanás es hacer que una persona que ha nacido de nuevo piense que la sanidad y las riquezas no vienen en el mismo paquete. ¡No! Salud y riqueza están en el mismo paquete de redención. *"Los sacó con plata y oro; y no hubo en sus tribus enfermo"* (Salmo 105:37).

Esta transferencia de riqueza fue el resultado de una agenda profética planeada por Dios y sucedió a escala nacional o colectiva. Dios dijo esta palabra profética a Abraham con respecto a la simiente de Abraham cientos de años antes, *"Mas también a la nación a la cual servirán, juzgaré yo; y después de esto saldrán con gran riqueza"* (Génesis 15:14). Y sucedió justo a tiempo, justo como Dios dijo. Él dio su gracia a los hijos de Israel y, como dice un amigo mío, "un acto de gracia puede valer años de trabajo".

La transferencia de riqueza también se puede producir en las vidas de individuos o a nivel personal. Cuando una persona obedece los principios del Reino que gobiernan el aumento, el dinero y la riqueza, Dios puede transferir sobrenaturalmente propiedades, patentes, bienes e incluso empresas enteras a su posesión.

Para poder sobresalir en cualquier área donde Dios nos haya puesto, necesitamos sabiduría. Mediante la sabiduría de Dios, los problemas se pueden resolver y podemos recibir todo tipo de ideas, conceptos y percepciones. Las escrituras nos dicen que, en estos últimos días, llegarán ondas ingeniosas de creatividad a través de la Iglesia (Efesios 3:10). Esta sabiduría revelará maneras mejores de hacer las cosas y un enfoque "diez veces mejor" para resolver problemas. Así como José, a mediante de la sabiduría que Dios le ortogó, fue puesto a cargo del gobierno de Egipto, Dios está levantando a su pueblo con la sabiduría, la cual siempre produce riquezas (Proverbios 3:16).

Muchas personas piensan: "Si puedo trabajar duro durante mucho tiempo, ¡seré rico!". No estoy en contra de un buen día de trabajo, pero ¿cuántos han muerto intentando ganar lo suficiente para jubilarse? Solo trabajar no hace rico a nadie. Es el trabajo creativo lo que garantiza la productividad y, a su vez, la riqueza. En la mayoría de los casos, el eslabón perdido en el trabajo es la sabiduría, ya sea que ese trabajo involucre a una nación o un individuo. La economía de un país nunca es el problema. Es la mentalidad o la falta de sabiduría piadosa lo que puede causar que la economía de un país sufra. Un país, una empresa o un individuo prosperará y tendrá salud en cuanto prospere su alma (mente, voluntad y emociones) (3 Juan 2).

Como enseña la Biblia, toda la riqueza del universo salió de la sabiduría (Salmos 104:24). Recordemos que la mayoría del tiempo la sabiduría no encuentra un camino, sino que crea uno nuevo. Esta sabiduría es nuestra herencia según Apocalipsis 5:12 y es tiempo de levantarnos y apropiarnos de lo que nos pertenece. Nuestro ministerio pudo tomar posesión de nuestro centro comercial de treinta y tres acres mediante los principios de la sabiduría, gracia divina y la siembra y la cosecha. Este es otro relato de cómo sucedió.

En los primeros años de nuestro ministerio en Chicago solíamos tener nuestras reuniones en un salón de banquetes que rentábamos los domingos y los miércoles. Un domingo después de nuestra tercera reunión, salí por la puerta principal del edificio y miré al otro lado de la calle donde había un centro comercial. Estaba casi vacío y se había estado deteriorando por varios años.

Mientras lo miraba, el Señor me habló al corazón y

> *Sembrar y cosechar es la ley cardinal que controla todo en el Reino de Dios.*

me dijo: "Compra ese centro comercial". En ese momento no estaba oficialmente en venta y dos antiguos propietarios no habían tenido éxito a la hora de rentabilizarlo. El centro comercial era enorme, más grande que cualquier cosa que pudiera imaginar tener algún día. Tenia que renovar por completo mi mente para pensar como Dios. Recuerde que el paso inicial para crear abundancia es alinear nuestros pensamientos con los de Dios.

Cuando decidí obedecer a Dios, solo entonces Él me dio "una palabra-semilla" de la Biblia para meditar alrededor de ella y transformar mi pensamiento. Dios no hace nada sin una semilla. Lucas 8:11 dice: *"La semilla es la palabra de Dios"* y es la plataforma para todo aumento en el Reino de Dios. Sembrar y cosechar es la ley cardinal que controla todo en el Reino de

Dios. Cuando comencé a meditar sobre el versículo que Él me dio, que era Josué 1:3, la luz de la revelación irrumpió en mi pensamiento. Mi capacidad de recibir se expandió de inmediato y llegó a mí el entendimiento de cómo podía hacer lo que Dios me estaba pidiendo. *"La exposición de tus palabras alumbra; hace entender a los simples"* (Salmos 119:130).

Como parte de sus instrucciones, el Señor me dirigió a sembrar una semilla financiera de mi ministerio, parte de lo que estaba ahorrando para comprar algún día nuestro propio edificio de adoración. Y cuando obedecí a Dios, comenzaron a ocurrir milagros. Tuvimos favor con los vendedores y ellos rebajaron el precio hasta algo insólito. Terminamos comprando la propiedad por millones menos de lo que habían propuesto inicialmente. Estoy casi tentado a decir: "Fue una ganga". Desde que compramos el centro comercial, hemos remodelado toda la propiedad, hemos creado más de cuatrocientos puestos de trabajo y mediante nuestra construcción de un centro de adoración miles han entregado sus vidas a Cristo. El éxito de nuestro centro ha mejorado de manera significativa la economía de toda la comunidad local.

Creo que nosotros, los hijos de Dios, somos la razón de la mayor transferencia de riqueza "de los últimos tiempos" de la historia de este planeta. Millones, miles de millones en dinero, bienes e ideas están llegando al Cuerpo de Cristo. Puedo ver en una visión inventos que vienen a través del pueblo de Dios que asombrarán al mundo y harán que la tecnología de hoy parezca un juego de niños. Entendamos que el pacto de Dios promete bendecirnos para que podamos ser una bendición.

Jesús asumió una responsabilidad personal por la oscuridad sobre esta tierra diciendo: *"Yo soy la luz del mundo"* (Juan 8:12); como sus representantes, tenemos el mandato de hacer lo mismo. Deberíamos ver el problema de la droga no como un problema del mundo, sino como un problema de la Iglesia. La pobreza y la enfermedad en las naciones, el analfabetismo y todas las demás formas de enfermedades sociales deberían considerarse responsabilidad de la Iglesia para erradicarlos. Deberíamos continuar el pacto que Dios hizo con Abraham: *"Y serán benditas en ti todas las familias de la tierra"* (Génesis 12:3). Estas son algunas razones bíblicas basadas en las escrituras para la transferencia de riqueza.

Razón núm. 1: Avanzar el Reino de Dios

La primera razón es para patrocinar, avanzar el Reino y para evangelizar **rápidamente** el mundo, lo que producirá la cosecha de almas de los últimos tiempos; en pocas palabras, para llevar a cabo la Gran Comisión que nuestro Señor dio al Cuerpo de Cristo. *"Id por todo el mundo y predicad el evangelio a toda criatura"* (Marcos 16:15). Dios necesita que la riqueza esté en nuestras manos para cumplir el llamado a en nuestras vidas de esta generación y para reclamar lo que Jesús redimió. Hay miles de millones de almas que necesitan ser alcanzadas por el evangelio hoy.

Razón núm. 2: Edificar su templo

Una segunda razón es: *"Y harán un santuario para mí"* (Éxodo 25:8). Había solo una cosa para la que los hijos de Israel podían usar toda la riqueza en medio del *"desierto del Sinaí"*: para edificar un tabernáculo o templo para Él. La Biblia dice: *"Vosotros sois el templo del Dios viviente"* (2 Corintios 6:16). La Iglesia es el verdadero templo (espiritual) del Dios viviente y la riqueza de los pecadores es para que le edifiquemos un templo. Tenemos que hacer discípulos en todas las naciones y trasformar sus vidas en hijos de Dios productivos y maduros mediante la enseñanza y el cambio de una vida de esfuerzo bajo la maldición a una vida bajo La Bendición.

Hay que comenzar decenas de miles de iglesias, hay que construir edificios y centros de entrenamiento y hay que pagar las deudas de la Iglesia y las iglesias.

> *Ser rico es nuestra primogenitura y la salvación de cada alma es nuestra responsabilidad.*

Los pastores, misioneros y otros miembros del ministerio quíntuple necesitan un equipamiento e instalaciones adecuadas para ayudarles a llevar el mensaje salvador de Jesucristo a miles de almas. David pagó la edificación del primer templo en Jerusalén con la riqueza que había adquirido de los botines en sus batallas contra las naciones impías, la cual, por cierto, era de miles de millones. Salomón, que realmente fue quien edificó el primer templo, no tuvo que tomar prestado ni un céntimo. Ser rico es nuestra primogenitura (Apocalipsis 5:12) y la salvación de cada alma es nuestra responsabilidad. Esto se remonta a las palabras que Dios dio a Adán y Eva: *"Y los bendijo Dios, y les dijo: Sean fructíferos y multiplicaos; llenad la tierra, y sojuzgadla"* (Génesis 1:28).

Razón núm. 3: Restaurar comunidades, ciudades y naciones

Una tercera razón es para *"llenar la tierra, y sojuzgarla"*. De nuevo, la palabra *llenar* significa "almacenar con abundancia, recuperar la llenura anterior, o renovar y suplir perpetuamente". El libro de Ezequiel describe las ciudades y comunidades donde estará el pueblo de Dios, no empleado sino desplegado. *"Y dirán: Esta tierra que era asolada ha venido a ser como huerto del Edén"* (Ezequiel 36:35). Se necesitan recursos económicos para sojuzgar y reconstruir, se supone que debemos tener más que suficiente para terminar el trabajo.

Isaías 61:4 dice: *"Reedificarán las ruinas antiguas, y levantarán los asolamientos primeros, y restaurarán las ciudades arruinadas, los escombros de muchas generaciones"*. De nuevo, la riqueza tiene que venir del pecador (Reino de las tinieblas) a quien Dios está permitiendo acumular millones y billones en riqueza para los justos. *"Porque al hombre que le agrada, Dios le da sabiduría, ciencia y gozo; mas al pecador da el trabajo de recoger y amontonar, para darlo al que agrada a Dios. También esto es vanidad y aflicción de espíritu"* (Eclesiastés 2:26).

Estos versículos dejan ver claramente el plan de Dios de capacitar a la Iglesia para que marche hacia el dominio financiero, no en redistribución; ese es un concepto socialista, pero "transferencia de riqueza" es el concepto del Reino. Según suplimos las necesidades de otros, Dios dijo que Él nos dará más recursos para que podamos volver a dar.

Aquí hay algunos versículos que validan esta afirmación: *"A Jehová presta el que da al pobre, y el bien que ha hecho, se lo volverá a pagar"* (Proverbios 19:17). *"Dad, y se os dará; medida buena, apretada, remecida y rebosando darán en vuestro regazo; porque con la misma medida con que medís, os volverán a medir"* (Lucas 6:38). *"Dios puede darles muchas cosas, a fin de que tengan todo lo necesario, y aun les sobre. Así podrán hacer algo en favor de otros"* (2 Corintios 9:8, TLA).

Un llamado alto y claro que yo repito apasionadamente a lo largo de este libro es que nosotros, mediante la asociación divina de reyes y sacerdotes, somos enviados a levantar la maldición de las naciones que, de lo contrario, no tendrían esperanza. Del mismo modo que algunas naciones del mundo honran y miran a los Estados Unidos buscando ayuda y liderazgo, estas naciones honrarán el Reino de Dios cuando se predique y demuestre adecuadamente.

Un suministro inagotable

Finalmente, como ciudadano del Reino, usted tiene una cuenta celestial, un "suministro sobrenatural". Así como es probable que tenga una cuenta bancaria en la Tierra, ahora tiene una "cuenta celestial". La principal diferencia es que esta cuenta celestial es inagotable. Esta tesorería del templo es referida en algunas naciones como "territorio autónomo" para el pueblo de Dios (vea la definición de territorio autónomo del Capítulo 3: "Reyes y sacerdotes: el Reino"), con la exepción que esta tesoria es inagotable.

El mundo y toda su riqueza le pertenecen a Dios. Él lo entregó a Jesús y nosotros somos coherederos con Él. No hay límite en la riqueza que usted ha heredado, todo aquel que hace de Dios su Fuente, automáticamente se convierte en alguien tan rico como

Dios. Él no tiene trillones y hace que usted solo sea millonario. ¡No! Dios hace que usted sea tan rico como Él. *"Todas mis cosas son tuyas"* (Lucas 15:31; Génesis 25:5).

Esta es la manera en que funciona un verdadero pacto. Le hace ser uno. Incluso aunque Él quisiera cambiar de idea con respecto a su pacto... no puede. *"No olvidaré mi pacto, ni mudaré lo que ha salido de mis labios. Una vez he jurado por mi santidad, y no mentiré a David"* (Salmos 89:34–35). Por tanto, si alguna vez hay escasez en la tierra, hay un suministro enorme en el gran almacén invisible de Dios, al cual tenemos acceso por la fe, materializando mucho más de lo que este mundo podría necesitar o desear jamás.

La transferencia de riqueza

Reflexión

Su suministro inagotable en su cuenta celestial está garantizado mediante un pacto: *"Todas mis cosas son tuyas"* (Lucas 15:31, Génesis 25:5). Vuelva al capítulo 3: "Reyes y sacerdotes: el Reino". Reflexione sobre este pacto y cómo ha cambiado su mentalidad (pensamiento), cómo ha crecido desde el capítulo 1, y busque el consejo de Dios. Pídale que le revele su plan para que usted crezca como un "buen siervo y fiel" y para avanzar su Reino aquí en la Tierra. Escriba una carta u oración a Dios, o sobre las revelaciones que Él le ha dado.

CAPÍTULO 14

Milagros en el mundo del mercado

L A COLABORACIÓN DIVINA de reyes y sacerdotes es crítica para el Cuerpo de Cristo, la Iglesia, para así terminar su misión número uno, que es avanzar el Reino de Dios y establecer el gobierno del cielo dondequiera que seamos enviados. El Señor Dios está restaurando esta revelación de la "colaboración", que llevará a la Iglesia a un lugar de distinción y dominio incuestionable sobre toda la Tierra. Jesús vino predicando: *"El tiempo se ha cumplido, y el reino de Dios se ha acercado; arrepentíos"* (Marcos 1:15), que significa "cambiar su mente y su sistema de creencias… regresar al estado original". A través de Cristo, Dios estaba restaurando las cosas a la forma en que operaban en el Edén, el jardín de Dios.

Cuando Dios restaura, nunca se limita a llevarlo de nuevo a su estado original. Observemos lo que se escribió acerca de Job: *"Y quitó Jehová la aflicción de Job… y aumentó al doble todas las cosas que habían sido de Job"* (Job 42:10). Por tanto, el Señor bendijo el final de Job más que su comienzo (Job 42:12). No hemos visto nada comparado con lo que Dios va a hacer ahora. No solo habrá sanidad y liberación, sino también milagros económicos de proporciones fenomenales.

A menudo he dicho que el cristianismo nunca tenía que ser dictado, sino demostrado. La mayoría de los milagros de Jesús se hicieron en el mundo del mercado, no en el templo. Lo mismo ocurrió con sus discípulos. Los milagros se hicieron donde las multitudes de personas podían dar testimonio del amor y del poder de Dios y su Reino que se estaba predicando.

Los milagros no son solo sanidades echar fuera demonios, o abrir los ojos de los ciegos. Los milagros también incluyen: Jesús convierte agua en vino no solo para beberlo, sino para ser un regalo de boda de 680 litros del mejor vino del mundo, probablemente valorado en millones de dólares de hoy día; o la pesca milagrosa de Pedro (que hoy sería como la propina de un accionista que en un día obtuvo millones en ganancias). Cuando usted pide señales y prodigios, actúa por encima de lo que está ocurriendo en el mundo.

> **El cristianismo nunca tuvo que ser dictado, sino demostrado.**

Usted tiene perfecto control de las situaciones de la vida.

Los milagros también se producen en forma de invenciones ingeniosas; soluciones para problemas aparentemente irresolubles de la sociedad, como la violencia de las pandillas y los asesinatos de adolescentes; también avances económicos sobrenaturales que producen nuevos empleos y oportunidades para los pobres y desfavorecidos de nuestras ciudades y naciones en todo el mundo. Somos copartícipes de la sabiduría y el poder de Dios.

Los milagros en el mundo del mercado son una estrategia del Reino para apuntar en última instancia a las personas hacia el único Dios verdadero. Si recuerda, Faraón no preguntó por la familia y el padre de José hasta que José resolvió los problemas de Faraón. En la actualidad, dondequiera que los creyentes son enviados, lo sobrenatural ya no es una opción sino un requisito. Estamos diseñados para operar por encima de lo mejor que el mundo tiene que ofrecer. Cuando comenzamos a demostrar nuestro cristianismo y el poder del gobierno que representamos, creamos una plataforma que hará que la gente empiece a preguntar por nuestro Padre y su familia.

Los milagros en el mundo del mercado son una estrategia del Reino para apuntar en última instancia a las personas hacia el único Dios verdadero.

En lugar de quejarnos por los problemas y lo que está mal en nuestra sociedad, este "equipo de ensueño" divino proporcionará soluciones, alternativas, y lo más importante, un buen liderazgo en estos tiempos desafiantes y excepcionales, como hizo José cuando colaboró con Faraón en Egipto. En lugar de quejarnos por lo que sale de Hollywood, la Iglesia producirá guionistas, productores, directores y actores. Ninguna esfera de influencia quedará sin tocar por los ministros del mundo del mercado al invadir cada lugar alto o monte de influencia de nuestra sociedad.

Estamos llegando a un tiempo en el que las decisiones de las personas que tienen una gran influencia son más relevantes que nunca. Cuando ponen su pie en el piso, eso provoca un efecto dominó en toda la industria porque su influencia es muy grande. Sin la sabiduría de Dios, muchas personas podrían estar en peligro por el peso de las ideas y las decisiones tomadas por estas personas de influencia. Al final, la sociedad debería reflejar la influencia de la Iglesia. *"Y dirán: Esta tierra que era asolada ha venido a ser como huerto del Edén"* (Ezequiel 36:35).

A través de las décadas, la Iglesia ha visto cómo su influencia disminuía, especialmente en las culturas occidentales, debido principalmente a que no hemos enseñado y demostrado el poder de la "Palabra del Reino". Nos hemos vuelto más como el mundo, en vez de que el mundo se vuelva más como nosotros, con el resultado del oscurecimiento de la visión o el propósito y una disipación del poder y de la influencia. Reemplazamos la revelación solo por información, el poder por el entretenimiento, la fe por la lógica y el amor por la ley, dando todo ello como resultado una disminución de la unción

> *Negar lo sobrenatural hace que el cristianismo sea simplemente una religión ética.*

o el poder para hacer milagros. Es lo mismo que le ocurrió a Sansón, que era más fuerte que cualquier otro hombre debido a la unción de Dios, cuando fue tomado cautivo a manos de los filisteos. Perdió su fuerza y su visión, dando como resultado su incapacidad para operar como juez sobre las naciones. Por consiguiente, la Iglesia ha sido incapaz de llevar transformación a nuestras comunidades y a las naciones donde vivimos.

¡Pero hay buenas noticias! Dios ha guardado lo mejor para el final. Como reyes, sacerdotes, y embajadores señalados por nuestro Rey mediante la revelación de nuestros llamados y esta relación de los últimos tiempos, reclamaremos y recuperaremos todo lo que Jesús redimió. ¡Estamos avanzando! *"En vez de estar abandonada y aborrecida... haré que seas una gloria eterna, el gozo de todos los siglos"* (Isaías 60:15). La traducción *Dios habla hoy* dice: *"Sino que yo te haré gloriosa eternamente, motivo de alegría para siempre"*. Todo lo que sea contrario al reinado, la justicia y las leyes del cielo será puesto bajo sujeción.

Un llamado a lo milagroso

La gente está hambrienta de lo sobrenatural, creo que cada hombre y mujer ama lo milagroso. El corazón anhela lo sobrenatural, ya sea joven o anciano, rico o pobre, intelectual o no académico; el llamado a lo milagroso está profundamente asentado en la humanidad. Negar lo sobrenatural hace que el cristianismo sea simplemente una religión ética. Y, por cierto, lo sobrenatural no siempre tiene que ser espectacular o el "Big Bang".

Un ejemplo de lo sobrenatural quedó demostrado cuando nuestra iglesia compró su primer centro comercial en la zona de Chicago, una historia de la que hablo a lo largo de este libro. Tuvimos una gran oposición del gobierno local y otros "espectadores" que no creían que una pequeña iglesia podia hacer eso, al menos no algo tan grande.

Creo que la objeción del gobierno local vino de la mentalidad tradicional de su liderazgo con respecto a la religión (por ej., la separación entre Iglesia y Estado), junto con la idea de que un pastor de raza negra, con congregantes principalmente afroamericanos, probablemente atraería a los pobres y a los de bajos ingresos a una comunidad predominantemente blanca. También creo que un asunto mayor era la reputación de la "Iglesia" como una organización "sin fines de lucro" que quitaría una gran cantidad de ingresos por impuestos de la lista de propiedades sujetas a impuestos. En términos generales, creo que no nos veían como personas que proveerían soluciones, sino como parte del problema.

El resultado fue que, a través de una serie de milagros (véase capítulo 19: "Tomar posesión"), tomamos posesión del centro comercial, lo que proporcionó al gobierno al gobierno de la ciudad tiendas minoristas y restaurantes, además de millones de dólares de ingresos por impuestos de ventas. Además, el centro comercial es la ubicación de nuestra escuela de negocios Joseph Business School y el hogar de nuestro centro de adoración. En resumen, el centro comercial se ha convertido en un milagro en el mundo del mercado.

Durante la crisis económica del 2008, el alcalde posterior de la villa donde se encuentra nuestro centro comercial, compartió que no tuvo que despedir sus empleados, al contrario de la villas vecindarias.

Me gustaría pensar que nuestra iglesia y los negocios minoristas del centro comercial tuvieron algo que ver con eso, que esta historia es parte del gran testimonio de la Iglesia. Es importante que demos valor a la Iglesia, que demos algo de valor a la comunidad y al mundo. El salmista David escribe sobre lo que nosotros, como creyentes, debemos esperar con respecto a nuestros negocios y nuestras vidas personales: *"En épocas malas, cuando haya hambre, no pasarán vergüenza, pues tendrán suficiente comida"* (Salmos 37:19, DHH).

Un abismo llama a otro

Todo ser humano viene a la Tierra con un propósito. Dios decidió nuestro propósito antes de que naciéramos; Él predestinó el "por qué nacimos" y el "para qué nacimos".

Quizá alguien nació para ser granjero, médico, albañil, cuidador de niños o maestro de escuela; quizá otra persona nació para ser higienista dental, juez, policía o plomero. Uno podría preguntar: "¿Cómo es posible que alguien quiera ser plomero?". Bueno, si su lavabo está atascado, estoy seguro de que su pregunta queda respondida enseguida. Todos nacemos con un propósito y con un don para servir a la humanidad.

El propósito de cada individuo pesa sobre él o ella, ya sea que tenga doce o veintidós años de edad. Eclesiastés 3 dice: *"He visto la tarea que Dios ha impuesto al género humano"* (versículo 10, NVI). La palabra *tarea* en el hebreo se traduce como "empleo, ocupación o responsabilidad".[1] Hay un anhelo o sentimiento (carga) que viene de Dios. Es algo por lo que usted se siente responsable de hacer. ¿Por qué? Por el propósito de Dios en usted. Lo de *"un abismo llama a otro"* (Isaías 42:7) significa que lo que Dios ha puesto en su corazón está también en el de Él.

La Biblia dice que Dios nos conoció antes de que nuestros miembros fueran formados en el vientre de nuestra madre. En la forma que Dios opera en su orden, lo primero que decide es el propósito de algo o de alguien. Después Él crea algo o alguien con el don o el talento para cumplir ese propósito. Cada ser humano fue creado para conseguir algo que nadie más puede. Después Él estimula su imaginación según su don y su plan para lograrlo.

Eclesiastés 3:1 nos dice: *"Todo tiene su tiempo, y todo lo que se quiere debajo del cielo tiene su hora".* Así que usted y yo nacimos en este tiempo de la historia por algo. Si hubiéramos nacido hace siglos atrás, seríamos los más infelices porque habríamos vivido en el tiempo erróneo. Nosotros nacimos *"para esta hora".*

Lo que hay dentro de usted, su potencial, su propósito y su don, es para hoy… para esta hora, no para hace siglos atrás. No marca diferencia alguna cómo viniera usted al mundo o dónde esté hoy en la vida. Al margen de si es exitoso o se encuentra en la condición más deplorable, usted tiene un propósito para estar aquí y su tiempo es ahora.

Una vez leí una historia en la que un artista montaba sus lienzos en el parque con la intención de pintar un dibujo de los árboles y el paisaje de un hermoso día de primavera. De repente, vio a un vagabundo que iba sin afeitar y necesitaba de un baño, estaba recostado sobre una pared con la ropa desgastada y comía algo que alguien obviamente había desechado.

El artista decidió hacer un cuadro del hombre. Después de un tiempo, el vagabundo decidió preguntar: "¿Qué está dibujando?". El artista respondió: "Estoy pintando un cuadro de usted". El vagabundo dijo: "¿Le importa si lo veo?". El artista respondió: "Claro, acabo de terminarlo".

Cuando el hombre miró el cuadro de sí mismo, para su asombro lo que vio fue un empresario bien vestido, bien aseado, obviamente exitoso y próspero en la vida. Dijo: "¿Ese soy yo?". El artista respondió: "Ese es el 'usted' que yo veo". El vagabundo entonces respondió con valor y decisión: "¡Entonces ese es el hombre que seré!".

En la historia bíblica, Dios tenía un propósito o plan y creó a un joven llamado José para cumplirlo. Ester, una muchacha hebrea, terminó en el lugar correcto y en el momento adecuado, como reina en un reino pagano. Su posicionamiento divino y estratégico hizo que los israelitas se salvaran de ser totalmente destruidos a manos de un enemigo de los judíos llamado Amán.

Por tanto, no hacer lo que se supone que debemos hacer o no ir donde se supone que debemos ir podría tener un profundo efecto dominó. De hecho, creo que esta es una de las cosas que afecta a la humanidad. Tenemos un montón de personas haciendo algo diferente a lo que han sido llamados a hacer.

Recuerdo cuando fui llamado al ministerio quíntuple. Estaba trabajando en el mundo del mercado en IBM ganando más dinero del que había ganado jamás. Había un "llamado" que oía cada mañana cuando despertaba, venía de afuera de este mundo. Era *"un abismo llama a otro"*.

Un día, finalmente abrí mi Biblia y leí Isaías 6:8: *"Entonces respondí yo: Heme aquí, envíame a mí"*. Cuando repetí estas palabras en voz alta, pareció como si me quitaran todo el peso del mundo de mis hombros. Había dicho sí a lo que ahora estaba llamado a hacer desde la fundación del mundo. Piense en los que están encarcelados por vender drogas en su comunidad. Uno solo puede meditar en lo mucho mejor que estarían sus comunidades si estos individuos, con talentos empresariales, hubieran sido entrenados y dirigidos a los negocios y las profesiones legales, edificando la economía y mejorando el estándar de vida de sus barrios.

Su llamado viene de Dios

Ya sea rey o sacerdote, debe saber que tiene un llamado de Dios para hacer algo grande. La Biblia dice que Dios lo escogió a usted: *"No me elegisteis vosotros a mí, sino que yo os elegí a vosotros, y os he puesto para que vayáis y llevéis fruto, y vuestro fruto permanezca"* (Juan 15:16). Piénselo de esta forma. Antes de comenzar, Dios tenía un plan terminado para su vida. En otras palabras, Dios predeterminó que usted fuera un éxito.

El término "ser llamado" a menudo se usa cuando alguien decide ir al púlpito como un apóstol, profeta, evangelista, pastor o maestro, o al campo misionero. Es interesante que el término se usa menos cuando alguien decide ser emprendedor, ejecutivo en los medios, diplomático, o entrar en una profesión del mundo del mercado. ¿Por qué? Muchas personas, incluyendo algunos clérigos y líderes religiosos, aún rechazan el aspecto espiritual de la empresa y ven a quienes están en el mundo del mercado que ganan grandes sumas de dinero como "egoístas, inmorales y (a veces) mundanos".[2]

> *Debe saber que tiene un llamado de Dios para hacer algo grande.*

Las personas cuyas profesiones conllevan la creación de riqueza a menudo son juzgadas con más dureza, especialmente cuando se producen fracasos morales o lapsos en el juicio ético (Sirico 2010).

Esta actitud crítica y el prejuicio contra los que están en los negocios han provocado mucha tensión perjudicial y desconfianza entre reyes y sacerdotes. Cuando los pastores no saben reconocer la naturaleza divina de "la capacidad creativa de los emprendedores para imaginar nuevas posibilidades y para cultivar la tierra para aprovechar su potencial",[3] los dones y las contribuciones del emprendedor no se celebran, y peor aún, no se emplean para los propósitos del Reino.

Cada vocación, incluyendo el espíritu emprendedor, es un llamado. El Espíritu Santo llama a reyes a ciertos trabajos así como llama a sacerdotes. Romanos 11:29 es aplicable tanto a ministros en el mundo del mercado como a ministros en el púlpito: *"Porque irrevocables son los dones y el llamamiento de Dios"*.

Milagros en el mundo del mercado

Reflexión

A medida que Dios restaura su Iglesia en toda la Tierra, considere su propia experiencia y sus pensamientos acerca de lo sobrenatural. Como cristiano, ¿cree en lo sobrenatural? Si es así, ¿cómo ha cultivado lo sobrenatural su relación con Dios?

CAPÍTULO 15

Llamando a todos los reyes

L A INVASIÓN DE NORMANDÍA, Francia, durante la Segunda Guerra Mundial el 6 de junio de 1944 cambió el curso de la historia del mundo. Las fuerzas aliadas entraron heroicamente y tomaron el estratégico frente de mar que se designó como Playa de Omaha. Aunque el precio en bajas fue muy alto, el éxito final de las fuerzas aliadas se puede atribuir parcialmente al equipamiento de última generación y la maquinaria usada por los valientes soldados.

Gran parte del equipamiento lo construyó R. G. LeTourneau, de quien hablamos en un capítulo previo. LeTourneau, a veces conocido como el "empresario de Dios", fue criado por unos padres cristianos devotos que oraban fervientemente por su salvación.[1] Después de irse de casa a los catorce años, LeTourneau trabajó en muchos oficios, adquiriendo un conocimiento considerable de los oficios manuales.

Cuando tenía treinta años, LeTourneau había sido socio de un negocio de garaje fallido que le dejó desempleado y con cinco mil dólares de deuda. En la estela de su fracaso, LeTourneau consiguió un empleo con una concesionaria de equipamiento para granjas y se involucró en el "negocio de los movimientos de tierra". Aunque fue muy exitoso en su recién hallada carrera, seguía estando espiritualmente insatisfecho.

Todo cambió para él una noche después de asistir a unas reuniones de avivamiento de una semana. Sintiendo que Dios había cambiado su vida, se arrodilló en oración y le preguntó a Dios si había sido llamado a ser predicador o misionero. Aún inseguro de cuál era su propósito, se reunió con su pastor al día siguiente. Durante su reunión, el pastor Devol le dijo estas inspiradoras palabras: "Dios necesita tanto empresarios como predicadores y misioneros". De estas palabras transformadoras, LeTourneau después escribiría: "Esas fueron las palabras que han guiado mi vida desde entonces… He descubierto que muchos hombres tienen la misma idea errónea que yo tenía de lo que significa servir al Señor… No me daba cuenta de que un laico podía servir al Señor tan bien como un predicador".[2]

Dentro de las poderosas palabras proféticas declaradas a la vida de LeTourneau por el pastor Devol estaban las semillas de inspiración y fe que le hicieron perseguir su destino. Diseñó y construyó maquinaria de excavar innovadora que estaba muy por delante de su tiempo, construyó su propia fábrica y fue pionero en las técnicas de ahorro de tiempo en la industria de la construcción.[3]

A través de su unción de rey y el favor de Dios, LeTourneau capeó la Gran Depresión y las restricciones de crédito. Se mantuvo fielmente en su lugar cuando fue desafiado por su regla de "no trabajar los domingos" que vino de su compromiso con Dios y para honrar el día de reposo.[4] Mediante la fe en Cristo, los obstáculos de la empresa de LeTourneau de hecho se convirtieron en peldaños hacia su éxito. Un rey que conoce su propósito o llamado es una fuerza a tomar en cuenta y uno de los individuos más poderosos del mundo del mercado. Si un creyente tiene mentalidad de Reino y está decidido a trabajar diligentemente en el área donde tiene dones para avanzar el Reino de Dios, tendrá éxito al margen de cuáles sean las barreras o los obstáculos que pueda enfrentar.

> *Un rey que conoce su propósito o llamado es una fuerza a tomar en cuenta y uno de los individuos más poderosos del mundo del mercado.*

Al compartir las claves de su éxito, LeTourneau a menudo decía: "Si usted no está sirviendo al Señor, demuestra que no lo ama; si no lo ama, demuestra que no lo conoce. Porque conocerlo es amarlo, y amarlo es servirlo".[5]

En la historia de LeTourneau, podemos ver algunos principios muy importantes sobre los reyes y sacerdotes. Primero, él tenía un pastor que le dio palabras de fe en lugar de condenación. Así es como debería ser. ¡El evangelio son buenas noticias! El único propósito que tiene la condenación es aplastar a la gente con culpa y vergüenza. El deseo de Dios es que su pueblo camine en justicia y en las cosas que Él ha preparado de antemano para ellos.

Es difícil que las personas que son llamadas al mundo del mercado, que son creativos e innovadores, prosperen en una atmósfera de condenación, teniendo un sentimiento de inferioridad. Las personas que tienen conflictos o se quedan en los llamados erróneos se están perdiendo la oportunidad de convertirse en una bendición para su iglesia local o convertirse en líderes de éxito en el mundo del mercado usados por Dios para avanzar su Reino, como fue el caso de LeTourneau. LeTourneau fue muy reconocido por sus esfuerzos filantrópicos para avanzar el Reino, que incluyeron establecer la LeTourneau University en Longview, Texas, y apoyar numerosas causas cristianas.[6]

Segundo, el pastor Devol, mediante consejos piadosos, empoderó a LeTourneau para perseguir su destino como empresario de éxito y hacedor de historia. Los reyes, como LeTourneau, son líderes que deben ser empoderados por fe para liberar y desarrollar su don para un máximo desempeño en el mundo del mercado. A menudo, los pastores quieren que las personas se postren a ellos con una sumisión incuestionable, lo cual puede conducir a la atadura. Es como los padres que manipulan a sus hijos para mantenerlos bajo su control y no soltarlos. Cuando esto se produce, se puede arruinar la creatividad, dañar la capacidad de pensar críticamente y disminuir el deseo de lograr el potencial más alto de cada uno en Cristo. Una iglesia que promueve una atmósfera de libertad rebosará de personas que tienen inventiva, energía y éxito, como LeTourneau.

> *Una iglesia que promueve una atmósfera de libertad rebosará de personas que tienen inventiva, energía y éxito.*

Tercero, el pastor Devol no estaba interesado en convencer a LeTourneau para que sirviera en el campo misionero o se convirtiera en un ministro en el púlpito. Si LeTourneau se hubiera convertido en predicador en lugar de ministro en el mundo del mercado, la invasión de Normandía quizá hubiera sido distinta.

Por último, las máquinas de cavar tierra de LeTourneau no hubieran existido para hacer que proyectos como la Presa Hoover y la Autopista de Boulder fueran posibles, ni hubieran existido sus más de trescientas patentes que revolucionaron la industria de la construcción.[7] Todo esto dependió de un momento clave en la vida de LeTourneau cuando su pastor le dijo: "Dios necesita tanto empresarios como predicadores y misioneros".

Es mi deseo que este libro ayude a los líderes religiosos y a la Iglesia a empezar a valorar a los ministros del mundo del mercado, especialmente a la "profesión del emprendimiento... y las contribuciones tangibles que hacen los emprendedores a la sociedad".[8] Como escribe un perspicaz escritor religioso: "Ha llegado el momento de que líderes e instituciones religiosas traten el espíritu emprendedor como una vocación digna; sin duda, un llamamiento sagrado".[9]

Continúa diciendo: "Los líderes religiosos por lo general muestran muy poco entendimiento de la vocación de los emprendedores, de lo que exige y de lo que aporta a la sociedad. Por desgracia, ignorar los hechos no les ha impedido moralizar sobre asuntos económicos y causar un gran daño al desarrollo espiritual de los empresarios".[10]

El fluir del mil millón

En 1 Crónicas 22:14, el rey David dice a su hijo Salomón, quien lo sucedería: *"He aquí, yo con grandes esfuerzos he preparado para la casa de Jehová cien mil talentos de oro, y un millón de talentos de plata, y bronce y hierro sin medida, porque es mucho. Asimismo he preparado madera y piedra, a lo cual tú añadirás".*

El rey David está diciendo que pasó por mucho para asegurar la riqueza del proyecto de la construcción del templo. Esto incluyó botines de guerra, impuestos, inversiones y otras formas de "ganancias de capital". El rey se aseguró de que hubiera suficiente dinero, materiales, arquitectos y todos los trabajadores diestros y no diestros disponibles para garantizar que Salomón tuviera todo lo necesario para edificar un templo glorioso para el Señor.

Si hacemos un cálculo conservador, basado en la tabla de pesos y medidas de Strong,[11] David almacenó, solamente en oro, el equivalente en moneda actual a más de cien mil millones de dólares. El rey David operaba en lo que yo llamo "el fluir del mil millón". Ni siquiera hemos contado el millón de talentos de plata y los demás metales que almacenó sin medida.

El rey David fue lo suficientemente sabio para almacenar miles de millones y no gastarlos en cosas que Dios no había puesto en su corazón, aunque le pareciera una necesidad legítima. Un hijo indisciplinado podría haber gastado este dinero de alguna otra forma. El Rey David dijo: *"Salomón mi hijo es muchacho y de tierna edad"* (1 Crónicas 22:5). O, si el sacerdote que tenía el ministerio de misericordia lo hubiera controlado, podría habérselo dado a los pobres.

De nuevo, como compartí en un capítulo anterior, reyes y sacerdotes son miembros distintos del mismo cuerpo y aportan fortalezas distintas y dones para lograr la misión de avanzar el Reino de Dios. Por eso los reyes y sacerdotes deben estar de acuerdo. Los reyes quizá no siempre son tan benevolentes como los sacerdotes. Los sacerdotes a veces no son tan sagaces económicamente como ciertos reyes a la hora de manejar grandes cantidades de riqueza. El ojo tiene la visión, la mano aporta la provisión. El apóstol Pablo escribe: *"Ni el ojo puede decir a la mano: No te necesito, ni tampoco la cabeza a los pies: No tengo necesidad de vosotros"* (1 Corintios 12:21).

Unas palabras sobre el capitalismo

En un capítulo que se dirige específicamente a quienes están llamados al mundo del mercado (reyes), resulta apropiada una breve discusión sobre el capitalismo. El *capitalismo* se define como "un sistema económico o político que fomenta la inversión privada, la propiedad (tanto de bienes como de riqueza) y la motivación de las ganancias".[12] El capitalismo, como el dinero, es amoral (no inmoral); no es ni bueno ni malo en sí mismo, ni tiene conciencia propia. Creo que el capitalismo provee una estructura y los medios para el espíritu emprendedor creativo necesario para generar riqueza y mejorar. Su principal valor o prioridad no es sanar las enfermedades sociales o mejorar la situación de los oprimidos (Silvoso 2007). La Iglesia (el Cuerpo de Cristo) debe suplir eso.

Es importante entender que el capitalismo no es un principio antijudeocristiano. En el Nuevo Testamento vemos una ilustración del capitalismo en Lucas 19:11–27. El amo dio distintas cantidades de dinero a sus siervos y ellos tenían que aumentar las cantidades principalmente mediante el comercio, algo que discutí en el capítulo sobre la administración. Como vemos aquí, así como en otros lugares de las escrituras, esto encaja con nuestra definición de capitalismo. Por tanto, el capitalismo es un sistema justo y bíblico. El problema llega cuando las personas pervierten el propósito del beneficio, que a menudo adopta la forma de avaricia, especialmente en la cultura occidental, y produce resentimiento hacia el capitalismo y esas empresas que consiguen ganancias honestamente (Silvoso 2007).

El crecimiento del capitalismo, vacío de cualquier conciencia social, nos sitúa en un curso peligroso. Si retiramos nuestra fe o "la cultura judeocristiana de donde el capitalismo sacó primero su brújula moral, terminaremos abdicando a la responsabilidad social... y haciendo lo que es legal mientras pasamos por alto el estándar moral más alto".[13]

En el mundo actual, el capitalismo, más que cualquier otro sistema económico, fomenta la inversión privada, la propiedad y el beneficio. En este sistema, a los emprendedores y otros en el mundo del mercado se les permite libremente crecer y aumentar, lo que beneficia a ellos mismos y a las personas en las comunidades y naciones en las que están llamados a servir.

En este capítulo se puede ver cómo fluye el "equipo soñado": los sacerdotes guiados por el Espíritu Santo pueden predicar una palabra a la vida de los reyes que conduzca a bendiciones abundantes, no solo para ellos, sino también para muchos otros. Esto se ilustró en la vida de R. G. LeTourneau, cuando su pastor le dijo que "Dios necesita tanto empresarios como predicadores y misioneros". La obediencia de LeTourneau a su llamado al mundo del mercado afectó el curso de la historia del mundo. Los bienes y servicios de su empresa fueron necesarios y valiosos para las fuerzas aliadas durante la Segunda Guerra Mundial y después se usaron en tiempos de paz para proyectos de construcción muy importantes.

Un último pensamiento

Créame, su vida es mucho más fabulosa que la capacidad mental que tiene ahora mismo para imaginársela. Sin embargo, **yo decreto que antes de que termine la lectura de este libro, tendrá una mayor capacidad para concebir lo que Dios logrará en su vida y a través ella.** Si Dios le está llamando al mundo del mercado, es mi oración que sea obediente a su llamado y, como LeTourneau, se posicione para tener una vida que quizá nunca pensó que fuera posible, no solo para afectar el mundo, sino a través de su don quitar la carga de la maldición de la humanidad.

Llamando a todos los reyes

Reflexión

Como rey en el mundo del mercado, considere mi decreto al final de este capítulo: **yo decreto que antes de que termine de leer este libro, tendrá una mayor capacidad para concebir lo que Dios logrará en su vida y a través de ella.** Ahora tome un tiempo para orar y reflexionar en su llamado al mundo del mercado. Pídale a Dios que le revele su voluntad, si es que Él no lo ha hecho aún, y escriba ahora sobre su llamado y cómo puede ser obediente a Él. Su obediencia al llamado de Dios puede ayudar a la humanidad. Para mantenerse obediente se requiere una vida de oración saludable. Asegúrese de avanzar manteniéndose conectado a Dios y en su voluntad para su vida.

Parte 6
Una nueva generación de líderes del Reino

El liderazgo comienza con la visión

ODO SER HUMANO FUE creado para liderar en el área de su don y para cumplir una tarea y un propósito específicos en su vida. Su tarea está directamente relacionada con su área de liderazgo, y todo líder debe desarrollarse. El liderazgo no es algo exclusivo o reservado solo para un grupo especial.

El espíritu de liderazgo es un deseo natural de toda la humanidad, cada persona tiene el "instinto" para el liderazgo y el potencial para liderar. El problema es que la mayoría de las personas no han estado en el llamado o área donde están diseñadas para liderar, no han cultivado su liderazgo, ni han desarrollado su habilidad de liderazgo. El resultado es que se han conformado con el papel de seguidores de por vida.

Este libro sobre la fe y el mundo del mercado no estaría completo sin una discusión sobre el liderazgo. El liderazgo en cualquier esfera de influencia comienza con la visión. La visión es una instantánea de su futuro o una imagen de circunstancias que no existen actualmente. Es una fuerte imagen mental de algo más allá de lo que puede ver ahora mismo.

El *Merriam-Webster Dictionary* define *visión* como "algo visto en un sueño... especialmente una aparición sobrenatural que comunica una revelación; un pensamiento, concepto u objeto formado por la imaginación; el acto o poder de la imaginación, modo de ver o concebir; discernimiento inusual o presagio (una persona de visión)".[1] El *Webster's 1828 Dictionary* dice lo siguiente como una definición de *visión*: "En la escritura, una revelación de Dios; una aparición o exhibición de algo sobrenaturalmente presentado a

> **La visión es una imagen de circunstancias que no existen actualmente.**

las mentes de los profetas, mediante lo cual eran informados de eventos futuros. Tales fueron las visiones de Isaías, Amós y Ezequiel".[2]

La visión es vital para el liderazgo porque produce cierta imagen mental del futuro. Determina destinos y afecta actitudes, atrae oportunidades y promueve la persistencia, y, por último pero no menos importante, separa a los visionarios de los demás.

Tener visión crea un sentimiento de valor que afecta la autoestima. Muchas veces, la actitud de la persona se ve afectada por quien piensa que es y por el valor que tiene entre las masas. El verdadero liderazgo es algo más que una posición; es una mentalidad. Los líderes piensan de manera distinta sobre sí mismos. Tienen que hacerlo así para inspirar y motivar a otros. Esta mentalidad los distancia y distingue de los seguidores. Como seguidor, lo que usted piensa sobre su propósito en el mundo influencia sus actitudes y acciones, las cuales, con el tiempo, le llevarán al liderazgo, a veces sin ser físicamente ascendido.

Ya sea en un salón de clase, en un equipo de fútbol o liderando una nación o un equipo de limpieza, hay algo que un líder puede ver que crea creencias fuertes, positivas y fiables que lo distinguen y hacen que otros quieran seguirlo. De nuevo, todos fuimos creados para ser líderes y lideraremos en algún momento de nuestra vida.

Proverbios 29:18 dice: *"Sin profecía el pueblo se desenfrena; mas el que guarda la ley es bienaventurado"*. La *Nueva traducción viviente* dice: *"Cuando la gente no acepta la dirección divina, se desenfrena"*. Visión es algo que todo líder necesita para ser exitoso. Para liderar, el líder debe ver o

> **El liderazgo es algo más que una posición; es una mentalidad.**

tener una imagen mental de condiciones que no existen en la actualidad debido principalmente a su responsabilidad por el bienestar de quienes lo siguen.

Jesús destacó sobre los líderes religiosos de su tiempo: *"Dejadlos; son ciegos guías de ciegos; y si el ciego guiare al ciego, ambos caerán en el hoyo"* (Mateo 15:14). Estaba hablando sobre los líderes que tenían visión natural pero no tenían visión espiritual. No podían ver lo que Dios había planeado o quién había puesto Dios en medio de ellos, en referencia al Mesías, el Hijo del Dios vivo. Las escrituras nos dicen: *"A lo suyo vino, y los suyos no le recibieron"*. Como resultado, fueron incapaces de avanzar en el plan y propósito que Dios tenía para sus vidas. Ellos eran "ciegos guiando a ciegos".

Imaginemos **a dos hombres ciegos**, el que está siendo guiado por el otro cree que **el que está guiando** puede ver, porque está en la posición de líder. Solo porque una persona esté en una posición de liderazgo no garantiza la vista. De nuevo, el verdadero liderazgo es algo más que una posición. Requiere que la persona tenga tanto visión como valor, ya sea que lidere una familia, una empresa o una nación. Para navegar con éxito por las crisis o los desafíos, especialmente los del presente, un liderazgo visionario no es una opción, sino un requisito.

Albert Einstein dijo una vez: "No podemos resolver nuestros problemas con el mismo nivel de pensamiento que los creó". En otras palabras, los problemas de "nivel Uno" requerirán soluciones de "nivel dos", porque hay un componente espiritual llamado "la maldición" que está detrás de gran parte de ello. Lo que solía ser sencillo en nuestra vida y nuestra sociedad ahora es mucho más complejo e incluso caótico. Siempre que una persona pueda usar una sencilla computadora portátil para acceder ilegítimamente a la base de datos confidencial de un país o la base de datos de una gran cadena de minoreo y robar las tarjetas de crédito de los clientes y la información personal, estamos en lo que la Biblia llama "tiempos peligrosos". Esto demanda una nueva generación de líderes que Dios presagió y preparó para un nuevo tiempo de retos. A veces se necesita una crisis para que alguien dé un paso adelante y revele su propio potencial de liderazgo.

Dios está entrenando a la Iglesia con lo que Él denomina *"la multiforme sabiduría de Dios"* para que sea el agente ungido que resuelva los problemas en cada pilar de influencia en estos últimos días. Son líderes visionarios que tienen la gracia de ver más allá de las circunstancias actuales, presagiando progresos antes de que ocurran y capaces de guiar de forma segura a la sociedad a través de estos tiempos desafiantes y difíciles.

En los Estados Unidos, hace cincuenta años, Detroit, en Michigan, era un gran núcleo económico. ¡Era una ciudad de cultura y trabajos de fábrica en abundancia! Fue el hogar de algunas de las empresas más grandes del mundo y suministraba productos mundialmente. Detroit, en ese tiempo, era la cuarta ciudad más grande de la nación con la mayor renta per cápita del país.[3] En la actualidad, hay focos de decadencia y desesperación con un índice de desempleo de cerca del 18 por ciento.[4] La cultura ha cambiado, esos empleos bien pagados han desaparecido, la mayoría de ellos han sido reemplazados por la tecnología debido al colapso de su economía. Un hombre dijo: "Detroit se arruinó mucho antes de la quiebra".

Esta es la importancia de un liderazgo visionario, o de líderes que puedan ver más allá de las circunstancias actuales y guiar a la sociedad de forma segura a su destino. Ahora, con economías nacionales y el bienestar o la seguridad de la ciudadanía convirtiéndose en un gran reto, el liderazgo visionario es necesario para llevar adelante a la sociedad. Algunos quizá piensen que estos problemas no se pueden arreglar. Probablemente no con el hombre, *"mas para Dios todo es posible"*. Usted y yo nacimos para este tiempo y fuimos diseñados de forma única para liderar a esta generación y sacarla de cada situación imposible. Dios nos dará respuestas a problemas que nunca hemos tenido y nos dará estrategias para ganar batallas para las que nunca fuimos entrenados… preguntemos al rey David.

José fue un visionario

José fue un ejemplo de un verdadero líder visionario, un hombre usado por Dios para liderar al mundo en medio de la mayor crisis de ese tiempo: una gran hambruna que habría arrasado con la mayor parte de la humanidad. Esta es una razón por la que creo que el Señor me dio el nombre de Joseph Business School para la escuela de negocios de nuestro ministerio. Como compartí anteriormente en el libro, la misión de esta escuela es formar y entrenar a emprendedores y líderes empresariales, mediante el uso de principios de empresa bíblicos y prácticos, para liderar empresas exitosas que generen riqueza y erradiquen la pobreza en todo el globo, para reconstruir y transformar comunidades y para financiar la expansión del evangelio a una generación perdida, que establecerá su Reino trayendo el cielo a la Tierra.

> *Su sueño o visión puede impactar las vidas de millones.*

Las dos áreas principales de la influencia de José fueron las áreas o montañas de la economía y el gobierno; es decir, donde se crean tanto el dinero como las leyes. José tuvo un sueño y les contó a sus hermanos que estaban recogiendo espigas en el campo y su manojo se levantó, se puso recto y los manojos de sus hermanos se postraban ante el suyo. Sus hermanos se llenaron de envidia y enojo.

Entonces José tuvo otro sueño y dijo: "Las once estrellas y la luna se postraron ante mí y después ustedes también se postraron ante mí" (Génesis 37:9, parafraseado). Ahora bien, José debería haber aprendido algo de las reacciones de sus hermanos a su primer sueño. Sin embargo, cuando un sueño o visión es lo suficientemente grande en nuestro interior, a menudo salpica hacia afuera. Una lección que podemos aprender aquí es que a veces es mejor no contar a nadie nuestro sueño porque podría provocar envidia o incluso enojo. Podría levantarse un espíritu malo y envidioso para desanimarlo de su sueño o, como en el caso del Dr. Martin Luther King Jr., destruir al soñador. Entienda que el agente detrás de toda esta persecución es satanás. Él sabe que su sueño o visión tiene el poten-cial de llevarlo a un lugar de lide-razgo que puede impactar las vidas de millones.

> *El secreto de la grandeza en el Reino está en servir.*

El sueño de José fue profético, es decir que, cuando lo mencionó por primera vez, era para un tiempo futuro. Bueno, unos años después se cumplió. Dios le había dado una instantánea del futuro (su futuro y el futuro del mundo), en la que llegaba una gran hambruna. Mientras tra-bajaba en la tierra de Potifar, debido a La Bendición del Señor sobre él, hizo prosperar la casa de su amo egipcio. Al desarro-llarse en el liderazgo o la gestión, enseguida ascendió a un lugar de prominencia… encargado de toda la casa y cumpliendo su potencial de liderazgo.

La habilidad de liderazgo dentro de usted está esperando ser descubierta. Recuerde: el secreto de la grandeza en el Reino está en servir y no en dar órdenes a todos. Cada uno de nosotros fue creado para distinguirse en un área específica de dones. No necesitamos tener envidia ni celos de los dones de otros, sino tan solo servir en el área de nuestros talentos particulares y únicos.

Mediante una falsa acusación, José se vio en prisión, pero incluso allí se convirtió en un líder. Después de un tiempo, Dios dio a Faraón un sueño y buscaron a José para interpretarlo. Este don le abrió un hueco, llevándolo del anonimato a ser primer ministro de Egipto. Fue ascendido desde el peor lugar en su vida al mejor lugar de su vida. Se convirtió en el segundo en el mando solo después de Faraón, el rey de Egipto.

He observado que la mayoría de las personas en la Tierra viven sin una visión o un sueño y se han conformado con la infertilidad y la derrota, contrario al plan de Dios para ellos. Dentro de esa visión de carencia están su propósito, potencial y poder (unción). Por tanto, si las personas no operan con una visión, están viviendo una vida carente de propósito, y por eso nunca alcanzarán el destino que Dios planeó para cada uno. Oigamos lo que las escrituras revelan sobre el plan de Dios para nuestras vidas:

Pues somos la obra maestra de Dios. Él nos creó de nuevo en Cristo Jesús, a fin de que hagamos las cosas buenas que preparó para nosotros tiempo atrás.

Efesios 2:10, NTV

Dios nunca quiso que usted y yo viviéramos sin un propósito ni sin descubrir nuestro potencial de liderazgo. La gente está buscando propósito, la razón de su existencia en este planeta. Por esa razón, el libro *Una vida con propósito* se convirtió en el segundo libro éxito de ventas en la historia de los Estados Unidos.[5] La gente tiene hambre de sentido y propósito. Dios nos diseñó así.

De nuevo, Dios le ha diseñado y escogido de manera única para cumplir una tarea concreta en su vida, esa tarea apunta a sus dones, liderazgo e influencia. El propósito más alto para todo liderazgo piadoso en estos últimos días es liderar personas, o indicarles el camino a Cristo. En cualquier esfera de influencia en la que Dios le ponga, recuerde que su liderazgo ahí está predeterminado, no según sus propias preferencias, sino según el plan soberano de Él. Los dones y llamados de Dios son para que usted sirva a la humanidad. Asi como hizo Dios con Moisés o Ester, lo hará también con usted. Él le mostrará que su deseo de liderar es natural y que ha sido equipado y tiene dones únicos para hacer una contribución vital al mundo.

Jesús sabía exactamente por qué vino a la Tierra. El primer libro de Juan 3:8 dice: *"Para esto apareció el Hijo de Dios, para deshacer las obras del diablo"*. Esta era la tarea del Reino para Jesús. Espero y oro para que este libro le ayude a descubrir el propósito que Dios tiene para su vida y que alcance un nivel de influencia y liderazgo que nunca pensó que sería posible.

El liderazgo comienza con la visión

Reflexión

Reflexione sobre su propio liderazgo visionario. Escriba ahora, si así lo desea, el "camino" o la "visión" que Dios le ha dado para su vida que seguramente ayudará a aquellos a los que lidera ahora y en el futuro.

Los justos se levantan

**Él levanta del polvo al pobre, y al menesteroso
alza del muladar, para hacerlos sentar con los
príncipes, con los príncipes de su pueblo.**

Salmos 113:7–8

C OMO YA HE DICHO antes, Dios planta deliberadamente
a los justos entre los impíos con el propósito de sacudir
la cultura y desmantelar un sistema que conduce a la autodestrucción. Recordemos que la tarea original de Adán era producir una cultura como la del Edén, pero Adán pecó e introdujo
otra cultura, una que produciría fuera de Dios. Nuestra tarea,
como justos, es traer el gobierno de Dios a la Tierra dondequiera
que seamos enviados (Lucas 22:29), liberando creación desde la
maldición. Jesús dijo: *"Y las puertas del Hades no prevalecerán
contra ella [la Iglesia]"* (Mateo 16:18).

Por ejemplo, quizá un cristiano es plantado en una empresa
como director asistente, muestra talento y aporta soluciones
para ayudar a que la empresa crezca; sin embargo, como él o ella
no se conforma con un requisito corporativo que sea contrario
a la conciencia y los valores cristianos, no asciende más allá de
cierto nivel corporativo. Durante siglos, satanás ha estado dando
acceso a los "lugares altos" a quienes ha querido (Lucas 4:6). Él

es bien consciente de que el creyente que rehúsa postrarse o transigir mientras asciende en una organización o industria es el único capaz de sacudir el clima o la cultura en la cima de esa montaña (por ej., empresa o industria). Y quien esté en la cima de esa montaña controla lo que hay en la montaña.

El sistema de Babilonia trabaja para asegurarse de que el justo no ocupe posiciones de autoridad estratégicas, especialmente en instituciones estratégicas. Este sistema quiere que los cristianos ocupen las posiciones más bajas, donde no se toman decisiones, en la jerarquía corporativa para que tengan una influencia limitada. Por ejemplo, es una gran bendición que el secretario del presidente de la Corte Suprema sea un cristiano dedicado, pero que el presidente mismo sea un cristiano firme y comprometido capta la atención de todo el infierno.

Del anonimato a la prominencia, de la cárcel a primer ministro

Dios posicionó estratégicamente tanto a José como a Ester para el liderazgo y preparó las condiciones para que ellos ascendieran. Del mismo modo, usted y yo hemos sido divinamente posicionados para el liderazgo.

Ester, cuyo padre y madre había muerto, fue adoptada y mentoreada por su tío Mardoqueo. Debido a ciertos eventos que sucedieron en el palacio entre el rey y la reina Vasti, él buscó otra reina. Debido a unas circunstancias divinamente arregladas, una judía terminó convirtiéndose en la nueva reina y, como dijo Mardoqueo, *"¿Y quién sabe si para esta hora has llegado al reino?"* (Ester 4:14) para salvar a todos los judíos. La Biblia relata con claridad que *"halló ella gracia"*, es decir que Dios le auxilió con el rey Asuero, quien terminó ofreciéndole hasta la mitad de su reino.

José fue vendido como esclavo por sus hermanos y fue comprado por Potifar, un capitán egipcio, para servir en la casa de Potifar y en el campo. Debido a la bendición de Dios que había sobre José y su firme integridad, José ascendió hasta ser supervisor de todo lo que tenía Potifar. Más adelante, la esposa de Potifar acusó a José de mala conducta sexual y terminó con una sentencia de cadena perpetua en la cárcel. Pero Dios aún estaba con José y todos los prisioneros enseguida se situaron bajo su liderazgo.

> **Usted y yo hemos sido divinamente posicionados para el liderazgo.**

Pronto vemos que Dios lo estaba posicionando para que ascendiera de la cárcel a primer ministro en el gobierno egipcio del faraón, en el segundo puesto solo después de Faraón.

Entienda que si usted ha sido posicionado divinamente por el Espíritu Santo, está de camino a la cima. Cada uno de nosotros tiene que enfrentar situaciones únicas que intentan hacernos víctimas, pero en el Reino de Dios "un revés es siempre un avance". Usted está en camino a la cima, así que mantenga la fe. Su persecución podría ser racial o de género, política o religiosa o solo por envidia y rencor. Mantenga una buena actitud. La Biblia dice sobre Jesús mientras estaba en la cruz: *"El cual por el gozo puesto delante de él sufrió la cruz, menospreciando el oprobio, y se sentó a la diestra del trono de Dios"* (Hebreos 12:2).

Él pasó de las profundidades más bajas del infierno al lugar más alto en el cielo.

Pero recordemos que nadie puede llegar a su máximo nivel de potencial de liderazgo con una mentalidad de víctima, al menos no en el Reino. La victimización y la justicia no van de la mano. Están en los polos opuestos del espectro. Una tiene que ver con la falta de poder y la crítica, mientras que la otra tiene que ver con la valentía y el dominio. Una está basada en el temor y la otra está basada en la fe.

> *Siempre hay una manera de salir de cada dilema, pero necesitamos fe para encontrarla.*

He descubierto que nunca debemos apelar a Dios con base en la justicia humana, porque Dios no es justo humanamente hablando. Pero Él es justo. Como mencioné en un capítulo anterior, el difunto Dr. Martin Luther King Jr. citó un pasaje de las escrituras en uno de sus discursos al decir que el movimiento no violento por los derechos civiles continuaría hasta que *"corra el juicio como las aguas, y la justicia como impetuoso arroyo"* (Amós 5:24). Dios responde con base en la justicia, no con base en lo que alguien pueda considerar que es justo.

Ni José ni Ester ni Jesús, ni siquiera el Dr. King, mordieron el anzuelo de culpar a otros y convertirse en víctimas. De hecho, Jesús dijo: *"Padre, perdónalos, porque no saben lo que hacen"* (Lucas 23:34). Si José hubiera entrado a la "fiesta de la conmiseración", seguro que se habría quedado en esa prisión y habría cumplido la sentencia completa. Daniel también mantuvo una actitud justa cuando fue arrojado al foso de los leones por una ley pagana que quienes lo odiaban persuadieron al rey para que firmara. Cuando llegó la mañana siguiente, el rey sacó a Daniel sin que los leones lo hubieran tocado. Daniel estaba de buen ánimo y declaró: "Larga vida al rey".

Siempre hay una manera de salir de cada dilema, pero necesitamos fe para encontrarla. Todo buen líder debe protegerse contra las tentaciones de adoptar una "mentalidad de víctima". Recordemos que estamos en un mundo hostil y que se requieren fe, amor y fortaleza mental. Jesús mismo dijo: *"Sin causa me aborrecieron"* (Juan 15:25).

El apóstol Pablo escribe: *"No os ha sobrevenido ninguna tentación [prueba o dificultad] que no sea humana; pero fiel es Dios, que no os dejará ser tentados más de lo que podéis resistir, sino que dará también juntamente con la tentación [prueba o dificultad] la salida, para que podáis soportar"* (1 Corintios 10:13). Esta es mi sencilla traducción de este versículo: "Nunca enfrentarán nada que no puedan vencer", sea lo que sea por lo que esté pasando ahora, el cielo ya ha declarado que usted es el vencedor y no una víctima.

Recuerdo una época en la que una querida hermana se acercó a mí para que orase por ella después de una de nuestras reuniones de domingo. Me explicaba que había solicitado un empleo en su empresa que supondría un gran ascenso. Me explicaba que había orado a Dios, y por fe, lo había creído y lo había recibido.

Me pidió que me pusiera de acuerdo con ella en oración. Antes de hacerlo, le pregunté si tenía la capacidad para ese nuevo puesto y rápidamente me respondió: "¡Sí!". Así que hice la oración de acuerdo con ella, se dio media vuelta y se fue. Unas dos semanas después, se acercó a mí de nuevo después de una de nuestras reuniones de domingo con un aspecto triste en su rostro. Yo le pregunté: "¿Qué ha ocurrido?". Ella me dijo que otra persona consiguió ese trabajo. Sin permitir que me diera más explicaciones, rápidamente respondí: "Usted no ha dado por perdido ese trabajo, ¿verdad?".

Parecía que ella captó de inmediato lo que yo quería decir, y dijo: "Bueno, no... ¡no lo he hecho!". Yo dije: "Cancelemos cualquier palabra negativa que usted haya podido decir y declaremos que aún estamos en acuerdo para ese trabajo".

Ella regresó una semana después, pero esta vez con una sonrisa en su rostro. Le dije: "Hermana, ¿qué ha ocurrido?". Ella dijo: "La persona a la que le dieron el trabajo se fue y me ofrecieron a mí el ascenso

> **La Palabra de Dios nunca falla.**

y la nueva posición, ahora es mío". Verá, ese puesto estaba destinado para ella pero, como mencioné, las fuerzas espirituales del sistema del mundo trabajan para asegurarse de que los justos no ocupen posiciones estratégicas de influencia.

Estos son algunos versículos que me han ayudado a mantener la perspectiva correcta sobre el liderazgo en el mundo y a continuar subiendo en mi viaje ascendente.

> **Cuando los justos dominan, el pueblo se alegra; mas cuando domina el impío, el pueblo gime.**
>
> Proverbios 29:2

> **Y aunque tu principio haya sido pequeño, tu postrer estado será muy grande.**
>
> Job 8:7

> **Porque ni de oriente ni de occidente, ni del desierto viene el enaltecimiento. Mas Dios es el juez; a éste humilla, y a aquél enaltece.**
>
> Salmos 75:6–7

> **Mas buscad primeramente el reino de Dios y su justicia, y todas estas cosas os serán añadidas.**
>
> Mateo 6:33

> **Y haré de ti una nación grande, y te bendeciré, y engrandeceré tu nombre, y serás bendición.**
>
> Génesis 12:2

La Palabra de Dios nunca falla. Crea, declare y actúe conforme a la Palabra de Dios, y garantizado, usted vencerá a cualquier fuerza espiritual que se resista a su ascenso a un liderazgo más alto.

Los justos se levantan

Reflexión

Escriba aquí algunos versículos que le ayuden a mantener la perspectiva correcta sobre un liderazgo piadoso. Use algunos de los incluidos al final de este capítulo, si lo desea. Reflexione sobre su propio liderazgo y posicionamiento para llevar el gobierno de Dios donde Él le haya puesto actualmente. Escriba aquí el cambio que piensa que Dios quiere que usted cree y para el cual lo está levantando.

CAPÍTULO 18

El milagro está en su equipo de trabajo

E N ÉXODO, CAPÍTULO 4, Moisés, que fue profeta y líder visionario, tiene una conversación seria con Dios. Moisés está a punto de confrontar quizas al gobernante mundial más poderoso de su época y está planteando excusas a Dios con respecto a por qué él no es el hombre más indicado. *"Entonces Moisés respondió diciendo: He aquí que ellos no me creerán, ni oirán mi voz; porque dirán: No te ha aparecido Jehová"* (versículo 1).

Pero el Señor pregunta a Moisés: *"¿Qué es eso que tienes en tu mano?"*, y él dice: "Una vara [o bastón]". Si ha leído la historia o ha visto la película *Los diez mandamientos* sobre el éxodo de los israelitas de Egipto, sabrá lo que sucede después. Dios le dice a Moisés que suelte la vara en el suelo y se convierte en una serpiente. Después Moisés la recoge por la cola y la serpiente se vuelve a convertir en una vara.

¿Qué le está mostrando Dios a Moisés? Le está mostrando que, cuando Él escoge a alguien como líder, también es Él quien de manera divina equipa, confirma y autentifica el liderazgo de esa persona. Dios le mostró a Moisés que lo estaba representando a Él. Moisés era el representante de Dios, así como cada creyente es un "embajador de Cristo".

Después Dios siguió diciendo: *"Y tomarás en tu mano esta vara, con la cual harás las señales"* (versículo 17). Si reemplazamos la palabra señales por milagros, Dios básicamente está diciendo: "Con esta vara harás milagros" (usaremos la palabra "vara" para referirnos a "equipo de trabajo". N.T.). De nuevo, Dios está plantando de manera deliberada a los justos entre los impíos, y esos logros del mundo del mercado que parecen humanamente imposibles de lograr mediante su negocio o ministerio, los logrará a través de su equipo de trabajo.

> *También es Él quien de manera divina equipa, confirma y autentifica el liderazgo de esa persona.*

Su equipo de trabajo es un elemento clave a la hora de ayudarle a cumplir la misión que Dios le ha dado; por tanto, tiene que elegir a las personas correctas. Jesús conocía la importancia de escoger al equipo correcto. Antes de que Jesús escogiera a los doce discípulos, oró toda la noche: *"En aquellos días él fue al monte a orar, y pasó la noche orando a Dios. Y cuando era de día, llamó a sus discípulos, y escogió a doce de ellos, a los cuales también llamó apóstoles"* (Lucas 6:12–13).

Lo que quiero decir es que Él no escogió a cualquiera que entrara por la puerta. Ya sea un rey o un sacerdote, deberíamos tomarnos el tiempo para poner en oración la selección y contratación de nuestro equipo. E incluso cuando Dios nos envíe ayuda, hay algunos a los que aún tendremos que capacitar. A veces llegan las personas adecuadas en "forma de semilla", sobre todo en los primeros años de un negocio o ministerio. Por eso necesitamos identificar a las personas correctas y estar preparados, si es necesario, para desarrollar su potencial.

Es necesario un equipo

Booker T. Washington fundó la Tuskegee University con nada. No tenía edificios, ni libros, ni estudiantes, ni maestros. Solo comenzó con una visión. Comenzó dando clases en una pequeña iglesia de madera con estudiantes que tuvo que encontrar yendo de casa en casa en un carro tirado por caballos. En cada casa preguntaba a los padres si podía enseñar a sus hijos a leer y escribir.

Esos logros del mundo del mercado que parecen humanamente imposibles de lograr los logrará a través de su equipo de trabajo.

Tengamos en mente que la mayoría de estos padres y jóvenes eran exesclavos. La esclavitud había terminado en el año 1865, dieciséis años antes del inicio de la escuela (Tuskegee Normal) en 1881. Booker T. Washington, un cristiano comprometido, usó su fe en el mercado de la educación y obtuvo un éxito fenomenal.

Washington llevó a sus estudiantes a esta iglesia de una sola sala y comenzó a enseñarles. Como no tenían dinero, también les daba trabajo para compensar los gastos de su educación (trabajo-estudio). Hacían tareas agrícolas y después iban a estudiar. Podaban árboles y después iban a estudiar. Construían las estancias y después iban a estudiar.

Un libro cita que, en 1905, Booker T. Washington formó más millonarios "hechos a sí mismos" que Harvard, Yale y Princeton juntas, ¡con exesclavos!".[1]

En 1915, Washington había construido 107 edificios principalmente de ladrillo, construidos por ellos mismos, incluyendo residencias estudiantiles con cafeterías.

> *Ninguna visión la implementa una sola persona. Se necesita un equipo.*

Booker T. Washington tenía una misión, y atrajo a personas con mucho talento y dones para que formaran parte de su equipo, como el Dr. George Washington Carver. Mi punto es este: ninguna visión la implementa una sola persona. Se necesita un equipo.

Formar un equipo U

La "U" significa "ungido". Este equipo, empoderado por Dios mismo, no es ordinario, sino extraordinario. Un hombre dijo esto sobre un equipo que trabaja unido: "Trabajo en equipo: si puede hacer que todas las personas de una organización fluyan en la misma dirección, podría dominar cualquier industria, cualquier mercado, a pesar de cualquier competencia, en cualquier momento". Veamos lo que la Biblia dice que son los rasgos de un buen líder y cómo escogerlo.

*"Además escoge tú de entre todo el pueblo **varones de virtud, temerosos de Dios, varones de verdad, que aborrezcan la avaricia**; y ponlos sobre el pueblo por jefes de millares, de centenas, de cincuenta y de diez"* (Éxodo 18:21, énfasis del autor). En este versículo, Jetro, el suegro de Moisés y sacerdote de Madián, le

dijo a Moisés que buscara ciertas cualidades a la hora de elegir a los líderes que lo ayudarían a liderar y gobernar a los hijos de Israel. ¿Cuáles eran esas cualidades? Cuatro atributos simples pero vitales que deberían ser el estándar para cada generación de nuevos líderes:

1. Varones (y mujeres) de virtud
2. Temerosos de Dios
3. Varones de verdad
4. Que aborrezcan la avaricia

1. Varones de virtud

"Varones de virtud" significa hombres y mujeres diestros, competentes. Sorprendentemente, ser competente a veces puede ser un problema para el equipo. ¿Por qué? Porque algunas personas sienten que no tienen que continuar mejorando sus habilidades para lograr una mayor competencia en su trabajo o en su vida profesional. Muchos piensan que el Señor bendecirá todo lo que hagan al margen de cuál sea su calidad. O peor aún, creen que la excelencia en su vida terrenal no es importante porque están esperando a morir para ir al cielo. No tienen ni idea de que el desempeño es muy importante para Dios, y esa excelencia en cualquier campo de trabajo conducirá al ascenso. La actitud de "hacer lo mínimo" es inaceptable para Dios y para cualquier verdadero líder en el entorno actual. Los que se sienten así están menospreciando las escrituras: *"Hagan lo que hagan, trabajen de buena gana, como para el Señor y no como para nadie en este mundo, conscientes de que el Señor los recompensará con la herencia. Ustedes sirven a Cristo el Señor"* (Colosenses 3:23–24, NVI).

El Señor espera que crezcamos en nuestros dones. Los líderes deberían motivar a su gente a desarrollarse para poder cultivar sus dones, elevar su nivel de competencia y descubrir su valor personal para el mundo. Esto también provoca que el mundo quiera conocer a su Dios cuando vean su excelencia y su desempeño superior.

2. Temerosos de Dios

"Además escoge tú de entre todo el pueblo varones de virtud, **temerosos de Dios**, varones de verdad, que aborrezcan la avaricia" (Éxodo 18:21, énfasis del autor). Otro modo de decir esto es "el temor de Jehová". El "temor de Jehová es aborrecer el mal" (Proverbios 8:13). Este temor de Jehová es sinónimo de andar en los caminos de Dios. Significa obedecer a Dios.

Cuando los líderes tienen temor de Jehová, aborrecen lo que Dios aborrece. Dios no aborrece a las personas, sino que aborrece el pecado. Dios ama a la gente: "Porque de tal manera amó Dios al mundo" (Juan 3:16). El rey Saúl fue escogido, pero no era la opción de Dios para ser rey. La Biblia dice que sobresalía de hombros para arriba entre todos los demás hombres. Era alto, bien parecido, lo que yo llamo "el preferido del pueblo". Ellos clamaron pidiendo a un rey que los juzgara como todas las demás naciones y que fuera delante de ellos y peleara sus batallas. Dios le dio al pueblo lo que pidió y Saúl resultó no ser un buen rey. De hecho, desobedeció a Dios y finalmente perdió la cordura. "Entonces Saúl dijo a Samuel: Yo he pecado; pues he quebrantado el mandamiento de Jehová y tus palabras, porque temí al pueblo y consentí a la voz de ellos" (1 Samuel 15:24).

Saúl desobedeció a Dios porque temía a los hombres más de lo que temía a Dios. Temer a la gente puede llevar a una persona a la desobediencia. Proverbios 29:15 dice: *"Temer a la gente es una trampa peligrosa"* (NTV). Temer a Dios no significa que Dios nos aterrorice, sino que tenemos un respeto reverente por Dios y por su Palabra. Ese es el temor del Señor, produce sabiduría y conocimiento.

Dios puede confiar en usted cuando siente reverencia por Él y tiene respeto hacia Él y su Palabra. ¿Por qué algunos de nuestros líderes políticos ponen su mano sobre la Biblia durante la ceremonia del juramento de su cargo y después votan "sí" en asuntos que contradicen los mandamientos del mismo Libro por el que juraron cuando asumieron su cargo? Creo que la razón es una falta de conocimiento de lo que hay en el Libro o una ausencia de temor del Señor. Cuanto usted teme a Dios, Él le da un lugar de distinción en la Tierra y un lugar con Él.

3. *Varones de verdad*

"Varones de verdad" se refiere a personas de integridad. La Biblia dice en Proverbios 25:19: *"Como diente roto y pie descoyuntado es la confianza en el prevaricador en tiempo de angustia"*. Dios busca a una persona que sea fiel, y cuando escoge a un líder, Él mira el corazón (el carácter) de la persona y no su apariencia, su altura o cómo viste (véase 1 Samuel 16:7). Creo que la razón principal por la que muchos cristianos no han experimentado éxito financiero en el Reino se debe a una falta de integridad con respecto a sus diezmos y ofrendas.

El verdadero liderazgo a menudo no se ve hasta que hay una crisis o durante un tiempo de prueba extrema. Podría ser un padre o una madre que se mantiene firme en la dicha y en la adversidad para mantener unida a la familia en tiempos difíciles o un presidente que mantiene viva la esperanza durante una crisis nacional, como un ataque terrorista similar al del 11 de septiembre.

Harriet Tubman, llamada la "Moisés negra de su tiempo", fue una líder intrépida. Los dueños de esclavos pusieron una cantidad de doce mil dólares por su cabeza (mucho dinero en ese entonces) como recompensa por su captura. Ella transportaba cientos de esclavos hacia la libertad en los puertos seguros del Norte.[2]

Tubman sabía que los esclavos que escapaban y eran capturados o devueltos serían golpeados y torturados hasta que dieran información acerca de quién los había ayudado. Ella nunca permitió que ninguno de los que ayudó a escapar se rindieran. Les apuntaba con una pistola cargada a su cabeza y decía: "Los muertos no cuentan fábulas. Continúa si no quieres morir".[3]

Ella regresaba con toda la calma una y otra vez, diciendo, como citó el periódico de William Lloyd Garrison, *The Liberator*: "Que nadie se confunda, porque no seré ambigua. No me excusaré ni retrocederé ni un solo centímetro hasta que el último esclavo respire libertad".[4] Ella no era una mujer de aspecto imponente, tan solo medía poco más de un metro y medio a sus treinta y muchos años. No sabía leer ni escribir. Cuando sonreía, se podía ver que le faltaban dos dientes; sin embargo, había unos trescientos esclavos que la siguieron hacia la libertad desde el sur. Ellos respetaban y reconocían su "verdadero liderazgo".

En el capítulo 11 hablé del tema del carácter y la integridad. Solo cubriré unos pocos puntos adicionales más. Primero, Dios no asciende solo por la habilidad ni asciende solo por los dones. Dios también desarrolla el carácter, la integridad y competencia. Él esperará a que la integridad de una persona se desarrolle antes de poder ascenderla. Gracias a Dios por las habilidades y los dones, por lo general eso es lo único que exige el sistema del mundo, pero no es igual en el Reino. Recordemos que Él nos está moldeando, haciéndonos como Él.

Muchas personas tienen "problemas de corazón", con esto me refiero a que su corazón no está bien desde un punto de vista espiritual. Antes de poder delegar una gran responsabilidad a una persona, debemos saber que es un varón de verdad. Este fue el consejo de Jetro a Moisés. Dios tiene que estar involucrado cuando usted está escogiendo a sus líderes, porque una persona puede tener una buena apariencia externa y decir lo correcto, pero cuando la presión esta sobre él, "se cae el diente roto". *"Engañoso es el corazón más que todas las cosas, y perverso; ¿quién lo conocerá?"* (Jeremías 17:9).

El verdadero liderazgo se puede ver claramente durante una crisis con base en cómo responde la persona a los problemas. ¿Dicha persona se derrumba o continúa caminando en fe, confiando en la integridad de la Palabra de Dios? Pedro pensó que había madurado en su corazón cuando le dijo a Jesús: *"Aunque todos se escandalicen de ti, yo nunca me escandalizaré"*. Jesús le dijo: *"De cierto te digo que esta noche, antes que el gallo cante, me negarás tres veces"* (Mateo 26:33–34). Pedro creía que el era mejor de lo que era, pero cuando llegamos al libro de los Hechos, Pedro se había fortalecido y estaba lleno de integridad.

En Hechos, capítulo 5, Pedro y otros apóstoles fueron encerrados en la cárcel porque su predicación estaba produciendo milagros en el mundo del mercado. Los líderes religiosos estaban enojados por esos milagros, demandaban que dejaran de enseñar y predicar en el nombre de Jesús. Entonces Pedro, que antes había negado a Jesús tres veces, se volvió tan valiente como un león. *"Respondiendo Pedro y los apóstoles, dijeron: Es necesario obedecer a Dios antes que a los hombres"* (versículo 29).

Pedro demuestra que el liderazgo y la integridad se pueden desarrollar. No piense nunca que, porque no aprovechó una oportunidad para dar un paso al frente y defender lo correcto en un momento concreto de su vida, Dios se ha rendido con usted. Manténgase junto a Dios y Él se mantendrá a su lado. Arrepiéntase como hizo Pedro y comience de nuevo. Recuerde, Dios está comprometido con nuestro desarrollo y Él seguirá desarrollando esas cualidades de liderazgo, carácter e integridad. La esposa de Job hizo la pregunta durante el peor momento de la vida de Job: *"¿Aún retienes tu integridad?"* (Job 2:9). Todo se trata de lo que hay en el corazón. Job mantuvo su integridad, y todo lo que Satanás le robó, lo recuperó, por duplicado.

4. *Que aborrezcan la avaricia*

La avaricia tiene que ver con un deseo fuerte o excesivo de obtener y poseer algo o a alguien, por lo general para beneficio propio o egoísta. Por tanto, "aborrecer la avaricia" tiene que ver con ser incorruptible ante la riqueza, el poder o la ganancia.

Durante un viaje a una de las naciones de África, el pastor de una iglesia muy grande me contó una interesante historia. Tuvo que batallar por varios años por su hijo que había estado en las drogas. El diablo estaba intentando destruir su simiente, pero mediante años de oración, su hijo aceptó al Señor, fue totalmente liberado y ahora pastorea una segunda iglesia que comenzaron en la misma ciudad.

Le pregunté: "¿Cómo decidió poner a su hijo al cargo de esa iglesia?". "Sabe, Dr. Winston, tenía otros dos pastores allí antes de que mi hijo fuera", respondió él. "¿En serio?", dije yo. "Sí, yo discipulé a esos dos ministros y los puse sobre la iglesia en distintos momentos. Pero cuando fueron ubicados en esas posiciones de liderazgo, ambos se fueron con toda la gente, en dos ocasiones por separado", dijo él.

Continuó. "Pensé que podía haber sido algo que pasó con el primer líder, así que cuando llegó la segunda persona, lo puse bajo mi guía, lo entrené como líder y reconstruí la iglesia. Poco después, él también se fue con toda la gente".

Como este pastor experimentó por desgracia, hay algunas personas a las que no se les debería ascender al liderazgo porque solo buscan una ganancia personal. Incluso se asociarán con ministros muy reconocidos para mejorar su propia popularidad. Por cierto, la avaricia no está restringida al ministerio. Afecta a personas de todos los ámbitos de la vida, desde los negocios y la política hasta los deportes y el entretenimiento.

Para cambiar o mejorar el mundo, debemos actuar según los principios superiores del Reino de Dios: amor, paz, justicia, honestidad, santidad, unidad, fidelidad y compasión. Estos principios son muy poderosos y eficaces cuando se emplean contra los principios de la oscuridad, como egoísmo, egocentrismo, amenazas, envidia, sobornos, manipulación y cosas semejantes. El Reino de Dios gobierna sobre todas estas cosas.

El arte de delegar

Una vez que un líder ha seleccionado al equipo de trabajo correcto para ayudarlo a llevar a cabo la visión, necesita entrenamiento, confianza y delegar autoridad y responsabilidad.

Jetro ayudó a Moisés a desarrollar el arte de la delegación. Jetro vio que Moisés estaba a punto de cavarse su propia tumba. *"Entonces el suegro de Moisés le dijo: No está bien lo que haces. Desfallecerás del todo, tú, y también este pueblo que está contigo; porque el trabajo es demasiado pesado para ti; no podrás hacerlo tú solo"* (Éxodo 18:17–18).

Jetro continúa: *"Oye ahora mi voz; yo te aconsejaré, y Dios estará contigo. Está tú por el pueblo delante de Dios, y somete tú los asuntos a Dios. Y enseña a ellos las ordenanzas y las leyes, y muéstrales el camino por donde deben andar, y lo que han de hacer"* (versículos 19–20).

Jetro sintonizó con la sabiduría de Dios. Le dijo a Moisés que, si seguía haciendo lo que estaba haciendo, se iba a desgastar. Cuando mi esposa y yo comenzamos nuestro ministerio en Chicago, yo aconsejaba a todos porque solo teníamos diez personas. También barría el piso, predicaba el sermón y pasaba la ofrenda. Lo hacía casi todo… mi esposa también me ayudaba. A medida que la iglesia fue creciendo, tuve que comenzar a pensar de otro modo. Tuve que delegar para seguir siendo un líder eficaz y para asegurarme de que la iglesia seguiría creciendo.

De hecho, desarrollé mis habilidades para delegar y trabajar en equipo mientras estaba aún en el mundo del mercado en IBM. Cuando hacía llamadas para vender, incluía los talentos y las habilidades especiales de otros en la organización porque sabía que yo no podía hacerlo todo. Invitaba a mi gerente a ciertas llamadas para ayúdarme a vender el producto y añadir credibilidad a la visita. A veces le pedía al ingeniero de sistemas (responsable del *software*) que me acompañara para asegurar que el cliente estaba comprando el producto adecuado y que yo estaba vendiéndole los servicios correctos. En otras ocasiones invitaba a mi ingeniero de servicio al cliente porque él se enfocaba en el *hardware* correcto. Me refiero a que yo utilizaba todos los recursos que la empresa ofrecía para culminar la venta y al mismo tiempo le aseguraba al cliente el mayor valor.

Delegar es un principio de liderazgo que todo líder, ya sea en el mundo del mercado o en el ministerio, debe aprender si quiere tener éxito. Delegar es un arte, no una ciencia, y se consigue con práctica , experiencia y con la guía del Espíritu Santo.

El capítulo 6 de Hechos nos da pautas sobre las cualidades a buscar a la hora de delegar a otros. La Iglesia primitiva estaba creciendo y los discípulos no podían suplir las crecientes demandas de servir y de predicar. Por tanto, *"hubo murmuración de los griegos contra los hebreos, de que las viudas de aquéllos eran desatendidas en la distribución diaria"* (versículo 1). Los doce discípulos reunieron a los demás discípulos y les dijeron: *"No es justo que nosotros dejemos la palabra de Dios, para servir a las* *mesas. Buscad, pues, hermanos, de entre vosotros a siete varones de **buen testimonio, llenos del Espíritu Santo y de sabiduría,** a quienes encarguemos de este trabajo. Y nosotros persistiremos en la oración y en el ministerio de la palabra"* (versículos 2–4, énfasis del autor).

Los discípulos sabían que ahora tenían que delegar a otros si querían seguir siendo eficaces como líderes espirituales sobre los nuevos convertidos. Ellos delegaron sabiamente a líderes que eran honestos, que tenían un buen testimonio y que estaban llenos del Espíritu Santo de Dios y de sabiduría.

Mientras se capacita como líder, cuídese de que otros intenten hacerle sentir culpable por delegar tareas. En la famosa historia de David y Goliat, los hermanos de David intentaron hacerle sentir culpable cuando dejó las ovejas para ir al frente de batalla como su padre le había pedido. *"Se levantó, pues, David de mañana, y dejando las ovejas al cuidado de un guarda, se fue con su carga como Isaí le había mandado; y llegó al campamento cuando el ejército salía en orden de batalla, y daba el grito de combate"* (1 Samuel 17:20).

Observemos que David dejó las ovejas con un guarda. Él delegó, pero eso provocó que sus hermanos mayores se enojaran.

Y oyéndole hablar Eliab su hermano mayor con aquellos hombres, se encendió en ira contra David y dijo: ¿Para qué has descendido acá? ¿y a quién has dejado aquellas pocas ovejas en el desierto? Yo conozco tu soberbia y la malicia de tu corazón, que para ver la batalla has venido.

Versículo 28

El hermano de David intentó hacerle sentir culpable y avergonzado por delegar sus responsabilidades. Y habrá personas que intentarán hacer lo mismo con usted. Le animo a desarrollar su confianza y habilidad a la hora de delegar trabajos o tareas a otros para que no sea víctima del desgaste y el agotamiento, y su negocio o ministerio continúe floreciendo.

Toda visión requiere un equipo de trabajo que la lleve a cabo, elegir y edificar el equipo de liderazgo correcto es clave para su éxito. Con la guía del Espíritu Santo y los principios compartidos en este capítulo, puede tener confianza a la hora de elegir los líderes correctos en cada ocasión.

El milagro está en su equipo de trabajo

Reflexión

Ahora considere el llamado que Dios ha puesto dentro de usted y sus necesidades de un equipo para lograrlo. Pase tiempo meditando en torno a Éxodo 18:21 y pídale a Dios que le revele las personas, el equipo correcto, que Él ha escogido para ayudarle a hacer su voluntad a fin de impedir que usted se desgaste. Escriba sobre ello ahora, si lo desea.

Tomar posesión

S ALMOS 115:16 DICE: *"Los cielos son los cielos de Jehová; y ha dado la tierra a los hijos de los hombres"*. Poseer una mentalidad de propiedad es un requisito para gobernar adecuadamente este planeta. Dios no está dirigiendo el mundo. Sé que esta frase puede impactar a algunas personas, en especial a los cristianos, pero Dios está dirigiendo la Iglesia y la Iglesia debería estar dirigiendo el mundo. Esta es una revelación que debe ser entendida tanto por los reyes como por los sacerdotes si quieren poseer y controlar sus lugares altos (esferas de influencia) en la Tierra y llevar a cabo la Gran Comisión al nivel que Dios quiso.

La Biblia apoya fuertemente esta verdad en Génesis 1:26: *"Entonces dijo Dios: Hagamos al hombre a nuestra imagen, conforme a nuestra semejanza; y **señoree** en los peces del mar, en las aves de los cielos, en las bestias, en toda la tierra, y en todo animal que se arrastra sobre la tierra"* (énfasis del autor).

Como dije antes, Dios, desde el principio, le dio esta tierra y la autoridad de gestionarla a la humanidad: Adán y Eva. No mucho después, Adán perdió el control de la tierra a favor del diablo, pero Jesús, el Hijo del hombre y el "último Adán", lo recuperó. Ahora, la Iglesia tiene que continuar donde el primer hombre (Adán) lo dejó antes de pecar. De nuevo: *"Señoree"*.

En el *Webster's 1828 Dictionary*, la palabra *señorear* significa "autoridad soberana o suprema; poder para gobernar y controlar; poder para dirigir, controlar, usar y disponer a discreción".[1] Palabras que amplían la descripción de señorear incluyen reinado, supervisión, cuidado (administración) y propiedad.[2] Dios le dio a Adán propiedad sobre la tierra y lo hizo responsable de gobernarla y generar aumento (hombre y *Adán* son en realidad la misma palabra hebrea).[3]

Génesis 1:28 dice:

> **Y los bendijo Dios, y les dijo: Fructificad y multiplicaos; llenad la tierra, y sojuzgadla, y señoread en los peces del mar, en las aves de los cielos, y en todas las bestias que se mueven sobre la tierra.**

Desde el principio, era parte del plan de Dios para la humanidad vivir siempre en la atmósfera del cielo: el Edén. Adán tenía que usar el poder de La Bendición para hacer que toda la Tierra fuera como el Jardín del Edén (Génesis 1:28). Adán y Eva tenían que crear o "cultivar" un jardín en cada lugar donde fueran, lo cual significa "mejorar mediante el trabajo". Tenían que establecer la cultura del Reino por toda la Tierra.

> *El plan de Dios es que la humanidad viva en la atmósfera del cielo, creando un Jardín del Edén donquiera que vayamos.*

Dios le había dado a Adán dominio sobre esta Tierra, pero en algún momento él no lo ejerció. Digámoslo así: nunca se sintió propietario. Por tanto, perdió su señorío, su derecho de cuidar o administrar y su posición como gobernante sobre este planeta. Veo que eso mismo está sucediendo hoy. Las escrituras nos dicen: *"Los cielos son los cielos de Jehová; y ha dado la Tierra a los hijos de los hombres"* (Salmos 115:16). Esto es propiedad de toda la Tierra.

Como la Iglesia no se ha visto como responsable de todo este planeta (administración), satanás, mediante mentiras y engaños, se ha apropiado de ella y ha establecido su cultura babilónica en casi cada lugar de nuestra sociedad. Por ejemplo, mediante la sugestión, el pueblo de Dios pensó que la única forma en que podía servir a Dios era siendo pastor, o que si realmente amaba a Dios, entonces debía ir al campo misionero a edificar y empezar iglesias. ¡Error! Si hicieran eso, podrían llegar a perder su llamado al mundo del mercado en el campo de los negocios, la educación, las artes , el entretenimiento, los medios de comunicación, etc.

Estamos equipados y empoderados para dominar cada área de influencia. Dios ya ha planeado de antemano nuestro propósito de estar en este planeta. Y mediante la práctica bíblica, deberíamos mostrar el poder de la Biblia y entrenar la cultura del Reino dondequiera que seamos plantados.

Recordemos que todo el poder y la autoridad que se pueden ejercer en la tierra se han de ejercer a través de la Iglesia o de un canal ungido. En resumen, los problemas existen porque los permitimos. La Iglesia no se ha visto a sí misma como heredera legítima y propietaria de la Tierra, y por tanto, como la responsable de todo lo que ocurre aquí, desde las leyes hasta la educación, desde el desempleo hasta la agitación social. Hemos estado esperando a que alguien más o el gobierno mismo lo solucione o lo gestione.

Voy a ilustrar esto un poco más usando la historia de inicio en Marcos, capítulo 5 (NTV), cuando Jesús y sus discípulos llegan a la costa de los gadarenos y se encuentran con un hombre aparentemente loco que ha estado aterrando a la región entera.

> Cuando Jesús bajó de la barca, un hombre poseído por un espíritu maligno salió de entre las tumbas a su encuentro. Este hombre vivía en las cuevas de entierro y ya nadie podía sujetarlo, ni siquiera con cadenas. Siempre que lo ataban con cadenas y grilletes —lo cual le hacían a menudo—, él rompía las cadenas de sus muñecas y destrozaba los grilletes. No había nadie con suficiente fuerza para someterlo. Día y noche vagaba entre las cuevas donde enterraban a los muertos y por las colinas, aullando y cortándose con piedras afiladas.
>
> Versículos 2–5

Los demonios estaban controlando a este hombre desde dentro; eso es "posesión" o "propiedad". Solo a través de este hombre estaban controlando toda la economía y la comunidad. Es decir, ellos tenían una esfera o montaña de soberanía. Creo que esta era una comunidad de embarcaciones para intercambio y comercio por mar, pero como *"nadie podía sujetarlo"* (NTV) la gente sufría y estaba a expensas de este hombre. Marcos 3:27 dice: *"Ninguno puede entrar en la casa de un hombre fuerte y saquear sus bienes, si antes no le ata, y entonces podrá saquear su casa"*. Jesús "entró" y venció a los demonios en este hombre, unos dos mil, y restauró al hombre a su sano juicio.

Esta historia en Marcos 5 ilustra unos cuantos puntos: primero, para poseer "la tierra", que puede ser un simbólo de una industria, negocio o una esfera de influencia, antes debemos entrar en la tierra y conquistarla. Por eso la idea nunca fue que la Iglesia se quedara encerrada entre las cuatro paredes de un edificio o, como dije antes en este libro, que la Iglesia quedara limitada al ministerio quíntuple (por ej., apóstoles, profetas, evangelistas, pastores y maestros). Cuando hacemos eso, "causamos que el 95 por ciento de la Iglesia sea irrelevante". Por ejemplo, la mejor forma de cambiar las películas catalogadas como R y X que salen de Hollywood es levantando y enviando guionistas y productores cristianos a Hollywood, ungidos para escribir, dirigir, financiar y hacer películas de entretenimiento que sean comercialmente rentables. Y esto está comenzando a suceder.

En segundo lugar, cuando usted entra y conquista la tierra, tiene que poseerla, lo cual significa propiedad y "controlar la tierra desde dentro". Hasta que inutilice a satanás, no podrá tener sus posesiones. *El Señor tu Dios te hará entrar en la tierra que vas a poseer*" (Deuteronomio 7:1, NVI).

Tercero, satanás usa a un hombre o una mujer para hacer su voluntad; sus demonios entraron en el hombre en Marcos 5 y lo controlaron desde dentro. ¡Este hombre estaba poseído! El Reino de Dios opera de forma similar, desde dentro, pero rindiéndonos voluntariamente al amor de Dios, no mediante el control y la coacción. Por eso Jesús dijo, hablando del Reino: *"Ni dirán: Helo aquí, o helo allí; porque he aquí el reino de Dios está entre vosotros"* (Lucas 17:21). Cuando nacemos de nuevo, el Reino se planta dentro de nuestro corazón (espíritu). Cuando cedemos voluntariamente a sus valores, leyes, autoridad y poder, entonces el Reino comienza a gobernar sobre todo en cualquier lugar al que se nos envíe o asigne. Satanás sabe que, si un creyente llega a la cima de la montaña, que podría ser varias industrias o esferas de influencia que él controla, serán afectadas millones de vidas. Sí, dije millones como en las vidas de José, Moisés, Ester, Pedro, Pablo y María. O como nuestro Señor Jesucristo. Él llegó a la cima de su montaña sin transigir, y miles de millones de vidas fueron, y están siendo, afectadas.

Yo decreto que será derribado todo Goliat hostigador en su vida y que usted llegará a la cima de su montaña.

Propiedad falsa

Satanás establece su sistema y su sociedad falsos (Babilonia) mediante el temor, el engaño, y el convencimiento de que la gente puede suplir sus propias necesidades sin Dios. Como resultado, ha estado dirigiendo los recursos y beneficios de la Tierra. Este sistema babilónico actual garantiza la injusticia económica de todo el mundo porque está basado en un modelo económico que carece de La Bendición y cualquier intención genuina de mejorar las vidas de todos los que viven bajo su control, tanto ricos como pobres.

No es sorprendente que el falso sistema inferior de satanás promueva una falsa propiedad. Mientras visitaba dos países distintos, los pastores anfitriones compartieron conmigo que se estaba produciendo una creciente incidencia de títulos de propiedad falsos. Debido a la corrupción en el sistema y la debilidad de las instituciones gubernamentales, personas sin escrúpulos estaban sobornando a oficiales del gobierno para crear y venderles títulos falsos de cosas como tierras y propiedades a cambio de dinero. Tristemente saben que la propiedad no les pertenece. Uno de los pastores que fue víctima de este ardid fraudulento dijo que tardó casi tres años y gastó mucho dinero para recuperar su propiedad, la cual poseía legal y legítimamente. Eventualmente fue devuelta a su posesión. Él tomó "dominio" de lo que era legítimamente suyo. Al final Dios, que es el juez, ejecutará venganza o justicia sobre los que abusaron y defraudaron a su pueblo (véase Isaías 33:22).

Herederos de Dios y coherederos con Cristo

Ahora, a través de Cristo, nosotros, la Iglesia, estamos aquí en la tierra para reclamar y volver a poseer todo lo que Jesús redimió, desde las personas hasta las propiedades, desde el ministerio hasta el mundo del mercado. Las escrituras nos dicen:

> Porque el Espíritu que Dios les ha dado no los esclaviza ni les hace tener miedo. Por el contrario, el Espíritu nos convierte en hijos de Dios y nos permite llamar a Dios: «¡Papá!» El Espíritu de Dios se une a nuestro espíritu, y nos asegura que somos hijos de Dios. Y como somos sus hijos, tenemos derecho a todo lo bueno que él ha preparado para nosotros. Todo eso lo compartiremos con Cristo. Y si de alguna manera sufrimos como él sufrió, seguramente también compartiremos con él la honra que recibirá.
>
> Romanos 8:15–17, TLA

Pregúntese: "¿Cuánto tiene Dios?". La respuesta es… ¡todo! Como sus herederos, nosotros heredamos lo que Dios tiene y, por tanto, tenemos una propiedad compartida. Cuando el padre le dijo al disgustado hijo mayor que entrara a celebrar con ellos que su hijo pródigo había regresado, le dijo al hijo mayor: "*Y todas mis cosas son tuyas*" (Lucas 15:31). No somos solo administradores. ¡No! yo digo: somos propietarios con responsabilidad de administración. No es lo mismo.

El *Webster's 1828 Dictionary* dice que *propietario* o *poseer* significa "tener el titulo legal o legítimo de".[4] Los propietarios tienen un interés de "controlar". Los administradores, como compartí en un capítulo anterior, están limitados a administrar la propiedad y los asuntos de otra persona. Son como agentes, la mayoría del tiempo con poder limitado para tomar decisiones. Como propietaria, Dios le ha dado a la Iglesia la autoridad para decidir lo que sucede en la Tierra. Como administradores, entendemos que rendimos cuentas a Dios de nuestras decisiones y acciones y que Él nos pide hacernos responsables de producir aumento dondequiera que nos envíe en el servicio del Reino (Mateo 25:14–29).

En 2008, muchas personas en los Estados Unidos de América pensaron que poseían su propio hogar hasta que la crisis de las hipotecas hizo que la economía cayera. Terminaron perdiendo sus hogares por ejecuciones hipotecarias y las propiedades regresaron a los "propietarios legítimos", los que tenían el "título de propiedad". Lo mismo ocurrió con los que tenían "préstamos para vehículo" y préstamos de edificios y negocios. No pudieron hacer los pagos y, al final, la mercancia fue recobrada, regresando al banco, la compañía financiera o quien tuviera el título del préstamo. No confundamos las hipotecas y los pagos de un automóvil con la propiedad. Podría costarnos mucho. Como ciudadano del Reino, todas sus cosas se compran y se pagan y usted las recibe o adquiere y accede a ellas por la fe.

Todas las cosas son suyas

Jesús murió y resucitó para devolverle a la humanidad lo que el hombre llama el "dominio incuestionable". Él fue nuestro "Jubileo". Lo hizo para que la Tierra y todo lo que hay en ella pudiera regresar a las manos de sus propietarios legítimos: el pueblo de Dios. Dios le dijo a Abraham y también a nosotros hoy: *"Porque toda la tierra que ves, la daré a ti y a tu descendencia para siempre"* (Génesis 13:15). Por tanto, hasta que podamos verla, no estamos autorizados para poseerla. Él no se refiere a "verla" con los ojos naturales, sino a verla con los ojos del espíritu, verla por fe. La fe ve lo imposible y hace que suceda: *"Por la fe entendemos haber sido constituido el universo por la palabra de Dios, de modo que lo que se ve fue hecho de lo que no se veía"* (Hebreos 11:3). La creación no se veía cuando Dios la vio. Después la fe habla y llama las cosas que no son como si fueran.

La Biblia define fe como *"la realidad de lo que esperamos; es la evidencia de las cosas que no podemos ver"* (Hebreos 11:1, NTV). Observemos que la fe es el "título de propiedad" o la "prueba" de que estas cosas existen y que le pertenecen. Una vez que usted enseña la "prueba" de que las cosas le pertenecen, desde la sanidad hasta las casas o cualquier otra cosa en Cristo, Dios se involucra en transferirle a usted lo que es legalmente suyo.

El Señor le dijo a Josué antes de marchar alrededor de la ciudad de Jericó: *"Mira, yo he entregado en tu mano a Jericó"* (Josué 6:2). Como Josué pudo verlo, Dios se involucró para transferirlo.

El mismo concepto es aplicable al ciego Bartimeo, quien, en el Evangelio de Marcos, estaba físicamente ciego pero, por fe, vio su promesa de pacto de sanidad y clamó por ella. Dios hizo la transferencia a través de Jesús a su cuerpo y él milagrosamente recibió la vista. Entendamos que no estamos esperando a Dios… Dios está esperándonos a nosotros; el milagro ya está ahí desde la fundación del mundo.

Dios le mostró a Abraham una tierra que otras personas habían ocupado. Pero, ahora, es tiempo de que todo lo que se le robó al primer hombre de Dios, Adán, sea devuelto en manos del "último Adán" de Dios, Jesucristo. Por su obediencia y el precio que Jesús pagó por la humanidad, la Biblia nos dice que *"a quien constituyó heredero de todo"* (Hebreos 1:2). La *Traducción al Lenguaje Actual* dice: *"Y lo hizo dueño de todas las cosas".*

> *La fe es el título de propiedad, y sin ella, no podemos ver lo que legítimamente nos pertenece.*

¿Cómo se aplica esto a nosotros como "coherederos" con Cristo? Bueno, recibimos lo que Jesús recibe. Sí, Él es preeminente y es Señor, pero Él es "Señor de señores" y nosotros somos coherederos con Él: su cuerpo y su novia. Juntos lo poseemos todo igualmente. Jesús recibe el cien por ciento y nosotros recibimos el cien por ciento de todo lo que compró y pagó con su preciosa sangre. (¿Recuerda mi historia al final del capítulo 8 que cómicamente ilustra el significado de ser un coheredero?).

Escuché a un hombre de Dios decir esto hablando de Adán y Eva en el Jardín del Edén: "Si Adán no lo poseía todo, no tenía semilla que plantar". ¡Me encanta! El diablo sabía que, cuando Adán pecó en el jardín, la autoridad de la Tierra le seria entregada a él. Por eso dijo a Jesús en la tentación: *"Yo te daré todo este poder y la grandeza de estos países. Porque yo lo he recibido, y se lo daré al que quiera dárselo"* (Lucas 4:6 DHH). Gracias a Dios, Jesús vino y lo recuperó todo.

Ser propietario tiene sus recompensas y su responsabilidad

El plan de Dios es que vivamos y disfrutemos de una calidad de vida mucho mayor que la que podrían experimentar jamás quienes viven sin el Señor. Como me gusta decir, lo que viene con lo "nuestro" es "El bueno, el malo y el feo". Las ciudades cuya moral y economía están destruidas son, en última instancia, problema de la Iglesia, no del mundo. ¿Por qué? Porque somos responsables de este planeta y somos propietarios con responsabilidad administrativa. La Iglesia es la única entidad suficientemente fuerte y sabia para arreglar lo que está roto. Además, tenemos La Bendición, que de nuevo es el nombre bíblico para el poder que Dios usó para crear toda la materia. Cuando vamos a un lugar que necesita transformación, a través de la fe debemos superponer la realidad del cielo sobre las condiciones actuales. Eso es parte de la operación de fe en La Bendición. Lo que usted cree y decreta, Dios lo puede crear. Leamos lo que declara el profeta sobre el poder de esta bendición:

> **Y la tierra asolada será labrada, en lugar de haber**
> **permanecido asolada a ojos de todos los que pasaron.**
> **Y dirán: Esta tierra que era asolada ha venido a ser**

como huerto del Edén; y estas ciudades que eran desiertas y asoladas y arruinadas, están fortificadas y habitadas.

Ezequiel 36:34–35

La Iglesia tiene que hacer de los lugares asolados un tipo de cielo aquí en la tierra. Esta es una de las recompensas de ser coheredero. Nuestra responsabilidad de administrativa es levantar la maldición dondequiera que seamos enviados o desplegados. La Bendición que hay sobre nuestras vidas, junto con el Reino de Dios en nuestro interior, pueden transformar literalmente los peores lugares de la Tierra.

Una última cosa sobre la propiedad. Una mentalidad de propietario conlleva una actitud de poca o ninguna tolerancia de las cosas no deseadas. Yo lo digo así: "Sin propiedad, no hay furia". Cuando uno posee un edificio de departamentos, hay poca o ninguna tolerancia para la destrucción de dicha propiedad a manos de los inquilinos que pagan una renta. Un buen ejemplo de esto fue cuando Rosa Parks, una mujer de color que se negó a moverse a la parte trasera del autobús en el sur segregado, tomó propiedad y defendió sus derechos como ciudadana estadounidense. Cuando el conductor del autobús le pidió que se moviera al fondo, ella se rehusó, lo cual precipitó el movimiento por los Derechos Civiles encabezado por un "soñador" que "cambiaría el mundo" llamado Dr. Martin Luther King Jr.

Me refiero a que todo esto comenzó con una mentalidad de "propiedad". Cuando los hijos de Dios asumimos los derechos de propiedad sobre esta tierra, nos volvemos intolerantes con la injusticia, el terrorismo, el analfabetismo, la pobreza, la corrupción política, el desempleo, la población de las cárceles, la inmoralidad en los medios de comunicación o cualquier otra cosa que el diablo haya perpetrado. Usted y yo fuimos creados para ser importantes en nuestra generación al producir transformación y al romper la maldición de comunidades, ciudades y naciones. Siempre y en todo lugar donde la Iglesia adopta una mentalidad de propietaria, el diablo será desalojado y la cultura del Reino será establecida, cumpliendo con la agenda profética de Dios que dice: *"Los reinos del mundo han venido a ser de nuestro Señor y de su Cristo; y él reinará por los siglos de los siglos"* (Apocalipsis 11:15).

Es tiempo de cambiar nuestra manera de pensar. No estamos de paso por esta tierra "solo intentando aguantar hasta que lleguemos a nuestro hogar". ¡No! El "Manual del propietario" dice: *"Somos embajadores en nombre de Cristo"* enviados por Dios a este mundo para hacer que cada lugar que pisen las plantas de nuestros pies sea como "el cielo en la tierra".

Conectar con la sabiduría de Dios

Dios está entrenando a una nueva generación de líderes, tanto reyes como sacerdotes, para un nuevo día de retos. Como hemos visto, Él está moviendo a sus hijos a posiciones de liderazgo en los negocios, el ministerio, el entretenimiento, el gobierno, la educación y todas las esferas de influencia porque hemos sido escogidos para controlar las montañas desde dentro. Esta nueva generación de líderes no solo necesitará ser fuerte, no transigir y ser muy valiente, sino que también tendrá que conectar con la sabiduría superior de Dios, como hizo José para el gobierno de Egipto y Daniel mientras servía bajo el rey Nabucodonosor. Su sabiduría era muy superior a cualquier otra cosa enseñada en las universidades seculares. Las escrituras dicen, hablando de Daniel y de los tres hebreos: *"Dios les dio conocimiento e inteligencia en todas las letras y ciencias"* (Daniel 1:17). Fue la "sabiduría divina", que vino de Dios mediante su Espíritu Santo, y es nuestra herencia.

Como ya discutimos en este libro, hay también otro tipo de sabiduría que yo llamo "natural" o "sabiduría humana" que llega a través del intelecto, las cuales se enseña en nuestras universidades seculares y es un producto de los sentidos y de la deducción mental. Recordemos que, sin el Señor, nos quedamos solo con una información "oscura". Oscuridad significa ignorancia o carecer de una plena percepción de la realidad, por lo general dando como resultado una experimentación o el proceso llamado "ensayo y error". Como miembros del Cuerpo de Cristo, estamos diseñados para operar a un nivel mucho más alto, sobresaliendo en nuestro trabajo, siendo incluso diez veces mejores. El apóstol Pablo escribe en Efesios 3:10 que debemos operar en *"la multiforme sabiduría de Dios"* o en una frecuencia mental que supera por mucho a la sabiduría humana. Operar en esta dimensión más alta sobre la que escribe Pablo nos deja en una posición de prominencia en el mundo.

Como propietarios y herederos de Dios, deberíamos ser los que resuelven los problemas, los que corren hacia los problemas y no los que huyen de ellos. Esta era la mentalidad que tenía David cuando fue contra el gigante Goliat. David sabía que, aunque no era rival para Goliat en cuanto a tamaño, podía superarlo en cuanto a la estrategia que fluyó de la sabiduría de Dios. Usted ya conoce la historia. Él tomó una honda y una pequeña piedra para derribar a un gigante que había sido un gran problema por cuarenta días para todo el ejército de Israel.

Una razón por la que nacimos en esta generación es porque hay problemas para los cuales nosotros nacimos específicamente para resolver. ¿Cómo? Mediante la sabiduría de Dios. El libro de Proverbios dice: *"Sabiduría ante todo; adquiere sabiduría"* (Proverbios 4:7). Esto significa que la sabiduría tiene la solución para cada desafío que enfrenta hoy nuestra sociedad. Mediante el uso de la sabiduría divina, podemos vencer todos esos desafíos.

Antes mencioné que Dios le dio a José la capacidad para interpretar el sueño de Faraón, gracias a lo cual salvó a Egipto y a las naciones circundantes de morir de hambre durante una hambruna de siete años. Después de que ocurrió eso, Faraón invitó a toda la familia de José a mudarse a Egipto. De nuevo, Faraón no mostró interés en la familia de José hasta después de que José había resuelto el problema del rey. De repente, José había obtenido un gran favor con Faraón, ¡su hombre había sido engrandecido! Y su familia cosechó algunos de los beneficios de ese favor.

Como usted y yo somos enviados a quitar la maldición de la humanidad en las ciudades y naciones de este mundo, Dios hará por nosotros lo mismo que hizo por José. Él nos dará su gracia y nos dará su sabiduría para iluminar el camino y finalmente guiar al mundo a Él.

Jesús enseña: *"Pero la sabiduría es justificada por sus hijos"* (Mateo 11:19). En otras palabras, la prueba de la sabiduría son los resultados. Jesús cambió el mundo porque usó la sabiduría divina y consiguió resultados. Cuando la sabiduría de Dios habla, nadie puede *"resistir ni contradecir"* (Lucas 21:15). Un sacerdote puede hablar con sabiduría aconsejando a un rey. Un abogado puede hablar con sabiduría al defender su caso.

Como herederos de Dios, el acceso a la sabiduría, debido al pacto, es nuestra primogenitura. Faraón dijo, hablando de la sabiduría de Dios declarada a través de José: *"Pues que Dios te ha hecho saber todo esto, no hay entendido ni sabio como tú"* (Génesis 41:39).

> *El acceso a la sabiduría, debido al pacto, es nuestra primogenitura.*

Queda claro que hay un problema que lleva su nombre. Es tiempo de que usted disfrute de esta herencia tan importante y también consiga resultados. Un hombre dijo: "Solo será recordado por los problemas que resuelva o los que cree".[5]

Si sabe cómo sintonizar con la sabiduría de Dios, puede encontrar respuestas para cada desafío o problema que pueda enfrentar jamás, ya sea al dirigir su propio negocio o ministerio, al dirigir el gobierno local, estatal o federal o al administrar su vida personal. No importa lo mala que sea la situación, la sabiduría le dará la vuelta. Solo recuerde darle a Dios la gloria. Eso le ayudará a seguir conectado con más sabiduría (Proverbios 4:7; Daniel 2). Es importante saber que la mayoría de las recompensas en la vida estarán directamente relacionadas con los problemas de otros que resolvamos.

Uno de mis ejemplos favoritos de alguien que usó la sabiduría de Dios para cambiar una cultura y una economía es el Dr. George Washington Carver, de quien hablé en capítulos anteriores. El Dr. Carver revolucionó la economía de la región sureña de los Estados Unidos mediante la introducción de cientos de usos del cacahuate, la soja, las nueces pacanas y la batata en lugar del algodón. Estas cosechas repoblaron el terreno y proveyeron ingresos para el sur que ascendieron a cientos de millones de dólares.[6]

El Dr. Carver recibió la visita en Tuskegee del presidente Franklin D. Roosevelt y el vicepresidente Calvin Coolidge, se convirtió en un confidente y asesor de líderes y científicos de todo el mundo, incluyendo a Henry Ford y Thomas Edison.[7]

En 1921, el Dr. Carver fue invitado a dirigirse al comité de Medios y Arbitrios de los Estados Unidos y dio un discurso de diez minutos sobre los posibles usos del cacahuate y otras cosechas. Sin embargo, al oír una parte de lo que Carver tenía que decir, el director del comité se levantó y dijo: "Adelante, hermano. ¡Su tiempo es ilimitado!". Carver habló al comité durante una hora y cuarenta y cinco minutos.[8] Cuando terminó su charla, se produjo el siguiente diálogo entre Carver y el director del comité:

"Dr. Carver, ¿cómo aprendió todas estas cosas?".

"De un viejo libro", respondió Carver.

"¿Qué libro?", le preguntó el director.

"La Biblia".

"¿Habla la Biblia sobre los cacahuates?".

"No, señor, pero habla sobre el Dios que creó el cacahuate. Le pedí que me enseñara qué hacer con el cacahuate y Él lo hizo".[9]

Dondequiera que Dios le haya puesto, es su responsabilidad de administrador romper la maldición en ese lugar. No importa qué tarea le haya sido asignada ni cuán difícil pueda parecer, La Bendición de Dios y la sabiduría de Dios son suficientes para hacer que usted continúe avanzando.

Tomar posesión

Reflexión

La historia de la humanidad hoy es una historia de lucha entre dos reinos: el falso Reino (Babilonia), que es de satanás, y el de Dios, el Reino del cielo. Tenemos autoridad sobre el mal a través de Jesucristo, y somos coherederos con Cristo, así que todas las cosas son de Él y, por tanto, nuestras. La Tierra y todo lo que hay en ella es nuestro y no podemos dejar de avanzar el Reino de Dios, el gobierno del cielo, dondequiera que seamos enviados.

Ahora que hemos llegado al final de *La fe y el mundo del mercado: conviértase en la persona de influencia que Dios diseñó*, piense en cómo ha cambiado su mentalidad y lo que Dios le ha estado diciendo a su espíritu a través de este proceso. ¿Dónde cree que Dios le está diciendo a cumplir este mandato, esta orden de Dios de ser fructífero (para crear, producir, para avanzar el Reino)? Escriba sobre ello ahora. Usted es "coheredero" con Cristo. Señoree… ¡tome posesión!

Conclusión

¡Está aquí para "hacerlo de nuevo"!

USTED Y YO ESTAMOS aquí viviendo probablemente en los tiempos más desafiantes en este siglo. Naciones están experimentando cada vez más riesgo político, económico y social. Al mismo tiempo, Dios está levantando a la Iglesia verdadera, hombres y mujeres llamados y empoderados por Dios, caminando en autoridad espiritual genuina, que crearán belleza de las cenizas (caos) y convertirán cada derrota y fracaso en victoria.

Oh, sí, la gloria del Señor se verá antes de que los "colaboradores" de Dios, los hijos de Dios manifestados, abandonen este planeta. Hemos sido creados para resolver los problemas del mundo. Igual que José y Ester, fuimos creados para un tiempo como éste. Nacimos ahora porque estamos llenos de lo necesario para derrotar a la oscuridad que está aquí en este momento. ¿Cómo? Accediendo a un nivel más alto de sabiduría, revelando misterios inconmensurables, creando nuevos productos y servicios para resolver problemas humanamente imposibles y poniendo cada lugar donde seamos enviados en consonancia con el gobierno del cielo: el Reino de Dios.

Es cierto que el malvado sistema babilónico está destinado en definitiva a ser destruido; sin embargo, antes de que Dios destruyera las ciudades de Sodoma y Gomorra, sacó de allí a los justos de modo sobrenatural. Pero mientras estemos aquí, nosotros (la Iglesia) que fuimos llamados a salir de la oscuridad, debemos participar en "renovar" esta tierra y hacer que luzca y opere tal como Dios, el Creador, había diseñado.

Creo que una de las mayores tragedias dentro de la Iglesia podría ser no aplicar nuestros talentos, nuestros dones y nuestra fe para lograr éxito material cuando eso puede hacer mucho para ayudar a eliminar la maldición de pobreza y desesperación de la humanidad.

El fomento del emprendimiento está siendo cada vez más importante en todo el mundo, especialmente en zonas que son más vulnerables a la pobreza sistémica y generacional. Creo firmemente que el aumento del emprendimiento es una respuesta a la erosión y la dificultad económica que se están produciendo muchas ciudades y comunidades estadounidenses con una amplia población de "minorías". La investigación muestra que existe una correlación directa entre el número de emprendedores que hay en un país y el estándar de vida que disfruta ese país.[1]

Por tanto, los emprendedores tienen la obligación moral de aceptar su llamado y su responsabilidad administrativa para confrontar la incertidumbre económica y revertir la mala salud económica de una comunidad o nación. ¡Dios está buscando proveedores para el Reino! Él se subió a la barca de Pedro y colaboró para eliminar la sequía económica de toda la costa de Capernaúm (véase Lucas, capítulo 5).

Al igual que los dones y la genialidad de los emprendedores deben hacer avanzar la economía, la genialidad dada por Dios a todos los líderes del mundo del mercado es para el bien de los demás. Independientemente de la vocación (científico, maestro, productor de cine, actor, deportista o ama de casa), Dios nos llama a cada uno a influenciar y moldear nuestra cultura con los principios superiores y el poder del Reino de Dios. El objetivo supremo es que, cuando el mundo vea la bondad de Dios mediante nuestro servicio al Reino, será atraído a convertirse en un ciudadano de ese Reino (nacer de nuevo) para producir los mismos resultados. Usted fue llamado a un tiempo como éste.

Los pastores (sacerdotes) o líderes espirituales, por otro lado, necesitan saber que el emprendimiento y todos los llamados al mundo del mercado están arraigados en el ámbito espiritual y que tienen la responsabilidad espiritual de alentar a todo aquel que responde a su llamado y usa sus dones más allá de las cuatro paredes del edificio de la iglesia. Al igual que a mí me enseñaron mientras trabajaba en ventas de computadoras en IBM, los pastores necesitan enseñar a sus congregaciones cómo aplicar su fe en el mundo del mercado. Jesús hizo la mayoría de sus milagros no en el templo, sino donde la gente se reunía y vivía la vida cotidiana.

Dios está desplegando cristianos a cada esfera de influencia en el mundo del mercado para llevar estas esferas bajo el control y la cultura del Reino. *"Los reinos del mundo han venido a ser de nuestro Señor y de su Cristo; y él reinará por los siglos de los siglos"* (Apocalipsis 11:15).

Dios trata a una nación como trata a un individuo; acude en su ayuda cuando tiene problemas. Él la bendice (Salmos 33:12); da a sus líderes (políticos, económicos, educativos) visión y provisión, ya sea obvia u oculta, para manifestar su bondad. El corazón de Dios se inclina hacia las naciones, y también se inclina el don que usted tiene.

Como dije en el capítulo 2, una causa importante de pobreza es "la ausencia de producción propia". Dios no hace acepción de personas; Él da visiones (pensamientos, sueños e ideas) a todos nosotros. Como oí decir una vez a un hombre: "No hay nada caprichoso en cuanto a la naturaleza de Dios. Él no da una visión sin dar también provisión".[2] La provisión, por cierto, incluye conocimiento intelectual junto con habilidades, materias primas, herramientas y estrategias.

Oro para que usted acepte su papel por desempeñar como sacerdote o rey (líder ungido del mundo del mercado) y ayude a salvar al mundo de una mayor decadencia y destrucción. Decreto que su tarea no quedará incumplida, ¡y usted se convertirá en la persona de influencia que Dios le ha predestinado a ser!

Apéndice

La profecía sobre los negocios

ESTA ES UNA PALABRA que fue dada al Dr. Winston durante su oración matutina el día 8 de agosto de 1986, impulsándolo a establecer la Joseph Business School, un nuevo tipo de escuela de negocios.

El Espíritu del Señor me habló sobre el hombre de negocios y los negocios en estos últimos tiempos.

Él está levantando ministerios, que serán llamados empresas en estos últimos tiempos. En el pasado hicimos una distinción entre el ministerio y la empresa, pensamos en un ministerio como una iglesia o un alcance evangelístico, o algún tipo de organización "religiosa" tradicional. Dios dijo: "quita las correas". Él nos está llevando a una verdad más elevada que nos permitirá ver un ministerio como cualquier empresa donde Jesús es el Señor. La gente entonces reconocerá un ministerio como una empresa de manufactura, o una empresa de publicidad, o la "Empresa de Distribución ABC". Habrá mujeres y hombres piadosos con gran integridad dirigiendo esas empresas. Serán ministros ungidos de Dios. Dirigirán esos negocios usando los principios de la fe junto a sus habilidades empresariales básicas. *"Yo soy Jehová Dios tuyo, que te enseña provechosamente"* (Isaías 48:17). Grandes sumas de dinero serán plantadas por estos negocios en las iglesias locales y otras obras del evangelio relacionadas.

Estos negocios no nacerán del intelecto o de la tradición, sino que nacerán del *espíritu*. Algunos están operando incluso ahora. Sus operaciones no pueden ser obstaculizadas por las fuerzas del mundo como la economía, porque operarán por la fe en la Palabra de Dios. A medida que estos ministros dirigen estos negocios mediante principios piadosos y por el Espíritu, permitirán que el Señor obre por medio de ellos para edificar su casa: *"Si el Señor no edifica la casa en vano trabajan los que la edifican; si el Señor no guarda la ciudad, en vano vela la guardia"* (Salmos 127:1, LBLA); recibiendo así mérito por la eternidad, recordando que el Señor solo puede dar mérito a lo que Él ha hecho.

Notas

Prefacio

1. Artículo de prensa, "Supreme Court's 1963 School-Prayer Decision Didn't Ban School Prayer", *First Amendment Center*, 8 de junio de 2003, *http://www.firstamendmentcenter.org/supreme-court's-1963-school-prayer-decision-didn't-ban-school-prayer* (ya no está disponible).

2. El Banco Mundial, "World Bank Forecasts Global Poverty to Fall Below 10% for First Time; Major Hurdles Remain in Goal to End Poverty by 2030", nota de prensa, 4 de octubre de 2015, *http://www.worldbank.org/en/news/press-release/2015/10/04/world-bank-forecasts-global-poverty-to-fall-below-10-for-firsttime-major-hurdles-remain-in-goal-to-end-poverty-by-2030.*

3. Os Hillman y Lance Wallnau definen el término "siete pilares de la sociedad," las siete esferas o montañas de la sociedad, que son los pilares de cualquier sociedad. Estas siete montañas son negocios, gobierno, medios de comunicación, arte y entretenimiento, educación, la familia y la religión. *http:// www.7culturalmountains.org/.*

Introducción

1. Charles Nieman, CD de audio *Kings and Priests: Partners for the Kingdom* para introducir el término "colaboración divina", (El Paso, Texas: Charles Nieman Ministries, 2007), *http:// www.charlesnieman.com* (ya no está disponible).

2. Sunday Adelaja, *Church Shift: Revolutionizing Your Faith, Church, and Life for the 21st Century* (Lake Mary, FL: Charisma House, 2008), página 33 (en lo sucesivo citado como Adelaja, Church Shift).

Capítulo 1 — Fructificación: La manera de Dios de cambiar el mundo

1. James Strong y W. E. Vine, *The New Strong's Concise Concordance And Vine's Concise Dictionary of the Bible* (Nashville, TN: Thomas Nelson, Inc., 1997, 1999) en *Strong's Concise Concordance*, ref. 6680, "fruitful," página 59.

2. "George Washington Carver Biography", consultado en línea 20 de enero de 2020, https:// www.biography.com/scientist/george-washington-carver.

3. *Ellicott's Commentary,* John 15:4, consultado en línea 14 de febrero de 2020, https:// biblehub.com/commentaries/ellicott/john/15.htm.

Capítulo 2 — Multiplicaos, reabasteced la tierra y sojuzgadla: Más leyes de la creación

1. AppleInsider, *"The Story of the Original iPhone That Nobody Thought Was Possible"*, por Stephen Silver, 17 de agosto de 2020, https:// appleinsider.com/articles/18/06/29/the-story-of-the-original-iphone-that-nobody-thought-was-possible.

2. John Hope Bryant, *How the Poor Can Save Capitalism* (San Francisco, CA: Berrett Koehler Publishers, 2014).

Capítulo 3 — Reyes y sacerdotes: El Reino

1. Myles Munroe, *Rediscovering the Kingdom: Ancient Hope for our 21st Century World* (Shippensburg, PA: Destiny Image Publishers, 2004), página 70.

2. Nikhila Henry, "Stargazers on Cloud Nine" artículo en *Times of India*, India Times.com, TNN, 21 de noviembre de 2008, http://articles.timesofindia. indiatimes.com/keyword/Vedic-astrology/featured/3 (ya no está disponible) (en lo sucesivo citado como Henry, "Stargazers").

3. Mike TeSelle, "New Chief to Deploy First-of-Its-Kind Cops and Clergy Teams", KCRA.com, News, 13 de febrero de 2013, http://www. kcra.com/news/New-chief-to-deploy-first-of-its-kindcops-and-clergy-teams/-/11797728/18536338/-/ir1ukp/-/index.html (ya no está disponible); y Kim Minugh, "Sam Somers Jr., Sacramento's New Police Chief, Focuses on Community Building", *The Sacramento Bee*, sacbee.com, Crime, Sacto911, 4 de abril de 2013, http://www.sacbee.com/2013/04/03/v-print/5315039/

sam-somers-jr-sacramentos-new.html (ya no está disponible).

4. Hansi Lo Wang, "A New Baltimore Model? 'Officer On The Beat... Pastor On The Corner'", NPR.org, News, 8 de mayo de 2015, http://www.npr. org/2015/05/08/405222336/a-new-baltimore-model-officer-on-the-beat-pastor-on-the-corner?utm_ medium=RSS&utm_campaign=news (ya no está disponible).

5. *Ibid.*

Capítulo 4 — Reyes y sacerdotes: Una revelación

1. Janet Chismar, "Billy Graham: Pastor to Presidents: Short stories and a photo collection", Billy Graham Evangelistic Association website, BGEA Features, 19 de febrero de 2012, http://www.billygraham.org/articlepágina. asp?articleid=8495 (ya no está disponible) (en lo sucesivo citado como Chismar, "Billy Graham").

2. *Ibid.*

3. Adelle Banks, "'Billy Graham & Me': Remembrances, Big and Small", *USA Today*, Religion News Service, 13 de febrero de 2013, http://www. delawareonline.com/usatoday/article/1916297 (ya no está disponible) (en lo sucesivo citado como Banks, "Billy Graham").

4. Artículo general, "The Persian Gulf War", special feature from the film *George H. W. Bush*, WGBH, American Experience. WGBH Educational Foundation, 2008. PBS, http://www.pbs.org/wgbh/americanexperience/features/general-article/bush-gulf-war/?flavour=mobile (ya no está disponible) (en lo sucesivo citado como Articulo general, "The Persian Gulf War").

5. *Ibid.*

Capítulo 5 — Reyes y sacerdotes: Una asociación divina

1. Rev. R. A. Sirico, "The Entrepreneurial Vocation". *Entrepreneurship:-Values and Responsibility, Praxiology: The International Annual of Practical Philosophy and Methodology*, Vol. 17. Eds. W. W. Gasparski, L. V. Ryan, & S. Kwiatkowski (New Brunswick, NJ: Transaction Publishers, 2010), páginas 154–155, (en lo sucesivo citado como R. A. Sirico, "The Entrepreneurial").

2. *Ibid*, página 165, citado de Michael Novak, *The Spirit of Democratic Capitalism* (New York, NY: Simon & Shuster, 1982), página 98.

3. *Ibid*., página 156.

4. *Ibid*, página 155.

5. Henry, "Stargazers".

6. James H. O'Neill, "The True Story of The Patton Prayer", *Review of the News*, 6 de octubre de 1971, reimpreso en la página web de la Patton Society, *http:// pattonhq.com/prayer.html* (en lo sucesivo citado como O'Neill, "Patton").

7. *Ibid*.

8. *Ibid*.

9. *Ibid*.

10. Banks, "Billy Graham".

11. Artículo general, "The Persian Gulf War".

12. Chismar, "Billy Graham".

13. *Ibid*.

14. *Ibid*.

15. Larry Gordon, *After the Due Order* (Sergeant Bluff, IA: The Name Ministries, 1990), página 31.

16. *Ibid*., página 31.

17. *Ibid*., página 16.

18. *Ibid*., página 16.

19. *Ibid*., página 31.

20. *Ibid*., página 33.

Capítulo 6 — Un giro mental

1. James Lee Beall, *Laying the Foundation: Achieving Christian Maturity*, Read How You Want edition. Contiene el texto completo e íntegro de la edición de la editora original. (Alachua, FL: Accessible Publishing Systems PTY, Ltd., 2010; Bridge-Logos, 1976; reimpreso 1999, 2002, 2004, 2006, 2009), página

19. Las citas se refieren a la edición Read How You Want.

2. Joseph Thayer y James Strong, *Thayer's Greek-English Lexicon of the New Testament: Coded with Strong's Concordance Numbers* (Peabody, MA: Hendrickson Publishers, 1995), "metamorphoo", G3339.

3. James Strong, *Strong's Exhaustive Concordance of the Bible* "Greek Dictionary of the New Testament", (Nashville, TN: Thomas Nelson Publishers, 1990), ref. 3339.

4. *Ibid.*

5. Merriam-Webster.com. Merriam-Webster, s.v. "paradigm", consultado en línea 22 de julio de 2012, http://www.merriam-webster.com/ dictionary/ paradigm.

Capítulo 7 — No más trabajo duro

1. Edición de 1828 de *Noah Webster's American Dictionary of the English Language* online, s.v. "toil", consultado en línea 16 de agosto de 2013, *http://1828.mshaffer.com/d/word/toil.*

2. Obispo David Oyedepo, *The Unlimited Power of Faith* (Lagos, Nigeria: Dominion Publishing House, 2011), página 109 (de aquí en adelante, citado Oyedepo, *The Unlimited Power of Faith*).

3. James Strong y W.E. Vine, *The New Strong's Concise Dictionary of the Bible* (Nashville, TN: Thomas Nelson Publishers, 1997, 1999), en Strong's Concise Concordance, ref. 4983, "soma", traducción griega para "cuerpo", página 36.

4. J. Gunnar Olson, *Business Unlimited: Memories of the Coming Kingdom* (Orebro, Sweden: ICCC, International Christian Chamber of Commerce, Hjalmarbergets Foretagscenter, 2002), páginas 71–73.

5. William J. Federer, *George Washington Carver: His Life & Faith in His Own Words* (St. Louis, MO: Amerisearch, Inc., 2008), página 61, citado de Carver, George Washington, 19 de noviembre de 1924, en un discurso ante 500 personas de la Women's Board of Domestic Missions en la Iglesia Marble Collegiate de la ciudad de Nueva Yord. Ethel Edwards, Carver of Tuskegee (Cincinnati, OH). Ethel Edwards, Carver of Tuskegee (Cincinnati, OH: Ethel Edwards & James T. Hardwick, una obra de edición limitada compilada en parte de 300 cartas personales escritas por el Dr. Carver a James T. Hardwick

entre 1922–1937, de Carver Memorial, Locust Grove, Diamond, MO, 1971), páginas 141–142.

6. Edición de 1828 de *Noah Webster's American Dictionary of the English Language* online, s.v. "grope", consultado en línea 4 de febrero de 2016, *http://1828.mshaffer.com/d/search/word,grope.*

7. "Ergon". Traducción griega para "trabajo", consultado en línea 5 de diciembre de 2012, *Strong's Exhaustive Concordance of the Bible,* "Greek Dictionary of the New Testament", ref. 2041, *www.biblos.com.*

8. Dr. Myles Munroe, *Releasing Your Potential* (Shippensburg, PA: Destiny Image Publishers, 1992, Revised 2002), página 188.

9. Merriam-Webster.com. Merriam-Webster, s.v. "potential", consultado en línea 4 de febrero de 2016, *http://www.merriam-webster.com/dictionary/ potential.*

10. William J. Federer, *America's God and Country: Encyclopedia of Quotations* rev. ed. (Coppell, TX: FAME Publishing Inc., 1994; St. Louis, MO: Amerisearch, Inc., 2000), página 94. Las citas se refieren a la edición Amerisearch.

11. *Ibid.*

12. Ibid., página 96, citado de Carver, George Washington, 19 de noviembre de 1924, en un discurso ante 500 personas de la Women's Board of Domestic Missions en la Iglesia Marble Collegiate de la ciudad de Nueva Yord. Ethel Edwards, Carver of Tuskegee (Cincinnati, OH). Ethel Edwards, Carver of Tuskegee (Cincinnati, OH: Ethel Edwards & James T. Hardwick, una obra de edición limitada compilada en parte de 300 cartas personales escritas por el Dr. Carver a James T. Hardwick entre 1922–1937, de Carver Memorial, Locust Grove, Diamond, MO, 1971), páginas 141–142.

13. Shawn Bolz, *Keys To Heaven's Economy* (North Sutton, NH: Streams Publishing House, 1992), página 59.

Capítulo 8 — La vida en el Reino

1. David O. Oyedepo, *Understanding Financial Prosperity* (Lagos, Nigeria: Dominion Publishing House, 2005), páginas 152–153 (en lo sucesivo citado como Oyedepo, *Understanding Financial Prosperity*).

2. *Ibid.*, páginas 187, 189.

3. Oral Roberts, Seed-Faith 2000 (Tulsa, OK: Oral Roberts Ministries, 1999), página 50.

4. *Ibid.*, páginas 50–51.

5. *Ibid.*, páginas 53–54.

6. *Ibid.*, página 55.

7. "Answering God's Call: Every Workplace, Every Nation. LeTourneau University", *The Vision of LeTourneau University*, consultado en línea 28 de diciembre de 2014, *http://www.letu.edu/_OtherResources/presidents_office/vision/* (ya no está disponible).

8. Ronald C. Jordan, "A Word to Build On", *Believer's Voice of Victory*, Kenneth Copeland Ministries, Inc., 12 de diciembre de 2012. Consultado en línea 20 de octubre de 2015. *http://www.kcm.org/read/magazine.*

9. Joseph Thayer and James Strong, *Thayer's Greek-English Lexicon of the New Testament: Coded with Strong's Concordance Numbers*, (Peabody, MA: Hendrickson Publishers, 1995), ref. 3670.

Capítulo 9 — Cambiar sistemas

1. "Eden". Traducción del hebreo para "vivir voluptuosamente, un lugar de placer, o un lugar de deleite", consultado en línea 5 de febrero de 2016, *Strong's Exhaustive Concordance of the Bible*, "Hebrew Chaldee Dictionary", *http://biblehub.com/hebrew/5730. htm.*

2. Kenneth Copeland, "Whatever He Says to You...", *Believer's Voice of Victory*, Kenneth Copeland Ministries, Inc., April 4, 2015. Consultado en línea 21 de octubre de 2015. *http://www.kcm.org/ read/magazine.*

3. Oyedepo, *Understanding Financial Prosperity*, página 24.

4. Oyedepo, *The Unlimited Power of Faith*, página 196.

5. James Strong y W. E. Vine, *The New Strong's Concise Concordance & Vine's Concise Dictionary of the Bible* (Nashville, TN: Thomas Nelson, Inc., 1997, 1999) en *Strong's Concise Concordance*, ref. 6680, "tsawah", Traducción del hebreo para "mandamiento", página 59.

Capítulo 10 — Pasos para manifestar la abundancia del Reino

1. William J. Federer, *George Washington Carver: His Life & Faith in His Own Words* (St. Louis, MO: Amerisearch, Inc., 2008).

2. Edición de 1828 de *Noah Webster's American Dictionary of the English Language* online, s.v. "rich", consultado en línea 8 de febrero de 2016, http://1828.mshaffer.com/d/word/rich.

3. William J. Federer, *George Washington Carver: His Life & Faith in His Own Words* (St. Louis, MO: Amerisearch, Inc., 2008), página 44.

4. *Ibid.*, citado de Carver, George Washington. 21 de enero de 1921, en un discurso ante el House Ways and Means Committee. Charles E. Jones, The Books You Read (Harrisburg, PA: Executive Books, 1985), página 132.

5. *Ibid.*, página 44.

6. Jesse Duplantis, orador invitado, "International Faith Conference" (IFC 2015), Living Word Christian Center, Forest Park, IL, Septiembre de 2015.

7. Debra Glanton Horn, invitada en el panel de discusión durante la reunión de la Asociación de Alumnos de la Joseph Business School en la Joseph Business School, Forest Park, IL, 12 de diciembre de 2013.

Capítulo 11 — Carácter e integridad

1. "Character is power". Cita de Booker T. Washington, consultado en línea 10 de febrero de 2016, *http://www.goodreads.com/author/quotes/84278. Booker_T_Washington*.

2. Merriam-Webster.com. Merriam-Webster, s.v. "stress", consultado en línea 9 de octubre de 2015, *http://www.merriam-webster.com/ dictionary/stress*.

3. Merriam-Webster.com. Merriam-Webster, s.v. "integrity", 22 de julio de 2012, *http://www.merriam-webster.com/ dictionary/integrity*.

4. Baron Thomas Babington Macauley, historiador y hombre del Estado británico (1800–1859).

5. "Character". *Random House Dictionary of the English Language College Edition* (New York, NY: Random House Publishers, 1960).

6. Dr. Myles Munroe, *The Principles of Power and Vision Keys to Achieving Personal and Corporate Destiny* (New Kensington, PA: Whitaker House Publishers, 2003, reimpreso 2006).

Capítulo 12 — Mayordomía

1. James Strong, *Strong's Exhaustive Concordance of the Bible* "Tables of Monies and Weights", (Nashville, TN: Thomas Nelson Publishers, 1990) (de aquí en adelante, citado James Strong, "Tables of Monies and Weights").

2. Edición de 1828 de *Noah Webster's American Dictionary of the English Language* online, s.v. "replenish", consultado en línea 22 de octubre de 2012, *http://1828.mshaffer.com/d/search/word,replenish*.

3. Un talento estándar equivale a 75 libras estadounidenses. El precio del oro el 23 de enero de 2015 era de $1294.10 la onza. Hay 14.583 onzas troy en una libra estadounidense. Eso significa que un talento de oro valdría $1.415.422 (un millón, cuatrocientos quince mil cuatrocientos veintidós dólares estadounidenses) Consultado en línea 13 de julio de 2015, *http://www.biblestudy.org/ beginner/ bible-weights-and-measures.html*; *http://www.kitco.com/scripts/histcharts/dailygraphs.cgi*.

4. C. William Pollard, *The Soul of the Firm* (Grand Rapids, MI: Zondervan, 1996), página 20.

5. Ed Silvoso, *Anointed for Business: How to Use Your Influence in the Marketplace to Change the World* (Ventura, CA: Regal Books, 2002 y 2006), página 57.

6. "Faithful". *Webster's New World College Dictionary, Fourth Edition* Eds. Michael Agnes, David B. Guralnik, (Foster City, CA: IDG Books Worldwide, Inc., 2001, 2000, 1999).

Capítulo 14 — Milagros en el mercado

1. James Strong, *Strong's Exhaustive Concordance of the Bible* "Hebrew Chaldee Dictionary" (Nashville, TN: Thomas Nelson Publishers, 1990), ref. 6045.

2. R. A. Sirico, "The Entrepreneurial", página 153.

3. *Ibid.*

Capítulo 15 — Llamando a todos los reyes

1. Wikipedia, s.v. "Speaker Named for Lions Event" (Mindenm LA: Minden Press, Dec. 17, 1962), página 1, *https://enwikipedia.org/wiki/R._G._LeTourneau.*

2. Rick Williams con Jared Crooks, *Christian Business Legends* (Ashland, OH: Business Reform and The Business Reform Foundation, 2004), página 50 (en lo sucesivo citado como Williams with Crooks, *Christian Business Legends*).

3. *Ibid.*

4. *Ibid.*

5. *Ibid.*, página 51.

6. *Ibid.*

7. Dr. John H. Niemelä, *Celebrating the R.G. LeTourneau "Mountain Mover"*, folleto que documenta la designación del "removedor de montañas" como un hito histórico por la American Society of Mechanical Engineers, 29 de noviembre de 2004, *https://www.asme.org/about-asme/who-we-are/engineering-history/landmarks/231–letourneau-mountain-mover-scraper.*

8. R. A. Sirico, "The Entrepreneurial", página 154.

9. *Ibid.*, página 155.

10. *Ibid.*, página 156.

11. James Strong, "Tables of Monies and Weights".

12. "Capitalism". *Oxford Dictionary of Finance and Banking.* Eds. Jonathan Law, John Smullen, (New York, NY: Oxford University Press, 2008).

13. Ed Silvoso, *Transformation: Change the Marketplace and You Change the World* (Ventura, CA: Regal Books, 2007), páginas 137–138.

Capítulo 16 — El liderazgo comienza con la visión

1. Merriam-Webster.com. Merriam-Webster, s.v. "vision", consultado en línea 17 de junio de 2013, *http://www.merriam-webster.com/dictionary/vision.*

2. Edición de 1828 de *Noah Webster's American Dictionary of the English Language* online, s.v. "vision", consultado en línea 17, de junio de 2013, *http://1828.mshaffer.com/d/search/word,vision.*

3. John Hope Bryant, *How the Poor Can Save Capitalism: Rebuilding the Path to the Middle Class* (San Francisco, CA: Berrett-Koehler Publishers, Inc., 2014), página 17.

4. *Ibid.*

5. Rick Warren, "What On Earth Am I Here For?" *Ministry Today*, Enero/Febrero 2013, página 16.

Capítulo 18 — El milagro está en su equipo de trabajo

1. Williams con Crooks, *Christian Business Legends*, página 37, citado de George Grant, Lecture on Booker T. Washington (Moscow, ID: Canon Press, 2000) Cinta de cassete.

2. John C. Maxwell, *The 21 Irrefutable Laws of Leadership: Follow Them and People Will Follow You* (Nashville, TN: Thomas Nelson Publishers, 1998 y 2007), página 75.

3. *Ibid.*

4. Dennis P. Kimbro, *What Makes the Great Great* (New York, NY: Doubleday, 1998), página 93.

Capítulo 19 — Tomar posesión

1. 1828 Edition of *Noah Webster's American Dictionary of the English Language* online, s.v. "dominion," consultado en línea 26 de julio de 2013, http://1828.mshaffer.com/d/search/word,dominion.

2. Dr. Frederick K.C. Price, *Name It and Claim It: The Power of Positive Confession* (Los Angeles, CA: Faith One Publishing, 1992), página 139.

3. James Strong y W.E. Vine, *The New Strong's Concise Concordance & Vine's Concise Dictionary of the Bible* (Nashville, TN: Thomas Nelson, Inc., 1997, 1997, 1999) en Vine's Dictionary, ref. 120, "adam", páginas 230–231.

4. Edición de 1828 de *Noah Webster's American Dictionary of the English Language* online, s.v. "own", consultado en línea 26 de julio de 2013, http://1828.mshaffer.com/d/search/word,own.

5. Mike Murdock, *The Law of Recognition* (Ft. Worth, TX: The Wisdom Center and Wisdom International, 2007), capítulo 29, "Recognition of the Problem You Are Presently Assigned to Solve".

6. William J. Federer, *George Washington Carver: His Life & Faith in His Own Words* (St. Louis, MO: Amerisearch, Inc., 2008), página 9.

7. William J. Federer, *America's God and Country: Encyclopedia of Quotations* rev. ed. (Coppell, TX: FAME Publishing Inc., 1994; St. Louis, MO: Amerisearch, Inc., 2000), página 94. Las citas se refieren a la edición Amerisearch.

8. *Ibid.*, página 95.

9. *Ibid.*, página 96, Carver, George Washington. 21 de enero de 1921, en un discurso ante el House Ways and Means Committee. Charles E. Jones, The Books You Read (Harrisburg, PA: Executive Books, 1985), página 132.

Conclusión

1. Sangram Keshari Mohanty, *Fundamentals of Entrepreneurship* (Connaught Circus, New Delhi, India: Prentice Hall of India Private Limited, 2005), página 160.

2. Peter J. Daniels, orador invitado, "Business and Leadership Conference" (BLC) Living Word Christian Center, Forest Park, IL, Noviembre 1995.

Referencias

Adelaja, Sunday. 2008. ChurchShift: *Revolutionizing Your Faith, Church, and Life for the 21st Century*. Lake Mary, FL: Charisma House.

Gordon, Larry. 1990. *After the Due Order*. Sergeant Bluff, IA: The Name Ministries.

Kachaje, Henry, 29 de mayo de 2014. "When Good People Commit Gross Crimes by Remaining Silent". Afriem (blog). Consultado en línea 17 de febrero de 2016. *http://www.afriem.org/2014/05/good-people-commit-gross-crimes-remaining-silent/*.

Keesee, Gary O. 2011. *Fixing the Money Thing*. Shippensburg, PA: Destiny Image Publishers, Inc.

Oyedepo, David O. 2005. *Understanding Financial Prosperity*. Lagos, Nigeria: Dominion Publishing House.

Shepherd, Jeremy. 2004. En un documento de trabajo, "Christian Enemy #1: Dualism Exposed & Destroyed". Páginas 2–3. El Friday Symposium en Dallas Baptist University. Consultado en línea 17 de febrero de 2016. *http://www3.dbu.edu/naugle/pdf/FridaySymposiumFa04/Christian_Enemy_1.pdf*.

Silvoso, Ed. 2007. *Transformation: Change the Marketplace and You Can Change the World*. Ventura, CA: Regal Books.

Sirico, Rev. R. A. 2010. "The Entrepreneurial Vocation". En *Entrepreneurship: Values and Responsibility, Praxeology: The International Annual of Practical Philosophy and Methodology.* Vol. 17, eds. Wojciech W. Gasparski, Leo V. Ryan, & Stefan Kwiatkowski, páginas 153–175. New Brunswick, NJ: Transaction Publishers.

Oración de salvación

Dios te ama, sin importar quién seas y sin importar tu pasado. Dios te ama tanto que dio a Su Hijo unigénito por ti. La Biblia nos dice que "...todo el que cree en él no se pierda, sino que tenga vida eterna" (Juan 3:16 NVI). Jesús entregó Su vida y resucitó para que pudiéramos pasar la eternidad con Él en el cielo y experimentar lo mejor de Él en esta tierra. Si quieres recibir a Jesús en tu vida, repite la siguiente oración en voz alta y de todo corazón.

> Padre Celestial, me acerco a ti reconociendo que soy un pecador. Ahora mismo, decido alejarme del pecado, y te pido que me limpies de toda maldad. Creo que tu hijo, Jesús, murió en la cruz para borrar mis pecados. También creo que Él resucitó de entre los muertos para que yo reciba el perdón de mis pecados y para que pueda ser justificado por medio de la fe en Él. Invoco el nombre de Jesucristo para que sea el Salvador y Señor de mi vida. Jesús, decido seguirte y te pido que me llenes con el poder del Espíritu Santo. Declaro que ahora mismo soy un hijo de Dios. Estoy libre de pecado y tengo toda la

justicia de Dios. Soy salvo en el nombre de Jesús. Amén.

Si hiciste por primera vez esta oración para recibir a Jesucristo como tu Salvador, por favor contáctanos a través de la Web en www.billwinston.org para recibir un libro gratis.

Oración por el éxito en los negocios

Padre, en el nombre de Jesús te doy gracias por tu sabiduría, dirección y paz en mi negocio y en cada área de mi vida. Tú eres la Fuente y el Proveedor de todo aquello en lo que pongo mis manos y todo lo que hago en el negocio prosperará y llegará a la madurez. Soy diligente en el negocio y soy un administrador fiel de todo lo que Dios me ha confiado.

Padre, tú dijiste que la sabiduría es lo principal; por tanto, obtengo sabiduría y, junto con ella, obtengo también entendimiento, discernimiento, comprensión e interpretación. Dirijo mi negocio por encima y más allá de los sistemas de este mundo. En el día malo no seré avergonzado y en los días de hambruna estaré satisfecho.

Gracias por el tremendo éxito que mis socios y yo experimentamos en nuestro(s) negocios(s) y por el aumento en beneficios y productividad que disfrutaremos. Toda gracia, todo favor y toda bendición terrenal llegan a nosotros en abundancia para que siempre, en toda circunstancia, sea cual sea la necesidad, tengamos todo lo suficiente, sin necesitar ayuda o apoyo. Nuestro equipo está equipado para abundar en toda buena obra y donación benéfica (2 Corintios 9:8, AMP, traducción libre).

El favor de Dios está sobre mi equipo y sobre mí, va delante de nosotros, produce aumento sobrenatural, promoción, cancelación de deudas, restauración, honor, aumento de bienes, mayores victorias más grandes, reconocimiento, prominencia, peticiones otorgadas, políticas y normas transformadas y batallas ganadas que no tuvimos que pelear, ¡porque Dios las pelea por nosotros! Tú has confirmado y establecido la obra de mis manos, y te doy toda la gloria, el honor y la alabanza por ello, en el nombre de Jesús. Amén.

Acerca del autor

B ILL WINSTON ES EL fundador visionario y pastor principal de **Living Word Christian
Center** en Forest Park, Illinois.

Es también fundador y presidente de **Bill Winston Ministries,**
un ministerio de alcance global
dedicado a la colaboración que
comparte el evangelio en televisión, radio y el internet; la escuela
con acreditación nacional, **Joseph**
Business School, que tiene sedes en cinco continentes y un
programa en Internet; la **Living Word School of Ministry and
Missions** y la **F**aith **Ministries Alliance (FMA),** una organización de más de 800 iglesias y ministerios bajo su cobertura espiritual en los Estados Unidos y otros países.

El ministerio posee y opera dos centros comerciales, el **Forest
Park Plaza** en Forest Park, y el **Washington Plaza** en Tuskegee,
Alabama.

Bill está casado con Veronica y es padre de tres hijos: Melody,
Allegra y David. Es abuelo de ocho nietos.

Libros de Bill Winston

- Se Mi Testigo: Demostrando el Espíritu, el poder y el amor de Dios
- Nacido de Nuevo y Lleno del espíritu
- Escalada Sin Compromiso
- El Favor Divino – Un Regalo de Dios, Edición Ampliada
- La fe y el mundo del mercado: Conviértase en la persona de influencia que Dios diseño, Edición revisada y ampliada
- Fe en la Bendición
- Imitar a Dios y Obtén Resultados
- Posee Tu Montaña
- El Poder de la Lengua
- Revelación de la Realeza: Redescubriendo tu identidad Real en Cristo
- Sembrando Para el Flujo de Billones
- Transferencia de Riqueza Sobrenatural: Restaurando la Tierra a Sus Propios Dueños
- Aprovechando la Sabiduría de Dios
- La Clase de Fe de Dios, Edición Ampliada
- El Reino de Dios en Ti: Liberando el Reino y Abasteciendo La Tierra, Revisada y actualizada
- La Ley de la Confesión: Revoluciona Tu Vida y Reescribe Tu Futuro con el Poder de las Palabras
- El Eslabón Perdido de la Meditación
- El Poder de la Gracia

- El Poder del Diezmo
- El Espíritu del Liderazgo: Lecciones de Liderazgo de la Vida de José
- Entrenamiento para Reinar: Liberando el Poder de Tu Potencial
- Transforma Tu Pensamiento, Transforma Tu Vida: Cambia Radicalmente Tus Pensamientos, Tu Mundo y Tu Destino
- La Venganza del Señor: El Sistema de Justicia de Dios

Algunos libros están disponibles en otros idiomas.

¡Conéctate con nosotros!

Conéctate con Bill Winston Ministries en las Redes Sociales. Visita www.billwinston.org/social para conectarte con todos nuestros canales oficiales de Redes Sociales.

Bill Winston Ministries
Apartado de correos 947
Oak Park, Illinois 60303-0947
(708) 697-5100
(800) 711-9327
www.billwinston.org

Bill Winston Ministries Africa
22 Salisbury Road
Morningside, Durban, KWA Zulú Natal 4001
+27(0)313032541
orders@billwinston.org.za
www.billwinston.org.za

Bill Winston Ministries Canada
P. O. Box 2900
Vancouver, BC V6B 0L4
(844) 298-2900
www.billwinston.ca

Centro de Llamadas para Oración
(877) 543-9443

¡Conecte con nosotros!

🎵 www.iTunes.com/billwinston

f www.facebook.com/billwinstonministries

🐦 www.twitter.com/drbillwinston

▶ www.youtube.com/drbillwinston

📌 pinterest.com/drbillwinston

📷 instagram.com/drbillwinston

f www.facebook.com/josephbusinessschool

🐦 www.twitter.com/JBSedu

🛡 www.jbs.edu

Nuestra visión

Erradicar la pobreza generacional.

Estudios de emprendimiento

- Formación de nueve meses en Emprendimiento (campus, online, español)
- Programa de Colaboración Global
- Programa Acelerador Ejecutivo

Programas

- Desarrollo educativo y profesional continuo
- Centro para la creación de riqueza

Joseph Center

- Centro de Desarrollo de Pequeñas Empresas IL
- Centro de Asistencia Técnica
- Centro de Comercio Internacional
- Fundación Joseph
- Centro Carver para la Innovación
- Directorio Global / Red de Oración Global
- Herramientas y recursos para el desarrollo empresarial
- Soluciones para trabajos ofimáticos
- Buzones de correo
- Salas de conferencias
- Laboratorio informático
- Ministerio Carcelario R.I.S.E.

www.jbs.edu
www.josephcenterfoundation.org